Jeden Tag ein bisschen
GLÜCKLICHER
Ein Inspirationsbuch

Jasmin Arensmeier

Jeden Tag ein bisschen
GLÜCKLICHER

Ein Inspirationsbuch

INHALT

VORWORT
Anleitung zum Gücklichsein **6**

MOMENTE
Unser Moment **10**
Gesunde Aufmerksamkeit – der erste Schritt zur Achtsamkeit **13**
Was wir von den Dänen lernen können **18**
Achtsamkeitsübungen für Neugierige **23**
Neues Tempolimit: Langsamkeit als neues Lebensgefühl **31**

„DU"
Bestandsaufnahme **46**
Wie du herausfindest, was du wirklich willst **49**
Nein sagen für Anfänger **53**
Was deine Art der Aufmerksamkeit über dich aussagt **58**
Das Selbstliebeparadox **68**

LEBEN
Gewohnheiten, Rituale, Routinen: Ein Glossar **76**
Routinen entwickeln **80**
Endlich wieder analog: Hobbys zum Ausspannen **91**
„Slow Media" **96**
Achtsamkeit zum Mitnehmen, bitte! **101**
Intuitives Essen **106**

ARBEITEN

Stressrevolution: Ein Image-Problem **116**
Gewohnheiten für mehr Positivität und Produktivität **119**
Gut geplant ist halb gewonnen **125**
Wie man mit Misserfolgen umgeht **131**

SELBSTFÜRSORGE

Der Schaumbadmythos **140**
Meditation – was ist das eigentlich? **144**
Dankbarkeit – die positive Superpower **154**
Journaling für den achtsamen Alltag **161**
Bewegung für die Seele **171**

DRUMHERUM

Von Wohnräumen und -träumen **180**
Weniger haben, mehr sein **182**
Bewusst einrichten und Inspiration finden **190**
Kreiere deinen Ort der Ruhe **194**
Grün macht glücklich **200**

NAH AM HERZEN

Manchmal kommt es anders **211**
Beziehungssache **214**
Abschied nehmen **219**
Laut, lauter, Weltschmerz **226**

Was zu sagen bleibt **236**

ANLEITUNG ZUM GÜCKLICHSEIN

„ Seit ich denken kann, gab es immer etwas in meinem Leben, das weit weg schien und das ich dafür umso mehr wollte. Meistens waren das die üblichen Meilensteine, wie der Platz an der Traumuniversität oder ein ganz bestimmter Job. Jeden Tag wartet man auf genau das eine Ereignis, von dem man annimmt, dass es das eigene Leben für immer verändern wird. Ein solches Lebensziel zu erreichen, hat eine befreiende Wirkung. Das fühlt sich zugegebenermaßen gut an, wirft aber jedes Mal die gleiche Frage auf: Was kommt danach? "

Ich habe ein gutes Tempo vorgelegt und mein Verschleiß an klassischen Klischeetrophäen war rasant, besonders in meinen Zwanzigern. Mit jedem neu erreichten Ziel keimte etwas Widersprüchliches in mir auf: eine nagende Unzufriedenheit. Heute weiß ich, dass es nicht wichtig ist, welches Ziel wir mit welcher Geschwindigkeit von unserer imaginären To-do-Liste abhaken. Es geht vielmehr darum, was das Erreichte mit uns macht. Unser Leben ist die Summe all unserer Tage, und das sind im Durchschnitt immerhin schlanke 27 375 an der Zahl. Die meisten von uns bringen es auf maximal 20 Großereignisse im Leben – und damit meine ich die richtig wichtigen, gesellschaftlich anerkannten Meilensteine, die wir auch im Fotoalbum verewigen. Aber was ist nun wichtiger für ein gutes Leben? Die flüchtigen Momente, die Schönheit eines jeden Tages oder die großen Ankerpunkte? Ohne jemals ein besonderes Faible für Mathematik entwickelt zu haben, kann ich es euch verraten: die möglichst hohe Summe der guten Tage.

Als mir das klar wurde, habe ich beschlossen, meine Prioritäten zu ändern und meinen Fokus vom Großen auf das vergleichsweise Kleine zu lenken. Auf die Tage, die Minuten, die Momente. Auf die Augenblicke meines Lebens, in denen ich mit mir selbst im Reinen bin. Und genau an diesem Punkt kam ich schließlich das erste Mal mit dem Thema Achtsamkeit in Berührung, denn genau das ist das Werkzeug, das mir hilft, den Moment bewusst zu genießen und schließlich rechtzeitig loszulassen: eine gewisse Selbstbestimmtheit, die uns einen Perspektivenwechsel erlaubt. Der gemeinsame Nenner all dieser Neuigkeiten in meinem Leben ist das persönliche Glück, ein entspanntes Grundrauschen, das jede Sekunde ein bisschen schöner macht. Aber was ist eigentlich dieses Glück?

Das Duden-Bedeutungswörterbuch definiert Glück als ein „Ergebnis des Zusammentreffens besonders günstiger Umstände; ein Zufall oder eine Fügung des Schicksals". Als Autor vertraut man natürlich auf die Duden-Redaktion, doch hier werde ich stutzig. Das klingt so furchtbar unbestimmt nach Lotterie, und ja, genau – nach Glücksspiel. Doch das persönliche Glück setzt sich in Wirklichkeit aus unbekannten und sehr individuellen Faktoren zusammen, und genau die möchte ich in den folgenden Kapiteln genauer unter die Lupe nehmen. Ich kann euch in diesem Buch nicht beantworten, was euch letztendlich zu glücklichen Menschen macht.

Aber ich kann euch helfen, die richtigen Fragen zu stellen.

Kapitel eins

MOMENTE

UNSER MOMENT

Eigentlich wollte ich ein Buch über Achtsamkeit schreiben. Aber was ist das überhaupt? Nur eine leere Worthülse, ein Lifestyle-Trend oder doch eine Lebenseinstellung mit Hand und Fuß, durch die wir alle viel lernen können? Seit Wochen – oder seien wir einmal ehrlich: seit Monaten – bringe ich kaum ein Wort zu Papier und bin noch nicht einmal uninspiriert oder lustlos dabei. Mich quält etwas ganz Entscheidendes: Selbstzweifel.

Das sogenannte Hochstaplersyndrom macht sich breit: Das Schreiben eines Achtsamkeitsbuches scheint mir maximal als Selbsttherapie attraktiv zu sein, um meinen eigenen stressigen Lebensstil endlich in den Griff zu bekommen. Es gibt keine offizielle Ausbildung für Achtsamkeitsexperten. Kein Studium, keinen Grundkurs und keine staatliche Prüfung. Kein Gütesiegel. Was qualifiziert einen Menschen also, was macht mich und andere zu sogenannten Achtsamkeitsprofis? Ganz offenbar ist es das authentische Leben mit vollem Bewusstsein. Im Moment zu leben, ohne darüber nachzudenken. Bedacht Dinge zu tun, Nein zu sagen, zu entschleunigen – das Leben zu bejahen, wann immer es guttut. Und genau das ist das Problem: Wie integriere ich diese Vorsätze, wie werde ich alte und weniger positive Ansichten los und lasse mich einfach nur auf mich selbst ein? Und wer kann das am Ende ehrlich beurteilen? Den Stempel „erfolgreich achtsam gelebt" vergeben? Richtig, nur wir selbst.

Gerne würde ich euch mit diesem Buch die absolute Zauberformel präsentieren. Kurz und knackig, verständlich für jeden und ohne viel Mühe zu realisieren. Aber ihr wisst vermutlich, was jetzt kommt: keine Pointe, sondern die Realität. Ich habe ganz schnell herausgefunden, dass Konfuzius generell ein schlauer Typ war und „Der Weg ist das Ziel" nicht nur

T-Shirt-Spruch-Qualität besitzt. Das mag ein wenig abgedroschen klingen, doch Geduld, Kontinuität und Gelassenheit sind der Schlüssel zum Glück. Und vielleicht auch die Tatsache, dass wir uns vom Buzz-Wort „Achtsamkeit" entfernen sollten. Wir brauchen vielmehr „gesunde Aufmerksamkeit" für uns selbst, für andere, für Dinge, die uns guttun oder sogar schaden. Es gibt vermutlich Menschen, die immer im Moment leben, keinerlei Selbstzweifel kennen und sich noch nie sorgenerfüllt im Bett gewälzt haben. Und gleichzeitig zu keinem Zeitpunkt bewusst über das Thema Achtsamkeit nachgedacht haben. Das erklärt vermutlich auch, warum genau diese Sorte Mensch kaum das Bedürfnis verspürt, darüber ein Buch zu schreiben. Alles fügt sich für sie ganz natürlich, ohne bewusstes Handeln – das ist gar nicht falsch, sondern ein großer Segen, den viele von uns niemals erleben dürfen. Und auch das ist okay und kein unüberwindbares Hindernis für die Endstation „Achtsamkeit".

Manche Menschen verfügen über dieses „Rundum-sorglos-Paket" wie über einen sechsten Sinn, was aber nicht heißt, dass man diesen wundervollen Zustand nicht auch durch Training und bewusstes Agieren erreichen könnte. Möglicherweise kann man ihn dann sogar ein kleines bisschen mehr genießen. Eine gewisse Offenheit ist die Grundvoraussetzung für die Reise, auf die wir uns gemeinsam begeben wollen. Außerdem müssen wir uns ganz sicher von bestimmten Klischeevorstellungen verabschieden, mit denen wir aufgewachsen sind oder die uns auch erst in den letzten Jahren von den modernen Medien vermittelt worden sind.

- Slow Living muss nicht im Wortsinn langsam sein.
- Selfcare ist nicht immer ein langes Schaumbad.
- Hygge geht auch ohne Lichterkette.
- Minimalismus ist auch etwas für Leute mit vollem Kleiderschrank.

Wir wollen glücklich sein. Eine gesunde Grundzufriedenheit erreichen, die unsere Lebensqualität erhöht. Dazu müssen wir Strategien und Routinen in unseren Alltag integrieren, die uns dabei helfen, unsere Ziele dauerhaft zu erreichen. Das Zen-Gefühl „Zufriedenheit" ist ein dubioses Mysterium, vergleichbar mit dem utopischen Bikini-Body. Wir brauchen keine Diät, denn wir haben bereits alles, was wir für ihn brauchen: *Jeder* Körper ist ein Bikini-Body. Aber ist auch jeder Geist bereit für Achtsamkeit?

Um zum Ziel zu kommen, müssen wir uns von negativen Gedanken, Selbstzweifeln und bestimmten Verhaltensmustern trennen. Systematisch nehmen wir uns dafür verschiedene Lebensbereiche vor und betrachten sie aus einem anderen, neuen Blickwinkel. Ich erzähle Geschichten aus meinem Alltag und teile meine wichtigsten Erkenntnisse mit euch. Damit ihr sofort loslegen könnt, gibt es Übungen zum Mitmachen sowie Journaling-Ideen (siehe ab Seite 161) für euren Planer.

GESUNDE AUFMERKSAMKEIT – DER ERSTE SCHRITT ZUR ACHTSAMKEIT

Die Idee der Achtsamkeit stammt aus dem Buddhismus, kommt aber auch ohne religiöse Praxis aus. Achtsamkeit ist das Gegenteil von Autopilot. Nicht einfach machen, abspulen und multitasken, sondern präsent sein und im Moment leben. Das heißt, ich beobachte mich selbst und meine Umgebung genau. Ich bekomme alles mit. Achtsamkeit spielt sich jedoch nicht nur im Kopf ab, es ist vielmehr etwas Sinnliches: Wir erleben uns, unsere Welt und alles, was dazugehört, mit all unserer Wahrnehmungsfähigkeit. Wir sehen, fühlen, hören, riechen, schmecken – unsere Eindrücke können positiv, negativ oder neutral sein.

Gefühle und Gedanken sind flüchtig und unbeständig. Man sagt, jeder Mensch habe ungefähr 60 000 Gedanken pro Tag. Das sind rund 22 Millionen pro Jahr, und der Schlüssel zur Achtsamkeit ist es, diese nicht ständig zu bewerten (oder noch schlimmer: überzubewerten), sondern einfach zur Kenntnis zu nehmen. Achtsamkeit ist die Fähigkeit, die eigene Aufmerksamkeit zu lenken, und nicht unbedingt das, was Instagram uns manchmal suggerieren mag. Der erste Schritt zur gesunden Aufmerksamkeit ist die Fähigkeit, den eigenen Fokus zu lenken und dann am gewählten Ort zu verweilen. Eine zunächst sehr bewusste Handlung, die hoffentlich mit etwas Übung zum neuen Standard wird.

Doch wie holt man eigentlich das Beste aus jedem Moment heraus? Und wie genießt man alltägliche Situationen, die gar nichts Besonderes sind? Jeder Augenblick ist einmalig; alles, was du gerade fühlst, tust und erlebst, wird sich nie wieder wiederholen. Genau deshalb müssen wir all diese kleinen Momente wertschätzen und uns auf das Hier und Jetzt konzentrieren: Es ist unsere einzige Chance. Und darum geht es bei der japanischen Kunst Ichigo-Ichie. Sie beschäftigt sich mit dem Zauber des Moments, zufälligen Begegnungen und einmaligen Erlebnissen. Frei nach dem Motto „jetzt oder nie". Diese Einstellung ist sehr inspirierend und hat mich dazu bewogen, mir im Alltag regelmäßig folgende Fragen zu stellen, wenn ich in die Zukunft abdrifte oder in vergangenen Tagen festhänge.

Wenn ich mal wieder in der Vergangenheit lebe:
- **Warum ärgert mich das noch? Ich kann nichts mehr daran ändern.**
- **Macht mich das heute noch traurig oder sogar ängstlich?**
- **Bringt mir das etwas für genau diesen Moment?**

Wenn meine Gedanken um die Zukunft kreisen, als wäre ich schon mittendrin:
- **Kann ich das jetzt schon beeinflussen? Ändern meine Gedanken etwas an meiner jetzigen oder späteren Situation?**
- **Verhindern meine Tagträume und Zukunftspläne, dass ich jetzt glücklich bin?**
- **Wovor habe ich Angst?**

Emotionen wie Unsicherheit, (Zukunfts-)Angst und Scham wirken wie der Start-Knopf für eine unsichtbare Zeitmaschine. Unser Bewusstsein ist sehr empfänglich für solche Gefühle und verbindet diese oft automatisch mit unterschiedlichen Stadien unseres Selbst. Schuldgefühle und Scham transportieren uns zurück in die Vergangenheit, zu unserem kindlichen Ich, und viele Ängste projizieren wir in die Zukunft. Einfach nicht darüber nachzudenken, ist keine Option, vor allem wenn man die Gefühle einmal ausgesprochen hat. „Denk nicht an einen blauen Elefanten" – na, an was denkst du gerade?

Die folgenden Routinen, angelehnt an die japanische Kunst, können uns helfen, in den Moment zurückzufinden:

Schüttele alle Ambitionen und Ziele ab. Nimm die Rolle eines Beobachters ein. Was passiert, wenn du nichts tust, um eine Handlung voranzutreiben? Suche dir einen schönen Platz, bleib sitzen und genieße den Augenblick.

Trainiere deinen Empathie-Muskel. Hier geht es nicht darum, Mitleid mit anderen zu haben, sondern ein ehrliches und intensives Mitgefühl zu empfinden. Konzentriere dich auf eine Person in deinem Leben, der du gerne positive Energie senden willst, und tue das im Stillen.

Stell dir für einen Moment vor, dies wäre dein letzter Atemzug. Welche Dinge gehen dir durch den Kopf, welche schönen Erinnerungsbilder siehst du vor deinem inneren Auge? Dir fällt gar nichts ein und du bekommst Panik? Das ist ein wichtiger Hinweis: Verschiebe dein Glück (und was dich ultimativ glücklich macht) nicht immer auf morgen, Montag oder den nächsten Monat.

Versuche dich von Erwartungen zu befreien. Vermutlich hast du sogar welche an die Arbeit mit diesem Buch oder sogar an diese Übung. Lass sie ziehen! Genau diese Erwartungen schränken dich ein, machen dich klein.

Diese kurzweiligen mentalen Übungen helfen, jeden Augenblick als einzigartige Kostbarkeit wahrzunehmen. Es geht um keine konkrete Wertung, kein Gut oder Schlecht, sondern um dein tatsächliches Erlebnis in genau diesem Moment. Nur durch das bewusste Erleben können wir Augenblicke zu persönlichen Erinnerungen machen. Schön oder schmerzhaft.

Im 16. Jahrhundert wurde Ichigo-Ichie vor allem bei traditionellen Teezeremonien praktiziert, und noch heute findet die japanische Lebensphilosophie Anwendung in unserer alltäglichen Welt: als Gedächtnisstütze, um Begegnungen und Erlebnisse achtsamer mit allen Sinnen wahrzunehmen. Wir alle wissen, dass ein erstes Treffen oder ein erstes Mal zauberhaft sein kann, auch wenn man gar nicht damit rechnet. Doch diese kleinen Ereignisse und Wunder lauern überall. Man kann regelrecht einen sechsten Sinn für die schönen, kleinen Dinge des Lebens entwickeln. Man muss nur richtig hinsehen.

IM MOMENT LEBEN

Im Moment zu leben ist eine Lebenseinstellung. Ein simples Konzept, das viel Kraft entfaltet. Diese pure Erkenntnis reicht allerdings meist nicht, um sie nahtlos in das eigene Leben zu integrieren. Es braucht dazu Zeit, Übung – und auch mal einen Rückfall. All die Sorgen und Ängste, die uns immer mal wieder in die Vergangenheit oder Zukunft entführen, können nicht von heute auf morgen verpuffen. Was wir aber lernen können, ist, Sensibilität für unsere mentalen Zeitreisen zu entwickeln. Und da hilft diese grundlegende Erkenntnis ungemein.

In den folgenden Kapiteln lernst du viele weitere Werkzeuge und Techniken kennen, die dir auf deinem Weg weiterhelfen können. Eine gesunde Aufmerksamkeit für deinen inneren Dialog beispielsweise wird dir helfen, die Gedanken zu beruhigen. Dieser Effekt ist vergleichbar mit einer Meditationsübung, die unseren „Monkey Mind" – unseren unruhigen, ablenkbaren Geist – besänftigt und klärt.

Fällt es dir schwer, deine Gedanken zu beeinflussen und Sorgen und Ängste durch innerliches „Ins-Gewissen-Reden" zu entschärfen? Dann probiere mal dies:

Prüfe, ob du dir momentan etwas für einen speziellen Moment aufhebst. Eine Flasche Wein, ein besonderes Kleidungs- oder Schmuckstück? Dein Moment ist jetzt gekommen, schieb ihn nicht auf. Genieße, was du hast, und warte auf keinen besonderen Meilenstein, auch wenn es sich zunächst komisch anfühlt.

Lebe das „YOLO-Prinzip". Ein Spruch, der in der Millennial-Kultur zum Hashtag ohne viel Bedeutung verkommen ist – „you only live once". Dabei ist die Idee dahinter so schön! Gestalte und erlebe einen Moment, als würde er tatsächlich nur einmal (und damit auch zum letzten Mal) passieren. Verabschiede dich morgens von deinem Partner oder deiner Partnerin mit einem Hollywood-Kuss, singe unter der Dusche, gib dir richtig viel Mühe beim Anrichten des Essens (vor allem wenn es nur für dich ist). Die Möglichkeiten sind endlos!

Führe ein kleines Dankbarkeitstagebuch. Notiere dort magische Alltagsmomente und zufällige Zusammentreffen. Dein Lieblingssong im Radio: auf dem Hin- und Rückweg zur Arbeit! Ein Zwinkern von der Frau im Bus, die den gleichen tollen Mantel trägt. Du schaust genau um 3:33 Uhr auf deine Armbanduhr. Der Zufall ist voller Zauber.

Mein größter Achtsamkeitsstolperstein war lange Zeit meine Aufschieberitis. Nicht unbedingt im Gewand eines extremen, krankhaften Aufschiebens im medizinischen Sinne, indem ich mich vor wichtigen Aufgaben und Arbeiten drückte. Vielmehr nutze ich genau diese Neigung als Ausrede, ebenso wie wichtige Projekte oder allgemein stressige Lebensphasen. „Montag wird alles besser", „In einer Woche wird es endlich richtig ruhig", „Wenn mich diese anstrengende Aufgabe erst mal nicht mehr so in Anspruch nimmt, fange ich endlich mit Sport/gesunder Ernährung/Meditation an. Momentan habe ich einfach keine Zeit". Ich schob mein eigenes Glück vor mir her. Nach einigen Jahren im Hamsterrad kann ich sagen: Dieser Montag, diese Woche, diese neue, entspannte Phase kommt nie: Es kommt *immer* etwas dazwischen. Und genau diese Denkweise verhindert, dass wir tatsächlich im Moment leben.

WAS WIR VON DEN DÄNEN LERNEN KÖNNEN

Doch nicht nur die japanische Kunst Ichigo-Ichie lehrt uns viel über das Thema Achtsamkeit. Viele der bekannten Begriffe zum Thema Entspannung und Gelassenheit kommen auch aus dem skandinavischen Raum. Dort hat das Thema seit vielen Generationen Tradition und ist sogar stark in der Erziehung verankert. Die Dänen sind mit ihrem Institut zur Glücksforschung in Kopenhagen (The Happiness Research Institute, www.happinessresarchinstitute.com) besonders an den verschiedenen Achtsamkeitstrends und -begriffen interessiert.

Der wohl bekannteste Begriff – und weit mehr als nur ein Hashtag auf Instagram – ist „hygge". „Hygge" hat seinen Ursprung nicht in der dänischen Sprache, sondern in der norwegischen.

Trotzdem hat es nicht lange gedauert, bis die Dänen das Hygge-Gefühl voll und ganz in die eigene Kultur integriert hatten und es damit zu ihrem Markenzeichen machten. Hochsaison für dieses Lebensgefühl ist die Weihnachtszeit, doch die Dänen praktizieren Hygge tatsächlich das ganze Jahr. Der Begriff bedeutet so etwas wie „Wohlbefinden". Er beschreibt ein allgemeines Streben nach Behaglichkeit, Intimität und Vertrautheit – natürlich gehören Kerzen und das Beisammensein mit Freunden und Familie auch dazu. Eine schöne und gemütliche Wohnung steht ganz hoch im Kurs. Also doch ein bisschen wie auf Instagram.

Das Wort „lagom" war wohl die wichtigste Vokabel, die ich in meinem Schwedisch-Kurs ge-

lernt habe. Seit einigen Jahren begegnet es mir auch immer wieder als neuer Lifestyle-Trend. „Lagom" ist extrem schwer zu übersetzen, aber ich probiere es mal: „genau im richtigen Maß" – die ideale Mitte. Kein Exzess, keine Enthaltung: ein ganz natürlicher, entspannter Zustand, ohne viel Anstrengung. Ziemlich inspirierend! Diese Philosophie ist besonders interessant für Menschen, die sich selbst viel verbieten und das eigene Leben mit selbst auferlegten Regeln und Zwängen erschweren. Ein übertriebener Perfektionismus gehört in unserer Gesellschaft quasi zum guten Ton. Das Lagom-Lebensgefühl kann uns als Motto daran erinnern, Dinge mal etwas lockerer zu sehen oder kleine Makel oder weniger aufregende Zustände als „genau richtig" zu würdigen.

Eine schöne Inspiration ist auch der Begriff „fika". Er bezeichnet die Unterbrechung einer Tätigkeit, um mit der Familie oder Freunden einen Kaffee (oder ein anderes Heißgetränk wie einen Tee) einzunehmen. Bei der Fika geht es um die Gemeinsamkeit und die Unterbrechung. Es ist nicht so wichtig, was man dabei konsumiert; aber eine Kaffeepause vor dem Laptop zählt definitiv nicht als echte Fika. Diese Gepflogenheit ist ein Lebensgefühl und extrem wichtig in der schwedischen und finnischen Kultur. Es ist die pure Gegenbewegung zur ständigen „busy"-ness.

Und zu guter Letzt: „Lykke" kommt aus dem Dänischen und steht für Glück, eine sehr positive Emotion oder auch einen Zustand von

Erfüllung und Zufriedenheit. Der Begriff ist jedenfalls definitiv eng mit dem Hygge-Lebensgefühl verknüpft.

Ein Aspekt, der bei den skandinavischen Wellnesstrends im Mittelpunkt steht, ist besonders interessant: die soziale Komponente, das Beisammensein mit anderen. Das grenzt Begriffe wie „Hygge" & Co. deutlich vom Nestbautrieb und Cocooning ab. Es geht dabei um mehr als einen Interior-Trend. Es geht um bedeutsame Interaktionen mit Freunden und Familie. Wir stricken uns quasi eine informelle Primärgruppe, die uns nachhaltig glücklicher und zufriedener macht. Seelische Gesundheit lebt dabei von einer Mischung aus Geselligkeit und zufriedener Zeit allein. Beides lädt unsere Batterien auf, wir müssen nur die richtige Balance finden. Wenn wir durch Kontakte und Konversationen mit anderen erfüllt sind, können wir die Zeit allein so richtig genießen und sinnvoll nutzen. Wenn wir uns allgemein einsam und allein fühlen, fühlt sich die eigentlich nötige „Me-Time" manchmal wie eine Qual an. Es ist schwierig, den richtigen Mix aus Small Talk, formeller Konversation (zum Beispiel im Job) und intensiven und wichtigen persönlichen Gesprächen hinzubekommen. Kontakt ist nicht gleich Kontakt!

Von den Dänen habe ich gelernt, soziale Interaktionen als Teil meiner Selbstfürsorgepraxis zu sehen und diese fest in meinen Alltag einzuplanen. Wenn der entscheidende Glücksfaktor also Gemeinschaft ist, was bedeutet das für mich – vor allem wenn ich allein lebe? Natürlich können (und wollen) wir nicht alle gleich in Wohngemeinschaften und Mehrgenerationenhäusern leben; darum kann es gut sein, die eigenen vier Wände für sich zu behalten und einfach außerhalb davon Menschen zu entdecken. Verbinde dich mit deinen Nachbarn, entdecke den neuen Gemeinschaftsgarten oder trete einem Verein bei. Zusammen ist man definitiv weniger allein und es macht unheimlich viel Freude, Hobbys und schöne Erlebnisse zu teilen. Das können auch kleine Alltagsdinge sein! Im Kern geht es genau darum: die Schönheit der kleinen Dinge erkennen, nicht die der Meilensteine.

Hol dir das Hygge-Gefühl in die eigenen vier Wände

❦ **Plane** einen gemütlichen Abend mit einem lieben Menschen oder mit mehreren Personen, die dir wichtig sind. Keine Bildschirme, dafür gemütlicher Kerzenschein, leckere Snacks und anregende Gespräche.

❦ **Erstelle** ein Hygge-Starterkit! Eine Teemischung, eine Duftkerze, ein Kuschelpulli und warme Hausschuhe – pack diese Dinge in ein Körbchen und nach Bedarf kannst du dich damit in die richtige Stimmung versetzen.

❦ **Gönne** dir eine digitale Kaffeepause. Du möchtest eine traditionelle Fika mit einer guten Freundin abhalten, ihr arbeitet aber nicht im gleichen Unternehmen oder wohnt zu weit auseinander? Dann macht es euch virtuell gemeinsam gemütlich und telefoniert zum Beispiel via FaceTime.

Wir alle haben unterschiedliche Bedürfnisse und brauchen mehr oder weniger Zeit allein. Auch wenn dich nicht alle Punkte der dänischen Glücksformel ansprechen, findest du vielleicht ein paar Ansätze darin, die dein Leben bereichern können. Achtsamkeit ist kein „Alles oder nichts"-Prinzip, sondern beruht vielmehr auf der Devise „Alles kann, nichts muss".

ACHTSAMKEITS-ÜBUNGEN FÜR NEUGIERIGE

Von null auf achtsam ist gar nicht mal so einfach. Es ist schwierig, einen alten Lebensrhythmus hinter sich zu lassen oder umzukrempeln. In erster Linie müssen wir herausfinden, welchen Takt das Leben selbst vorgibt, darauf reagieren und dabei dem Körper und Geist das geben, wonach er verlangt. Deswegen lohnt es sich auch nicht, Achtsamkeit pedantisch genau zu planen oder jeden Tag das gleiche Achtsamkeitsprogramm abzuspulen. Was sich jedoch anbietet, ist das Erlernen unterschiedlicher Werkzeuge und Übungen, auf die wir jederzeit zurückgreifen können. „Im Moment zu leben" ist eine ganzheitliche Lebensphilosophie und kein Hobby für die Feierabendstunden. Idealerweise gibt es keine zeitliche Begrenzung, kein striktes Regelwerk und keine bewusste Selbstsabotage. Vielmehr gleicht das bewusste Leben im Moment einer Kunst, einer einzigartigen Fähigkeit, die man glücklicherweise trainieren kann. Die folgenden Übungen sind besonders für alle, die noch am Anfang ihrer Reise stehen. Die Entscheidung, die Zügel in Zukunft selbst in die Hand zu nehmen und sich aktiv um sich selbst zu sorgen, ist der erste große Schritt. Gefestigte Routinen, Rituale, und eine Art Intuition für die eigenen Bedürfnisse entwickeln sich nach und nach und bleiben uns dann hoffentlich ein Leben lang erhalten.

Übung
FOKUSWECHSEL

Es gibt bestimmte Routinen und Abläufe in unserem Alltag, die komplett automatisiert und unbedacht ablaufen. Dazu gehört bei vielen von uns der Weg mit dem Auto zur Arbeit oder eben der Heimweg: Man fährt gedankenverloren vor sich hin und das Gehirn schaltet komplett auf Autopilot. Fragen zu Besonderheiten auf der vertrauten Strecke und Umgebung könnte man danach kaum beantworten – das ist fast schon gefährlich. Bei der Fokuswechselübung möchten wir uns auf Wege zu Fuß oder mit den öffentlichen Verkehrsmitteln beschränken, oder auf Strecken, bei denen wir nicht selbst hinter dem Steuer sitzen. Dann gibt es nämlich mit der Hilfe gesunder Aufmerksamkeit viel Neues zu entdecken – und schon wird der Heimweg von einer Notwendigkeit zum kleinen Abenteuer.

So geht's
Laufe los und mache dich auf deinen gewohnten Weg. Du brauchst keinerlei Hilfsmittel, es ist sogar besonders ratsam, Kopfhörer & Co. in der Tasche zu lassen. Heute konzentrierst du dich auf bestimmte Details, die zum Beispiel mit dem Erscheinungsbild deiner Umwelt oder mit der natürlichen Geräuschkulisse zu tun haben. Am besten funktionieren:

- Texturen – knubbeliger Steinboden oder flauschige Polster in der U-Bahn
- Geräusche – eine laute Baustelle oder das Rattern der Straßenbahn
- Farben – verschiedene Blautöne oder gelbe Gegenstände, die typischerweise nicht gelb sind
- Formen – die besondere Geometrie eines Spinnennetzes oder der verblasste Zebrastreifen
- Gerüche – der erste Sommerregen oder frisch geschnittenes Gras

Natürlich kannst du die Kategorien auch beliebig miteinander kombinieren. Die Aufgabe eignet sich auch für Wiederholungstäter. Fokussiere dich jedes Mal auf neue Details, so kannst du die Übung so oft durchführen, wie du magst. Durch die ungezwungene Konzentration auf neue Dinge beruhigst du deine Gedanken und genießt dadurch ähnliche Vorteile wie bei einer klassischen Meditation. Damit ist diese Methode auch sehr erfolgreich gegen „Monkey Mind".

Übung
DER RESET-KNOPF FÜR DEN ALLTAG

„Hast du mal eine Minute?" An stressigen Tagen finden wir selten viel Zeit für Selbstfürsorge und langatmige Rituale, und Stressprävention steht sowieso ganz unten auf der Prioritätenliste. Wenn die Überforderung einsetzt, der Arbeitstag komplett vollgepackt ist und uns die private To-do-Liste überfordert, empfinden wir selbst Entspannungsmaßnahmen als zusätzliche Stressfaktoren und Zeitfresser. In einer solchen Phase hat mich die „Reset-Knopf"-Übung gerettet. In nur 60 Sekunden kann man damit einen verkorksten Tag „umdrehen" und die Kontrolle über eine schwierige Situation erlangen. Diese Übung wird nicht zwangsläufig zu festen Zeiten durchgeführt, sondern man kann sie wie ein Ass aus dem Ärmel ziehen, wenn man sie wirklich braucht. Zum Beispiel nach einem schwierigen Telefonat, wenn sich der Arbeitstag auch körperlich bemerkbar macht (vielleicht mit einer schlechten Haltung oder brennenden Augen), oder bei akuten Entscheidungsschwierigkeiten.

So geht's
Für diese Übung brauchst du nur einen Wecker – dafür kannst du zum Beispiel dein Handy nehmen. Generell finde ich es schöner, einen angenehmen Weckton für das Ende der Übung einzustellen. Das verstärkt den meditativen Charakter und lässt dich am Ende nicht hochschrecken. Wie wäre es mit einem Gongschlag oder alternativ auch einem Lieblingssong, der dich danach noch einige Minuten begleiten darf?

Zum Start der Übung nimm eine bequeme und aufrechte Haltung ein. Du musst nicht extra den Platz wechseln, sondern kannst direkt beginnen. Ob Schreibtischstuhl oder Fensterplatz in der U-Bahn: Der Reset gelingt überall. Wichtig ist, dass dein Rücken gerade ist und die Füße auf dem Boden stehen. Versuche, deine Gliedmaßen zu entspannen, und atme ruhig.

Der Countdown läuft! Stelle deinen Wecker und schließe die Augen. Die folgenden 60 Sekunden Pause sollen Entspannung und Perspektive schenken. Je nach Situation konzentriere dich auf einen der folgenden Aspekte:

Wie sprichst du mit dir selbst? Würdest du so mit deiner besten Freundin sprechen? Werde dir über die Auswirkungen deines inneren Dialogs bewusst und sei netter zu dir. Feuere dich an! Was immer dein Tagesziel ist: Du gibst dein Bestes, und das ist immer gut genug.

Setze eine Intention für den Rest des Tages. Wie möchtest du dich fühlen? Welche Aufgabe möchtest du heute wirklich noch schaffen? Konzentriere dich auf das Wesentliche und nenne die Dinge beim Namen – je konkreter, desto besser.

Konzentriere dich auf eine kleine Sache und bleibe dabei. Das kann dein Atem sein oder das monotone Computerrauschen, das dich fast ein bisschen an Regen erinnert. Wenn du dich in einem rasanten Gedankenkarussell verfangen hast, können 60 Sekunden eine willkommene Verschnaufpause sein. Genieße diese Minute, das Nichtstun und die Erlaubnis, etwas langsam anzugehen. Genau diese Ruhe nimmst du dann hoffentlich mit in den restlichen Tag.

Was brauchst du gerade? Nutze die Zeit, um nach deinen aktuellen Bedürfnissen zu forschen. Macht dir irgendetwas Sorgen oder gibt es körperliche Anzeichen für Dinge, die dir fehlen? Grummelt dein Magen oder schlafen dir andauernd die Beine ein? Du musst nicht zwingend warten, bis es zu spät ist und aus dem Grummeln richtige Bauchschmerzen werden. Vielleicht kannst du Wünsche und Grundbedürfnisse jetzt erkennen und ihnen nach deinem Neustart nachgehen.

Erlaube deinem Bewusstsein, 60 Sekunden das zu tun, was es möchte. Lass deine Gedanken springen, kreisen oder kryptisch sein. Vielleicht ist dein Kopf auch völlig leer und du konzentrierst dich einfach auf diese angenehme Stille. Ganz bewusst „nichts zu denken", ist unheimlich schwierig und gelingt selten, deswegen sollte das hier auch nicht das Ziel sein. Eine Minute Freiheit spüren, gar nichts tun und passiv sein. Danach machst du wieder fokussiert weiter.

Der 60-Sekunden-Reset funktioniert so gut, weil er so machbar ist. Soziale Medien und Achtsamkeitsgurus beeindrucken uns oft mit ihrer zeitaufwendigen Meditationspraxis oder mit ihrer scheinbar angeborenen Resilienz. Doch genau hier dürfen wir uns nicht täuschen lassen. Jeder kleine Schritt bringt uns dem Ziel näher und die Fähigkeit, Stress besser standzuhalten, ist definitiv trainierbar. Gut definierte Muskeln wachsen schließlich auch nicht nach einem einmaligen, ausgedehnten Training über Nacht. Viele kleine Trainingseinheiten, die wir dafür konsequent und über einen längeren Zeitraum durchführen, sind viel effektiver. Das gilt auch für den „Achtsamkeitsmuskel".

Übung
EINFACH ANDERS

Die meisten Alltagstätigkeiten und Routinen können wir komplett automatisiert durchführen, ohne viel nachzudenken. Zähneputzen zum Beispiel! Unsere Hände finden die Zahnpastatube auch im Halbschlaf und die Choreografie hat sich über die Jahre hinweg in unserem motorischen Gedächtnis bis zur Perfektion eingeprägt. Genau das ist der besagte Autopilot, der einen achtsamen Moment verhindert. Natürlich muss nicht jede Situation zu 100 Prozent präsent erlebt und ausgekostet werden, denn unser Körper und Geist spart so Energie für die wirklich wichtigen Momente. Für diese Übung drehen wir den Spieß trotzdem einfach mal um und erleben eine alltägliche Aufgabe völlig neu und bewusst.

So geht's
Wähle zunächst eine Tätigkeit aus, die oft in deinem Alltag vorkommt. Tägliche Routinen wie das besagte Zähneputzen, Abspülen oder vielleicht sogar die abendliche Hautpflege bieten sich besonders an. Idealerweise wähle eine Aufgabe, bei der Handbewegungen im Mittelpunkt stehen. Für diese Übung konzentrierst du dich auf die feinmotorischen Tätigkeiten, an die du sonst keinen wachen Gedanken verschwendest: Du verschiebst den Fokus, indem du von der dominanten Hand auf deine schwache Seite wechselst.

Ich selbst zum Beispiel halte beim Spülen als Rechtshänderin die Teller meist mit der linken Hand und mache alles Weitere mit meiner rechten Führhand. Die ist viel präziser und wendiger; links bin ich dagegen sehr passiv. Wenn ich all das nun umdrehe, kann ich viele Änderungen beobachten: Ich brauche länger, mein linker Arm wird schnell schwer und ich muss mich richtig konzentrieren, um mit dem Schwamm in die Ecken und Winkel meines Geschirrs zu kommen.

Wie ist es bei deinem Seitenwechsel? Welche Veränderungen kannst du feststellen? Ist das Gefühl ungewohnt und vielleicht sogar komisch? Versuche, solche Dinge wahrzunehmen, aber urteile nicht, ob du es besser oder schlechter machst. Konzentriere dich auf die Entschleunigung der Tätigkeit.

Mit dieser Übung schaffst du dir Zeit für einen achtsamen Moment, wenn deine Tage bis oben vollgepackt sind und kaum Raum für ausgedehnte Selbstfürsorge bleibt. Bestimmte Routinen bleiben ja immer gleich, und so verleihst du ihnen hin und wieder einen ganz neuen Sinn. Außerdem kannst du darauf gut in stressigen oder ängstlichen Situationen zurückgreifen, wenn sich deine Gedanken in einem Strudel verfangen oder du mit Panik kämpfst.

Übung
SINNLICHER MORGEN

Der Morgen ist für viele eine besonders stressige Tageszeit. Man weiß nicht, was der Tag bringt, oder hat Probleme, aus den Federn zu kommen, und gelangt so schnell unter Stress. Diese Achtsamkeitsübung kannst du nebenbei durchführen und musst keine zusätzliche Zeit investieren. Erlebe deinen Morgen mit allen Sinnen und registriere jeweils den ersten sinnlichen Eindruck ganz bewusst – egal ob Geräusch oder Geschmack.

So geht's
Erinnere dich mit einem Klebezettel am Wecker an deine Aufgabe. Heute stolperst du nicht einfach nur aus dem Bett ins Bad, sondern nimmst deine Umwelt mit allen Sinnesorganen bewusst wahr. Lege ein besonderes Augenmerk auf den jeweils ersten Eindruck, der dir pro Sinn begegnet. Was ist das Erste, das du …

… **hörst**? Die auditive Wahrnehmung mit den Ohren – eventuell sogar, bevor du die Augen aufmachst? Ein Schnarchen, die Vögel vor dem Fenster oder dein Wecker?

… **riechst**? Die olfaktorische Wahrnehmung mit der Nase – vielleicht hat schon jemand den Kaffee aufgesetzt oder das Fenster geöffnet?

… **schmeckst**? Die gustatorische Wahrnehmung mit der Zunge – nimmst du deinen eigenen Geschmack wahr, oder vielleicht ist es auch die scharfe Minze deiner Lieblingszahnpasta?

… **siehst**? Die visuelle Wahrnehmung mit den Augen – zum Beispiel ein heller Sonnenstrahl, der durch dein Rollo schimmert?

… **ertastest**? Die taktile Wahrnehmung mit der Haut – die kühle und raue Leinenbettwäsche oder das flauschige Fell deines Haustiers, das dir um die Beine streicht?

Versuche, die verschiedenen Kategorien nach und nach wahrzunehmen. Dadurch erlebst du deinen Morgen ein bisschen bewusster, ganz egal, wie viel Zeit dir bleibt oder wie lange deine Morgenroutine dauert. Auch hier solltest du auf eine Bewertung der unterschiedlichen Empfindungen verzichten. Versuche, dich als Beobachter zu sehen, ein bisschen Distanz aufzubauen und deine Perspektive zu wechseln.

Übung
DAS PERFEKTE DINNER

Kochen und Essen ist eigentlich ein sehr sinnliches Erlebnis. Im Alltag verkommt das Kochen jedoch oft zur lästigen Hausarbeit und das Essen wird zur „Nebenbei-Handlung". Streng genommen kannst du diese Übung nicht nur mit dem Abendessen ausprobieren, sondern auch mit jedem anderen Mahl oder sogar einem Snack. Stell dir vor, du nimmst dir Zeit und machst ein ganz besonderes Essen, nur für dich. Du musst jetzt aber nicht zum Sternekoch mutieren und den Trüffel auspacken, sondern es kann auch das klassische deutsche Abendbrot sein. Ich empfehle dir sogar, ein Gericht zu nehmen, das von Natur aus weder besonders aufregend noch aufwendig ist. Stell dir zum Beispiel vor, du würdest dein Gericht für Instagram zubereiten und ganz besonders toll anrichten – mit dem einzigen Unterschied, dass du kein Foto davon machen darfst und es auch nicht teilen sollst. Das Ziel ist, den Prozess zu genießen, zu zelebrieren und zu spüren. Natürlich darfst du dich auch auf das Ergebnis freuen.

So geht's

Wie wäre es mit einem Erdnussbutter-Marmeladen-Toast zu deinem Dinner? Das ist ein sehr simpler Snack, der mit wenigen Zutaten auskommt und auf den ersten Blick weder Instagram-Potenzial hat noch „sinnlich" schreit.

Mise en Place: Bereite deine Zutaten vor. Hole dir zwei Scheiben Brot oder Toast aus deinem Brotkorb und stell Marmelade und Erdnussbutter dazu. Jetzt darfst du kreativ werden: Welche weiteren besonderen Zutaten können dieses Sandwich zu einem echten Genuss machen? Welche Geschmacksprofile kannst du noch einfließen lassen? Vielleicht sind es grobes Meersalz, ein paar Erdbeeren und eine Handvoll ganze Erdnüsse.

Wenn du alle Zutaten herausgesucht hast, beginnst du mit dem Brot. Das könnte so aussehen: Du toastest es auf der offenen Flamme deines Gasherds. Du nimmst ganz bewusst wahr, wie sich der Geruch in der Luft ver-

ändert, und beobachtest die heiße Flamme ganz genau. Danach hackst du Erdnüsse in kleine Stücke. Deine Fingerspitzen ertasten die unebene Struktur und die abgesplitterten Enden. Du verteilst das Erdnussmus und die Marmelade mit einem Buttermesser. Du versuchst, die Unterschiede der Konsistenzen zu spüren, den Widerstand der Masse. Du schneidest die Erdbeere in hauchdünne Scheiben (wie dünn schaffst du es?) und verteilst sie auf dem Brot. Dann bestreust du alles mit den Erdnüssen und gibst schließlich eine Prise Meersalz darüber. Nun machst du dich auf die Suche nach deinem schönsten Teller und legst das Sandwich darauf.

Tipp

Zelebriere das Essen mindestens genauso wie die Zubereitung. Betrachte dein Werk ganz genau, bevor du den ersten Bissen nimmst. Versuche, den Moment genau einzufangen, vergleichbar mit dem Auslöser einer Kamera. Mit dem kleinen, aber feinen Unterschied, dass dieses Bild nicht auf einer digitalen Datenbank oder in einem Fotoalbum landet, sondern nur in dir bleibt. Es tut gut, etwas zu 100 Prozent nur für sich zu tun. Und jetzt der schönste Teil der Übung: der tatsächliche Genuss!

NEUES TEMPOLIMIT: LANGSAMKEIT ALS NEUES LEBENSGEFÜHL

Eine Sache, mit der ich aufgewachsen bin, ist die Glorifizierung des Beschäftigtseins: Je mehr man zu tun hat, desto besser. Überforderung und Überstunden gehören zum guten Ton; wer fröhlich und vor 18 Uhr den Computer ausschaltet, macht in den Augen vieler etwas falsch. Inzwischen weiß ich: Das Gegenteil ist der Fall.

Die „Höher, schneller, weiter"-Mentalität hat mich vor allem als Berufseinsteigerin sehr geprägt. Gepaart mit einer Prise Perfektionismus und dem Hang, gefallen zu wollen, eine explosive Mischung, die Leute wie mich zu wertvollen Arbeitskräften und langfristig zu Wracks macht. Mein erster Tiefpunkt war zugleich auch der Start meiner persönlichen Achtsamkeitsreise. Körperliche Symptome, die nicht zusammenpassten und sich am Ende als Schrei nach Ruhe entpuppten. Die Notbremse, die ich anders nicht ziehen konnte. Aus Angst, nicht abzuliefern und zu versagen. Inzwischen bin ich meinem Körper dankbar für die Signale, die er mir sendet. Nicht jedes Zipperlein muss eine schlimme Krankheit bedeuten, sondern manchmal fungiert es als Schutzmechanismus und gut gemeinte Warnung. „Balance" ist das Zauberwort.

Der Lifestyle-Trend „Slow Living" funktioniert nur, wenn wir öfter mal das Tempo wechseln. Denn ein Leben kann nicht nur langsam oder nur rasant gelebt werden. Beide Extreme können gleichermaßen eintönig oder überfordernd sein. Zum Wohlfühlen und Weiterkommen brauchen wir eine gesunde Mischung aus beiden Konzepten. Positiver Stress und Pausen gehören zusammen wie Yin und Yang – polare Kräfte, die sich ergänzen und nicht bekämpfen.

Eine Entschleunigung des eigenen Lebenskonzeptes kann für jeden Menschen Unterschiedliches bedeuten. Für mich spielt die Rückbesinnung auf simple Dinge eine große Rolle. Wenn wir sehr beschäftigt sind, fliegt die Zeit an uns vorbei, wir nehmen Details kaum wahr. Das Tagesziel ist meist der letzte Haken auf einer ellenlangen To-do-Liste, doch was haben wir davon? Kritisch wurde es für mich, als sich das Ganze nach „und täglich grüßt das Murmeltier" anfühlte, als jeder Tag eine Überforderung und trotzdem gleich war und ich nur noch fürs Wochenende lebte. Um was zu tun? Erschöpft ins Bett zu fallen, einzukaufen, die Wohnung zu putzen und kraftlos alle anderen freudvollen Aktivitäten abzusagen. Tief in mir drin versprach ich mir in solchen Phasen oft, dass alles „nach dem großen Projekt (Vortrag, Pitch, Meilenstein ...)" besser würde. Doch nach einer kurzen Erholungspause stand dann keine Veränderung, sondern ein neues Projekt mit ähnlicher Intensität an. Natürlich kann nicht jeder seinen Arbeitsumfang oder Beruf umkrempeln. Was wir jedoch ändern können, ist unsere Einstellung zu Stress und Leistungsdruck. Was ist gut genug? Bin ich gut genug? Ich glaube fest daran, dass es für jeden möglich ist, einen Gang runterzuschalten.

Es ist nicht wichtig, wie viel Freizeit du hast oder welchen Job du ausübst. Der Schlüssel zum Glück ist deine persönliche Intention und die Wertschätzung, die du selbst deiner Zeit entgegenbringst. Sich von Ballast zu trennen und Aufgaben bewusster zu erledigen, bringt unheimlich viel Klarheit in den Alltag.

Zunächst solltest du dich fragen, was du erreichen möchtest. Natürlich wird dir nicht unbedingt ein hohes Lebensziel oder der nächste Meilenstein einfallen, wenn du dich generell damit schwertust. Fang einfach mit deinem Wunsch nach besserer Balance an. Warum möchtest du mehr Ruhe in dein Leben bringen und was versprichst du dir davon? Versuche, zu Papier zu bringen und aufzuschlüsseln, in welchem Verhältnis dein Privatleben zu deiner Arbeitszeit steht. Bist du mit dieser Gewichtung zufrieden? Versuche, dich von gesellschaftlichen Normen und gelernten Glaubenssätzen zu distanzieren. Falls du gerade sehr für deine Arbeit brennst und dich so verwirklichen kannst, ist das auch völlig in Ordnung. Jeder ist anders und es gibt keine Empfehlung, die auf jeden Lebensstil zutrifft.

Mir persönlich hilft der Blick auf die Natur. Die Abfolge der Jahreszeiten inspiriert mich sehr, mein eigenes Leben als natürlichen Zyklus zu betrachten. Balance muss nicht immer auf den einen perfekten Tag heruntergebrochen werden, sondern kann sich auch auf das ganze Jahr oder mehrere Monate erstrecken.

Im Winter mummele ich mich gerne ein, lasse es so richtig langsam angehen und schlafe viel. Im Frühling habe ich plötzlich wieder mehr Energie und will so viel Zeit wie möglich an der frischen Luft verbringen.

Im Sommer sind die Tage am längsten und meine Lebenslust am größten. Ich nehme mehr auf mich, gebe mehr und bin mit weniger Ruhe zufrieden. Die Akkus sind voll. Nachdem sie sich dann Monat für Monat geleert haben, tanke ich im Herbst meistens erst einmal richtig auf und igle mich ein. Reflektiere viel, genieße mein Daheim und sehne mich nach Wärme. Und dann geht alles von vorn los.

Noch einmal: Es gibt keine Zauberformel und schon gar nicht den perfekten Tag – denn der sieht für jeden anders aus und hängt von inneren und äußeren Faktoren ab. Unser Körper reagiert auf unterschiedliche Jahreszeiten, auf die Verfügbarkeit von Tageslicht und auf saisonale Ernährung. Deswegen passe ich meine Routinen und Rituale an den Lauf des Jahres an, verbessere auf diese Weise meine Lebensqualität und fühle mich so automatisch wohler. Selbstfürsorge und die Zügel in die Hand zu nehmen ist kein Luxus, sondern essenziell für unser persönliches Glück. Dafür brauchen wir nicht viel Zeit, sondern Willenskraft.

Manchmal ist „langsam machen"
die Abkürzung zum schnellen Glück.

HINTERGRÜNDE

Unser Leben lässt sich am besten Stück für Stück entschleunigen. Wir können uns unterschiedliche Lebensbereiche nach und nach vorknöpfen und realistische, kleine Veränderungen einführen. Genauso ist die Bewegung auch entstanden und bekannt geworden. Der „Slow Living"-Trend wurde vor allem durch die „Slow Food"-Bewegung ins Rollen gebracht. Nachdem das moderne Konzept „Fast Food" immer mehr Beliebtheit erlangt hatte, wurde der Wunsch nach einem Gegengewicht langsam größer. Dabei ging es vor allem darum, Traditionen zu wahren und sich für den Genuss beim Essen einzusetzen. Lebensmittel, die nachhaltig angebaut und schonend zubereitet werden, haben in der Regel mehr Nährstoffe und belasten unseren Planeten weniger. Dieses Konzept kommt mehr und mehr in der gesellschaftlichen Mitte an und wird auf unterschiedliche Lebensbereiche übertragen: „Slow Fashion" und „Slow Travel" sind nur zwei weitere Ansätze, die immer mehr Beliebtheit und auch mediale Aufmerksamkeit erlangen.

Für mehr Inspiration zum Thema neue Langsamkeit können wir jedoch auch in die andere Richtung blicken: in die Vergangenheit! Die Generationen vor uns sind aus purer Notwendigkeit mit weniger ausgekommen. Es war völlig normal, die eigenen Lebensmittel anzubauen, Kleider so lange zu tragen, bis sie sich nicht mehr flicken ließen, und sonntags nicht einzukaufen, sondern die Welt ruhen zu sehen. Weniger Möglichkeiten haben automatisch einen großen Vorteil: weniger Entscheidungszwang. Natürlich ist es schwierig, den Lebensstil unserer Großeltern mit dem heutigen Zeitgeist zu vereinen, aber eine Sache können wir definitiv lernen: die Wertschätzung für die kleinen Dinge. Nun müssen wir nur noch herausfinden, wie wir die Vorteile der Flexibilität und Technologisierung mit den Traditionen und Weisheiten unserer Vorfahren zusammenbringen können.

Warum ist es überhaupt wichtig, Dinge langsam anzugehen und das Leben nicht ständig auf der Überholspur zu verbringen? Kommt man so nicht schneller voran? Theoretisch ja, aber ein rasanter Lebensstil geht mit vielen Gefahren einher, die sich vor allem auch körperlich äußern können.

Was sagt die Wissenschaft dazu? Der sogenannte Sympathikus ist Teil des vegetativen Nervensystems und Gegenspieler des Parasympathikus. In besonders stressigen Situationen hilft der Sympathikus unserem Körper, indem er Leistungsfähigkeit, Ausdauer und Instinkte pusht – hin zu einer „Kampf-oder-Flucht-Reaktion", die unter Umständen Leben retten kann. Das berühmte Beispiel aus der Steinzeit ist der Angriff durch einen hungrigen Löwen und wie wir dank dieser biologischen Reaktion über uns hinauswachsen und fliehen können. In der heutigen Zeit sind wir selten so brenzligen Situationen ausgesetzt. Komischerweise wird jedoch genau dieser körperliche Prozess ungewöhnlich oft aktiviert. In der Regel geschieht dies durch stressige Situationen im Alltag, die für uns eigentlich alles andere als lebensbedrohlich sind.

Doch was passiert mit uns, während wir so über uns hinauswachsen? Das vegetative Nervensystem ist für viele körperliche Funktionen zuständig, die wir mit unserer Gedankenkraft kaum beeinflussen können. Es steuert unter anderem Verdauung, Herzrate und Atmung. Evolutionsbedingt ist die Kampf-oder-Flucht-Reaktion als kurzzeitiger Überlebensmechanismus angelegt und alle anderen körperlichen Funktionen stehen in diesem Moment hintan. Nach einem Angriff ist außerdem eine Erholungspause nötig, um wieder Kraft zu schöpfen und die Körperfunktionen zu stabilisieren. Sprich: Wir jagen nicht gleich wieder freiwillig der nächsten Großkatze hinterher, sondern suchen Schutz und Ruhe, um uns zu erholen.

In unserem heutigen Zeitalter wird der Mechanismus jedoch regelmäßig und vor allem unnötig ausgelöst, und das schadet unserem Wohlbefinden extrem. Verdauungsprobleme, Panikattacken mit Herzrasen und Schweißausbrüche sowie extreme Cortisolwerte gehören zu den häufigsten Folgen. Ein hoher Preis, den wir für einen kurzfristigen Energieschub zahlen, der in keinem Verhältnis zur jeweiligen Situation steht. Denn in der Regel handelt es sich nicht um eine Raubtierattacke, sondern um ein unangenehmes Gespräch mit dem Chef oder einen Vortrag vor einer größeren Gruppe. Wie bereits erwähnt, ist es extrem schwer, diese komplexen körperlichen Vorgänge zu beeinflussen, und unser Nervensystem nimmt ungern Befehle von uns entgegen. Was jedoch helfen kann, ist eine allgemeine Entschleunigung unseres Lebensstils, eine gesunde Einstellung gegenüber Stress und die Bereitschaft, den Fuß öfter mal vom Gas zu nehmen. Zum Beispiel mit einer Atemübung.

Übung
ZEHN TIEFE ATEMZÜGE

Mit unserer Atmung können wir ein Entspannungssignal an unser Gehirn senden. Der Spruch „Einfach mal tief durchatmen" ist dabei Programm. Wir brauchen für den Beginn keine besondere Technik.

> **— *Tipp* —**
>
> *Am besten integrierst du diese einfache Atemübung fest in deine Routine und startest damit zum Beispiel in deinen Arbeitstag. 30 Sekunden reichen. Du kannst die Übung unbemerkt am Schreibtisch durchführen. Vielleicht möchtest du dir eine Erinnerung daran in dein Smartphone einspeichern.*

So geht's

Konzentriere dich ganz bewusst auf deine nächsten zehn Atemzüge. Sind sie flach und leicht unregelmäßig? Kannst du feststellen, welche Körperteile sich heben und senken? Wie tief dringt der Atem in deinen Körper ein? Jetzt übernimmst du die Kontrolle: Atme tief ein, verfolge deinen Atem bis in den Bauch und atme schließlich ruhig und langsam aus. Eine regelmäßige, tiefe Atmung hat einen beruhigenden Effekt und beeinflusst das Nervensystem positiv. Dieses Werkzeug kannst du in brenzligen Situationen anwenden oder als kleines Ritual zur Aufrechterhaltung deiner Resilienz im Alltag anwenden.

MIT ZENTANGLE EINEN GANG RUNTERSCHALTEN

Mein Bullet Journal (siehe ab Seite 161) ist mein Achtsamkeits- und Lifecoach im Taschenformat. Die meisten klassischen Techniken und Vorlagen aus der Planer-Community widmen sich dem Thema Produktivität und Organisation. Für eine kleine Verschnaufpause bietet sich jedoch ein kreativer Umgang mit dem eigenen Journal an – beispielsweise per Zentangle. „Zen" beschreibt das meditative Element und steht für Entspannung, und „-tangle" kommt aus der englischen Sprache und wird grob mit „Gewirr" übersetzt. Diese Technik soll dich entspannen und deinen Fokus schärfen. Anfangs hat sie mich an Mandalas erinnert, jedoch kann man hier etwas freier und weniger akkurat zeichnen und braucht keine Hilfsmittel. Malbücher für Erwachsene boomen momentan, beim Tanglen kannst du aber auch ohne Vorlage kreativ werden und in deinen herkömmlichen Planer oder direkt in dein Tagebuch malen. Du brauchst nur eine leere Seite (zum Beispiel in deinem Bullet Journal) und einen Stift. <u>Bei dieser Technik ist es wichtig, sich treiben zu lassen.</u> Du solltest kein fertiges Bild vor deinem inneren Auge haben und diesem nachjagen, sondern einfach die Formen verfolgen, die jeweils entstehen.

Als Erstes legst du einen Rahmen fest. Hier verbindest du zum Beispiel einfach vier Punkte und zeichnest ein Quadrat. Innerhalb dieser Grenzen legst du verschiedene geometrische Formen fest. Das können viele unterschiedliche Linien sein oder eine Form, die sich oft wiederholt. Diese malst du nun mit verschiedenen Mustern oder Schattierungen aus. Zickzack, Punkte oder auch ausgefüllte Flächen wechseln sich ab, während du intuitiv ausmalst, ohne viel darüber nachzudenken. Der gewünschte Effekt ist ein gewisser Verlust des Zeitgefühls und eine innere Ruhe, die sich langsam ausbreitet und hoffentlich ein Weilchen anhält.

Das fertige Ergebnis kannst du mit einer Unterschrift oder deinen Initialen versehen. Betrachte dein Werk aufmerksam, versuche, deinen inneren Kritiker verstummen zu lassen, und pack dann schließlich entspannt die nächste Aufgabe an.

Tipp

Ich finde es schön, diese Zeichnungen immer mal wieder in meinem Bullet Journal zu finden. Sie wirken wie ein kleiner Anstoß, um einen Gang runterzuschalten und zu entspannen.

Und wer hat's erfunden? Zentangle ist eine Zeichenmethode, die von dem ehemaligen Mönch Rick Roberts und der Künstlerin Maria Thomas erfunden wurde. Es gibt inzwischen mehr als 3000 zertifizierte Zentangle-Lehrer, die diese Technik in Kursen und Workshops weitergeben und lehren. Auf ihrer Website zentangle.com findest du viele weitere Übungen, Vorlagen und Informationen zur Entstehungsgeschichte und malerischen Entspannung.

Experiment
100 % HYGGE

Wie wird man denn nun Achtsamkeitsexperte? Mein erster Verdacht festigt sich: per Selbstversuch. Natürlich kann man sich unheimlich viel Literatur und verschiedene Studien einverleiben, aber richtig profitiert man erst durch das Ausprobieren und Erleben der verschiedenen Ideen und Techniken. Deswegen teile ich das eine oder andere Experiment mit euch und ihr dürft euch diese Erfahrungen gerne zum Vorbild nehmen. In sieben Tagen kann man neue Gewohnheiten wunderbar „anprobieren" und auf Alltagstauglichkeit und individuelle Präferenz austesten. In dieser Woche habe ich mir ein Beispiel an den Dänen genommen und versucht, möglichst „hyggelig" zu leben. Verbinden möchte ich das mit einigen meiner Achtsamkeitsübungen für Anfänger. Ich kann euch jetzt schon verraten: Langsam zu leben ist gar nicht so einfach!

TAG 1: Hygge-Make-over! Mein Wohnzimmer wird umgestaltet und ich halte mich an das Vorbild unserer dänischen Nachbarn. Es soll besonders gemütlich werden und zum gemeinsamen Verweilen einladen. Ich bringe eine Lichterkette an, die sonst nur zur Weihnachtszeit zum Zuge kommt, und entstaube meine Duftkerzen. Irgendwo müsste auch noch eine extra Wolldecke sein! Dem Hund gefällt es: Er rollt sich genüsslich auf dem Sofa ein und ich muss ihm zustimmen. Dieser Teil war einfach.

TAG 2: Heute möchte ich die „Fokuswechsel"-Übung ausprobieren (siehe Seite 24) und mich dabei auf mein neues Umfeld im Hygge-Stil konzentrieren. Ich zünde also die Kerzen an und mache es mir auf dem Sofa bequem. Auf meinem Handy stelle ich mir einen Timer für 15 Minuten und los geht's. Mein Blick schweift über die neuen Texturen: die Wolldecke neben mir und das fluffige Kissen darauf. Ich stelle mir vor, dass ich mit den Händen darüberfahre und wie es sich anfühlt. Die 15 Minuten vergehen wie im Flug und ich habe viele neue Details entdeckt (in meiner eigenen Wohnung!) und tatsächlich über nichts anderes nachgedacht. Ich würde fast sagen, dass mir die Übung leichter gefallen ist als draußen auf einem Spaziergang. Außerdem konnte ich die Gemütlichkeit meiner Umgebung so richtig in mich aufsaugen.

TAG 3: Hygge-Dinner für zwei! Ich habe alles vorbereitet: vegane Cannelloni, Kerzenschein und Tee für später – aber irgendwie bin ich heute nicht in der Stimmung. Ich habe Sorgen, die mir im Kopf herumspuken, und schaffe es nicht loszulassen. Ich kann mich nicht so gut auf die Gespräche konzentrieren. Als ich mein Experiment protokolliere, frage ich mich, was die Dänen an meiner Stelle tun würden. Hygge for one? Oder hätte ich das Gespräch auf meine Sorgen lenken sollen? Ich bin mir unsicher, da ich jetzt schon nicht mehr weiß, worüber ich die meiste Zeit nachgedacht hatte. Präsent sein (und bleiben) ist mir auf jeden Fall schwergefallen.

TAG 4: Zeit für die „Einfach anders"-Übung (siehe Seite 27)! Ich entscheide mich für das Zähneputzen. Vermutlich, weil ich ein kleines Erfolgserlebnis brauche, die Übung schnell geht und man nicht viel falsch machen kann. Ich versuche, mich auf die Bewegungen meiner linken Hand zu konzentrieren, und mache alles sehr langsam. Dabei beobachte ich mich genau. Ich bin wirklich nicht gut mit meiner linken Hand. Aber das bewerte ich gar nicht negativ, sondern es bringt mich eher zum Schmunzeln. Diese Idee trage ich in meinen weiteren Tag und ich versuche, Aufgaben anders und langsam anzugehen. Das tut gut!

TAG 5: Heute möchte ich eine Fika mit meiner besten Freundin einlegen. Wir verabreden uns für eine Kaffeepause via FaceTime, da wir gerade nicht am gleichen Ort sein können. Ich plane meinen Arbeitstag danach und schaffe ganz bewusst Zeit. Während wir telefonieren, bereiten wir unsere Getränke zu; meine Freundin ist eine wahre Kaffee-Connaisseuse und es macht Spaß, ihr dabei zuzusehen. Wir versuchen, wenig über die Arbeit zu sprechen, sondern mehr über private Themen und was uns gerade wirklich umtreibt. Nach einer Stunde beschließen wir, dass wir das jetzt öfter machen müssen. Nach dem Gespräch fühle ich mich aufgeladen und es hat sich eine gewisse innere Zufriedenheit eingestellt.

TAG 6: Für den Samstag habe ich mir die Übung „Sinnlicher Morgen" (siehe Seite 28) vorgenommen. Am Wochenende habe ich Zeit und stehe in den Morgenstunden nicht so unter Stress, daher müsste mir die Aufgabe leichtfallen. Komischerweise leide ich generell immer unter einem schlechten Gewissen, wenn ich spät aufstehe. Dabei schreibt mir als Selbstständige niemand vor, wann ich wo sein muss. Aber diese Idee, dass nur Frühaufsteher richtig produktiv sind, bekomme ich einfach nicht aus meinem Kopf. Mal schauen, ob ich das mit dieser Übung ablegen kann! Ein Post-it am Wecker erinnert mich an meine Aufgabe. Ich bin so verschlafen, dass es mir schwerfällt, mich auf die verschiedenen Sinne zu konzentrieren. Der erste Augenblick ist richtig verschwommen, das erste Geräusch ist die surrende Heizung. Es ist nicht leicht, die Eindrücke nur wahrzunehmen und nicht direkt in Schubladen zu stecken. Gut, schlecht, nervt, schön. Was ich mitnehme: Negative Dinge bleiben schneller hängen!

TAG 7: Ich habe nochmals recherchiert und möchte einen besonders hyggetauglichen Wochenabschluss feiern. Dazu gehört, dass ich den ganzen Tag kein künstliches Licht nutzen möchte (außer im Bad) und den ganzen Abend auf digitale Medien sowie Bildschirme verzichte. Ich nenne es: Digital- und Deckenlampen-Detox! Stattdessen will ich mich meinen liebsten analogen Hobbys widmen: Journaling, Lesen und Stricken – und das den ganzen Tag, soviel ich mag. Am Ende des Tages sitze ich im

Kerzenschein auf dem Sofa und es ist zu dunkel, um irgendetwas zu machen. Da erkenne ich das erste Mal: Nichts tun tut so gut! Es war recht leicht, den ganzen Tag beschäftigt zu bleiben. Aber irgendwie auch ein bisschen anstrengend. Der erste ruhige Moment war fast unangenehm, aber die Lernkurve ist steil. Das kann ich mir gut als neues Sonntagsritual vorstellen, um mich auf die neue Woche vorzubereiten.

Fazit

Es hat etwas sehr Motivierendes, für jeden Tag eine Aufgabe parat zu haben. Ein Trainingsplan für Achtsamkeit quasi – trotzdem darf man diesen nicht einfach nur stupide abhaken, sondern man muss sich auch um die innere Arbeit kümmern. Am schwierigsten fand ich, eine neutrale Position beizubehalten und meine Ergebnisse nicht kritisch zu bewerten. Das ist definitiv etwas, an dem ich noch arbeiten muss.

DIE ACHTSAME DENKWEISE

Auf meiner bisherigen Reise habe ich schnell festgestellt, dass es gar nicht so einfach ist, von heute auf morgen achtsamer zu sein. Auch die Integration regelmäßiger Übungen hilft oft nur bedingt, vor allem wenn der Kopf nicht mitmacht. Unsere Gedanken führen gern ein Eigenleben und gerade darum müssen wir lernen, nicht ständig direkt überstürzt zu handeln. Die folgenden Prinzipien haben mir langfristig geholfen, eine achtsame Denkweise zu entwickeln und dauerhaft beizubehalten.

Ruhe: Den Geist ganz bewusst beruhigen zu können, ist eine wertvolle Fähigkeit. Denn wenn unsere Gedanken wild hin und her springen, ist es besonders schwierig, gute Entscheidungen zu treffen und Dinge klar zu sehen. Wenn wir uns zu viele Sorgen machen und unbedeutenden Details nachhängen, kommt unser Geist nie zur Ruhe. Die Begriffe „Stille" und „innerer Stillstand" mögen für viele wenig attraktiv klingen. Beides sind aber durchaus erstrebenswerte Zustände – nicht nur, weil sie einem meditativen Zustand gleichen. Und das Allerbeste: Das können wir trainieren!

Klarheit: Wir müssen herausfinden, was wir wollen und wer wir sind. Wenn wir uns Gedanken über unsere Ziele, Träume und Werte gemacht haben, können wir Dinge schneller entscheiden – auch in schwierigen Situationen. Eine klare Vorstellung davon zu haben, was für uns wichtig ist, ist der Schlüssel zum Auflösen von Unentschlossenheit.

Konzentration: Unsere moderne Welt gleicht einem bunten Parcours voller Ablenkungen. Da kann es schon mal schwerfallen, den Überblick zu behalten und sich auf das zu konzentrieren, was wirklich wichtig ist. Verdient diese Textnachricht gerade meine volle Aufmerksamkeit? Muss ich mich darüber eine halbe Stunde lang aufregen? Konzentriere dich auf das, was dich glücklich macht und weiterbringt.

Mitgefühl: Wer sich ständig mit anderen vergleicht, betreibt Selbstsabotage. Mitgefühl zu empfinden ist eine wichtige Fähigkeit für einen achtsamen Umgang mit unseren Mitmenschen, doch auch hier müssen wir bei uns selbst anfangen. Eine ungesunde Denkweise und negative Selbstgespräche setzen uns unnötig unter Druck. Niemand ist perfekt! Empathie ermöglicht uns, andere und uns selbst so zu akzeptieren, wie wir wirklich sind.

Mut: Mut hilft uns, aktiv zu werden. Einfach über den eigenen Schatten zu springen! Wenn wir zögern und keine Maßnahmen ergreifen, bleiben wir stehen. Mut klingt nach gefährlichen Situationen, doch auch im Alltag ist er oft gefragt. Ein unangenehmer Anruf, einen Brief öffnen – für jeden gibt es andere Aufgaben, die eine Prise Mut erfordern. Nur so können wir ein ganz neues Selbstbewusstsein aufbauen und damit zu ungeahnter Stärke finden.

Auch ich habe immer wieder Rückschläge und falle in alte Denkmuster oder Verhaltensweisen zurück. Das ist menschlich. Wenn ich mich genau dann an diese fünf Prinzipien erinnere und diese in meinen Alltag einfließen lasse, gelingt es mir jedoch meist zurückzufinden. Habe ich das gedanklich geschafft, bin ich wieder viel empfänglicher für entschleunigende Übungen und Routinen.

Achtsamkeit ist kein Sprint, sondern ein Marathon. Eine langsame Lebensweise soll uns nicht zurückwerfen, sondern nach vorn bringen. Unser modernes Zeitalter macht uns das manchmal schwer und bringt neue Probleme mit sich, aber auch Chancen. Materialismus, ständige Erreichbarkeit und übertriebener Konsum lassen den Traum von einem simplen Leben für viele von uns als eine nostalgische Idee erscheinen, die kaum mehr umsetzbar ist. Darum müssen wir eine gesunde Mitte finden. Dein Leben ist anders als mein Leben. Jeder muss selbst in sich reinhorchen und herausfinden, ob und was er an seiner Lebenseinstellung ändern will, um langfristig glücklich(er) zu sein. Das Schöne am Prinzip der gesunden Aufmerksamkeit? Es schadet nie! Es hilft uns, die kleinen Dinge zu schätzen und das Leben zu feiern. Uns selbst besser kennenzulernen. Davon profitiert jeder Mensch, immer. Es wird Zeit, dass wir tief in uns gehen und uns nicht von lauten Gedanken ablenken lassen – das sind immerhin 60 000 am Tag, das möchte ich an dieser Stelle noch einmal wiederholen. Wir müssen die Ohren spitzen und herausfinden, was unter diesem Grundrauschen geflüstert wird, was unsere Seele verlangt und was – vielleicht – unser persönlicher Schlüssel zum Glück ist.

Kapitel zwei „DU"

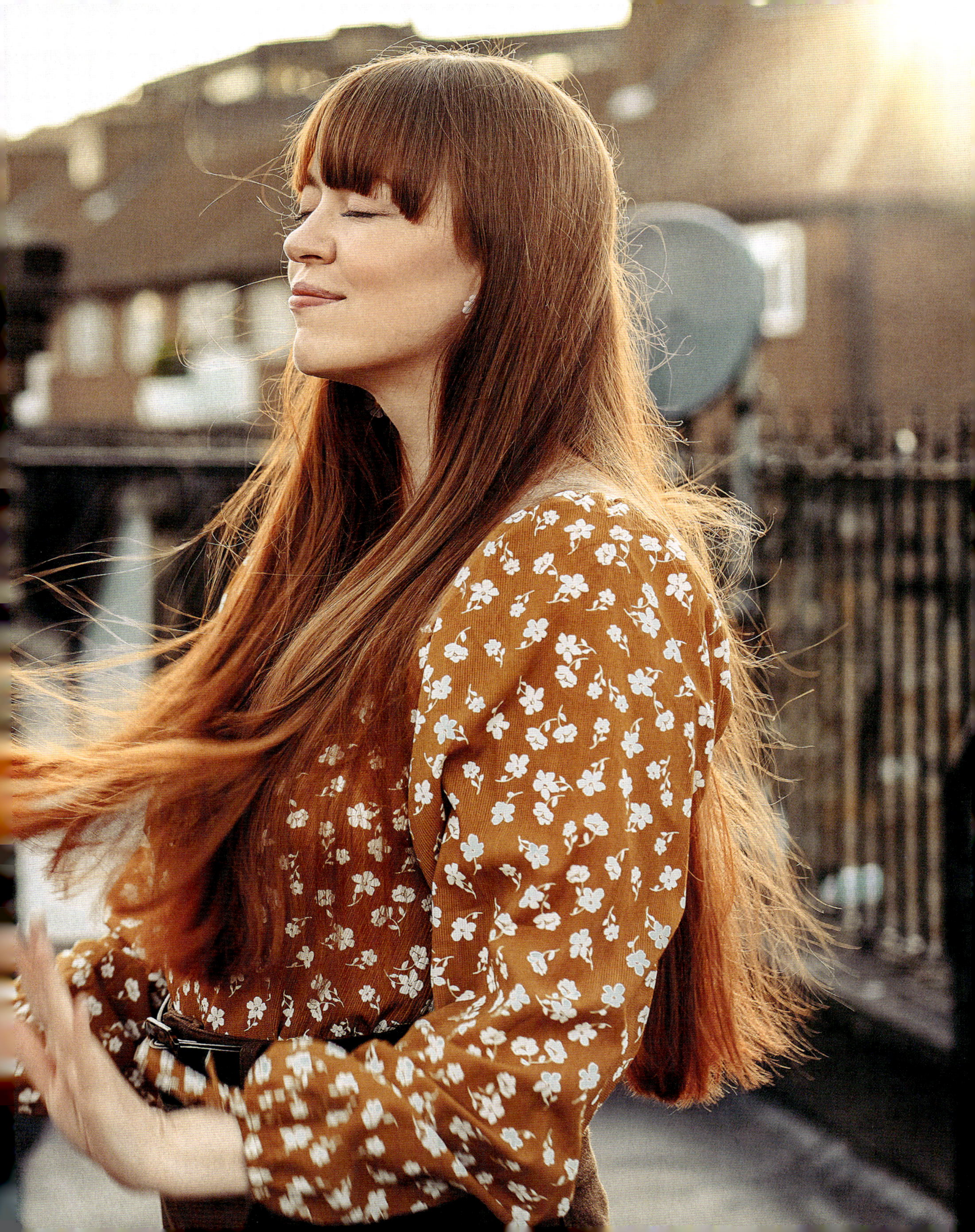

BESTANDSAUFNAHME

Die schönste Botschaft vorneweg: Du bist die wichtigste Person in deinem Leben. Auch wenn das faktisch vielleicht noch nicht auf deinen jetzigen Alltag zutreffen mag, ist das eine der wertvollsten Änderungen, die du langfristig erreichen kannst. Fang am besten gleich heute damit an!

Hier geht es nicht um einen egozentrischen Wandel, sondern um mehr Empathie und Mitgefühl für dich selbst. Ein guter Ansatzpunkt ist das Selbstgespräch. Welche Worte kommen dir in den Sinn, wenn du dich im Spiegel betrachtest? Was schießt dir in den Kopf, wenn du mal einen Fehler machst? Im Stillen frage ich mich oft, ob ich die gleichen Dinge meiner besten Freundin oder meinem besten Freund sagen würde – das lässt meine innere Kritikerin dann meist verstummen. Die wenigsten von uns loben sich selbst, trösten sich selbst. Was wir alle tun, ist, mit uns selbst zu schimpfen. Doch wer sich selbst mit einer anteilnehmenden und gütigen Stimme begegnet, hat diese auch im Gespräch mit anderen parat. Liebevoller mit sich selbst umzugehen und zu sprechen, macht uns zu angenehmeren und respektvolleren Weggefährten für unsere Mitmenschen. Wir müssen bei uns selbst anfangen. Es gibt nicht den einen perfekten Menschen, dem wir nacheifern müssen. Wir müssen lernen, unsere Eigenarten und Charakterzüge zu akzeptieren und zu lieben.

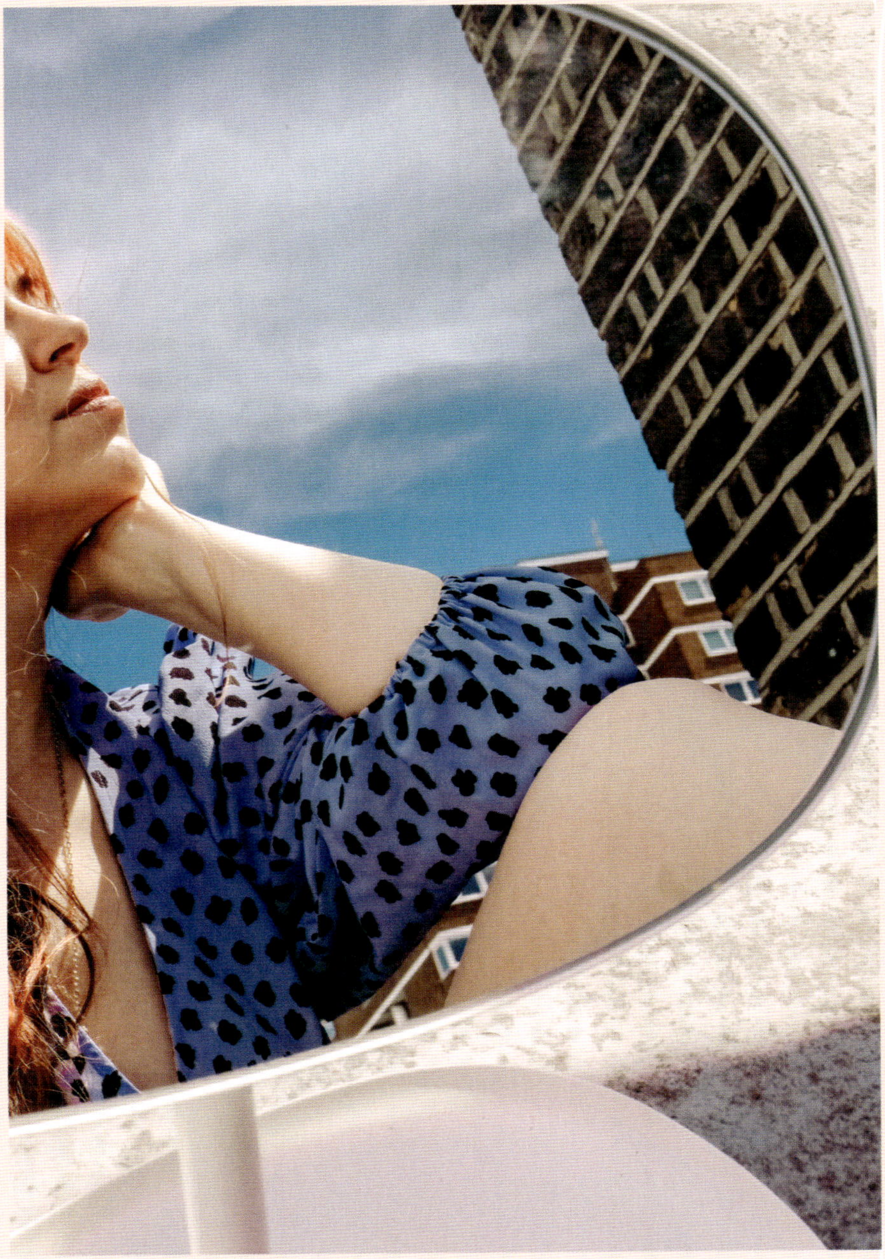

Achtsamkeit und Persönlichkeitsentwicklung gehen Hand in Hand. Wir sind von Natur aus wissbegierig. Wir wollen mehr über uns selbst erfahren und uns besser kennenlernen. Ich glaube fest daran, dass jeder Mensch bestimmte Besonderheiten hat, die er schwer ablegen kann: Ein gutes Beispiel dafür sind extrovertierte und introvertierte Menschen. Hier geht es nicht darum, eine Gruppe als besser oder schlechter einzustufen. Vielmehr geht es darum, die jeweiligen Eigenschaften positiv in die eigene Persönlichkeit und das eigene Lebensmodell einzubringen, Energie aus diesen Eigenschaften zu schöpfen und die Akkus so aufzuladen.

Doch selbst ein gefestigter Charakter befindet sich dauerhaft im Wandel. Eine stetige Veränderung ist normal und sogar essenziell. Viele ausgeprägte Eigenarten und Wesenszüge zeigen wir lediglich in besonderen Lebensphasen und Situationen. Das heißt, sie begleiten uns eine Weile, machen uns aber nicht aus. Solche Eigenarten lassen sich außerdem selten proaktiv korrigieren. Irgendwann haben sie ihren Dienst für uns getan oder passen einfach nicht mehr zu uns. Dann legen wir sie ganz automatisch und unbemerkt ab.

Ich möchte in diesem Kapitel ein paar Szenarien und Charakterzüge genauer beleuchten, die uns allen bekannt vorkommen. Dabei möchte ich mich nicht auf sture Selbstoptimierung konzentrieren, sondern auf die Chancen und Möglichkeiten, die diese Eigenheiten mit sich bringen. Was können wir aus unserer Verletzlichkeit lernen und wie können wir uns selbst treu bleiben? Es kann sein, dass du dich in mehreren Szenarien wiedererkennst. Vielleicht helfen sie dir auch, einen Menschen aus deinem Umfeld besser zu verstehen und zu unterstützen. Manche Muster sind abhängig von der eigenen Tagesform und andere stellen typische Bewältigungsmechanismen dar. Es ist auch völlig normal, wenn du mehrere der hier aufgeführten Eigenheiten und Verhaltensweisen unter dem Dach deiner Persönlichkeit vereinst.

Neben der Frage, wer du eigentlich bist, möchte ich deinen Blick auch auf dein übergeordnetes Ziel lenken. Weißt du, was du wirklich willst? Hier geht es nicht darum, gedankenverloren oder sorgenvoll in die Zukunft zu blicken oder einen detaillierten Fünfjahresplan parat zu haben. Nein, vielmehr sollten wir unserem Leben eine Berufung schenken, die uns erfüllt und glücklich macht. Eine solche Berufung schenkt uns Führung im Alltag, gibt Rat in schwierigen Situationen und avanciert schließlich zu unserer persönlichen Gebrauchsanweisung für ein gutes Leben. Das genaue Rezept ist so individuell wie du selbst – hoffentlich hilft dir die genaue Auseinandersetzung mit deiner Persönlichkeit, die eine oder andere Zutat und Mengenangabe zu entschlüsseln.

WIE DU HERAUS-FINDEST, WAS DU WIRKLICH WILLST

Ganz egal, wo wir gerade im Leben stehen: Unser Weg ist einzigartig. Und genauso einzigartig wird es weitergehen. Jede noch so kleine Entscheidung kann große Auswirkungen haben. So hat sich nach und nach ergeben, zu welcher Person wir geworden sind, welchen Beruf wir ergriffen haben und wo wir wohnen. Wer wir sind. Die Entscheidungen, die all das beeinflussen, fallen bewusst und unterbewusst. Wichtige Schritte überdenken wir gerne lange, wiegen Vor- und Nachteile gegeneinander auf. Doch auch die mikroskopisch kleinen Entscheidungen beeinflussen uns in der Summe immens. Und die treffen wir in der Regel intuitiv und in Sekundenschnelle. Wir entwickeln nach und nach ein gewisses Gespür dafür, das von unseren persönlichen Prioritäten genährt und gelenkt wird. Wenn wir uns weiterentwickeln, sich unsere Lebensumstände ändern oder ein traumatisches Ereignis unsere Persönlichkeit bis ins Mark erschüttert, kann uns das aus der Balance bringen und alte Prioritäten obsolet machen.

Darum noch einmal: Es gibt keine allgemeingültige Blaupause, kein „Set an Prioritäten", das dich automatisch zu einem besseren oder glücklicheren Menschen macht. Wenn du dich jedoch an einem Punkt in deinem Leben befindest, der nach Veränderung schreit, kannst du mit der Neugewichtung deiner Werte einen ersten wichtigen Schritt machen. Auch wenn ich hier bestimmte Beispiele zuerst anführe oder Anekdoten aus meinem Leben teile, solltest du immer bedenken, dass es kein kategorisches Richtig oder Falsch gibt. Nicht jeder ist ein Familienmensch und nicht jeder ist ein Arbeitstier. Beides ist okay.

PARAMETER FÜR EIN GUTES LEBEN

Welche Parameter beeinflussen unsere persönliche Zielsetzung und unser individuelles Glück? Die wichtigste Determinierung, die auf die meisten Menschen zutrifft, sind die folgenden übergeordneten Kategorien – bekannt als „Work-Life-Balance". Der englische Begriff steht für „Arbeit – Leben – Gleichgewicht": also Privates und Karriere beziehungsweise Beruf im harmonischen Einklang. Mein Alltag ließe sich beispielsweise in die folgenden Unterkategorien einteilen. Damit können sich sicher viele Menschen identifizieren:

- Familienleben und Partnerschaft
- Karriere und Beruf
- Finanzen
- Gesundheit
- Das Selbst
- Haushalt und Zuhause
- Freizeit und Hobbys
- Freunde und soziale Kontakte
- Idealistische Ziele, Spiritualität und Bestimmung

Wenn wir ein Ungleichgewicht zwischen den einzelnen Bereichen bemerken, wächst meist die Unzufriedenheit und unser Stresslevel steigt. Das raubt uns Lebensenergie und lässt den Wunsch nach Veränderungen laut werden. Dann ist radikale Ehrlichkeit gefragt, um die passenden Ziele und Maßnahmen zu definieren. In der Regel bedeutet das, dass wir den Fokus mehr auf Dinge legen müssen, die uns Freude bringen. Doch das Leben zu 100 Prozent der persönlichen Freude zu widmen, klingt nicht nur traumhaft, sondern bleibt für die meisten von uns tatsächlich unrealistisch. Wer das kann, ist in einer sehr privilegierten Position. Es ist ganz klar, dass nicht jeder seinen Job kündigen kann, weil dieser nicht seiner persönlichen Idee von Spaß entspricht. Oft müssen wir einen gesunden Mittelweg finden. Unsere Grundbedürfnisse decken und den schönen Dingen des Lebens so viel Bühne wie möglich schenken. Nicht jeder kann seine Passion zur Berufung werden lassen – aber Platz schaffen kann man dafür allemal. Prioritäten helfen uns, langfristige Ziele mit kurzfristigem Glück zu verbinden. Und dann bauen wir unser restliches Leben einfach drum herum. Die folgenden Fragen helfen dir herauszufinden, was du wirklich willst:

- Welche Hobbys haben dir als Kind am meisten Spaß gemacht?
- Wen bewunderst du und warum?
- Worauf bist du so richtig stolz?
- Was entspannt dich wirklich?
- Wo ist für dich „zu Hause" (dein Elternhaus, deine eigene Wohnung, eine bestimmte Stadt, ein bestimmter Mensch)?
- Was ist deine Lieblingsbeschäftigung?
- Was machst du, wenn keiner hinschaut?
- Was macht dich glücklich?

Reflektiere kritisch, an welcher Stelle dein Beruf Erwähnung findet und ob deine aktuellen Beziehungen und Verbindungen dein Leben bereichern. Du hast das Steuer in der Hand und selbst kleine Veränderungen können ein Schritt in die richtige Richtung sein. Reserviere deine Aufmerksamkeit für Aufgaben und Menschen, die die gleichen Ziele teilen oder dich ihnen näher bringen. Die Klärung dieser Fragen kann viel Zeit beanspruchen und neue Fragen aufwerfen, der Klärungsprozess selbst erweist sich jedoch bereits als sehr heilend. Als könnte man die Ergebnisse unverbindlich anprobieren. Genau das ist und bleibt auch die Essenz unserer Werte, unserer Person und des Lebens selbst: Nichts ist endgültig.

Übung

LEVEL 10 LIFE: DEIN STATUS QUO

„Level 10 Life" ist eine Technik, um deinen aktuellen Status und deine Ziele zu bewerten und diese langfristig zu erreichen. Die Methode wurde von Hal Elrod, dem Autor von *Miracle Morning*, eingeführt. Sie ist ein gutes Werkzeug zur persönlichen Weiterentwicklung. Wichtig ist, dass du dir die Zahlen in regelmäßigen Abständen anschaust, um Veränderungen und Verbesserungen festzustellen.

So geht's
Wähle acht bis zehn Lebensbereiche aus, die dir wirklich wichtig sind. Dazu gehören bei mir aktuell zum Beispiel mentale Gesundheit, Geldangelegenheiten und Partnerschaft. Im nächsten Schritt bewertest du deinen aktuellen Zustand in jeder Kategorie von eins bis zehn. Die Zehn ist die Höchstpunktzahl – für volle Zufriedenheit in diesem Lebensbereich. Deine Ergebnisse kannst du digital in einer einfachen Tabelle oder analog in deinem Tagebuch festhalten. Du kannst auch die verschiedenen Kategorien als Balkendiagramm festhalten. Im Coaching-Jargon wird diese Methode als Lebensrad bezeichnet.

Eine intensive Veränderung ist nicht in allen Kategorien gleichzeitig möglich. Darum solltest du zwei bis drei davon auswählen und dich bewusst auf diese konzentrieren. Breche sie in kleinere Unterziele auf. Für meine Kategorie „Geldangelegenheiten" könnte das heißen, einen neuen Steuerberater zu suchen. Diese Etappenziele bieten dir eine Hilfestellung, deine Punktzahl effektiv zu erhöhen. Kleine und konkrete Ziele funktionieren immer besser als abstrakte Wünsche. Die Gesamtidee ist, nach ein bis drei Monaten wieder auf die Auflistung zurückzukommen und die Veränderungen aufzuzeichnen. Den Rhythmus bestimmst du!

Übung
VISION BOARD

Für alle, die mit der mathematisch anmutenden „10-Punkte-Übung" nicht so gut zurechtkommen, gibt es auch einen kreativen Ansatz: das Vision Board. Eine Zielcollage vereint dabei unsere Wünsche und Träume. Durch zielgesetzte Visualisierungen mobilisieren wir unser Unterbewusstsein, das uns bei der Erreichung unserer Vorsätze aktiv unterstützt. Ein Vision Board kann man jederzeit anfertigen. Bestimme deinen eigenen Zeitpunkt also ganz frei – es muss wirklich nicht Neujahr sein! Für deine Collage brauchst du eine Pinnwand oder eine kleine Leinwand, Reißzwecken oder Kleber und natürlich die Möglichkeit, Fotos, Zitate und Bilder auszudrucken.

So geht's

Als Erstes machst du ein Brainstorming zu deinen kühnsten Träumen und Wünschen. Was sind deine kurzfristigen und langfristigen Ziele? Du kannst dich hier ähnlich wie bei der „Level 10 Life"-Technik an verschiedenen Lebensbereichen entlanghangeln. Worauf möchtest du den Fokus lenken? Familie, Arbeit, Selbstfürsorge oder dein Zuhause? Im zweiten Schritt brauchst du schöne Bilder, um deine Träume besser visualisieren zu können. Dafür kannst du Pinterest nutzen oder alte Zeitschriften durchstöbern. Ergänzend machen sich motivierende Sprüche und Affirmationen gut; auch diese kannst du ausdrucken und dann mit den Fotos auf deinem Board anordnen. Die fertige Collage verdient einen besonderen Ehrenplatz, damit du dich täglich damit beschäftigst. Wähle diesen also weise! Wo hast du das gute Stück mehrmals täglich im Blickfeld? Wenn du viel unterwegs bist, kannst du dein Vision Board als Foto auf deinem Smartphone abspeichern oder vielleicht sogar als Bildschirmhintergrund auf deinem Laptop einrichten. Die Collage soll beim Hinschauen pure Freude und Verlangen in dir auslösen – positive Gefühle, die Lust auf mehr machen.

Wenn dir diese Übung gefällt, kannst du dein Vision Board regelmäßig aktualisieren. Collagen aus vergangenen Jahren zeigen dir auf wunderbare Weise, wie viel du schon erreicht hast.

NEIN SAGEN FÜR ANFÄNGER

Warum fällt es uns so schwer, Nein zu sagen? Warum verbinden wir mit diesem kleinen Wort Ablehnung, Enttäuschung und vielleicht sogar Einsamkeit? In meinem Fall sind das all die Dinge, die ich als Kind erlebt habe. Daraus hat sich der konstante Drang entwickelt, Leute zufriedenzustellen. Eine Komponente davon ist, dass ich niemandem einen Gefallen abschlagen kann. Dinge gerne einfach irgendwie hinbiege oder hinbekomme, auch wenn sie schwierig sind oder mir selbst nicht guttun. Warum ich das nicht in der Vergangenheitsform schreibe? Diese Tendenz ist immer noch ein Teil von mir, ich habe sie noch nicht abgelegt. Ich bin Jasmin, momentan 33 Jahre alt und ein „People Pleaser". Und das klingt netter, als es ist.

Seid nicht so wie ich, sagt Nein. Wie man das macht, ergründen wir jetzt einfach zusammen.

Zuerst möchte ich festhalten, dass „gerne Ja sagen" und „nicht Nein sagen zu können" zwei Dinge für mich sind. Die lebensbejahende Energie eines Jasagers (im besten Sinne, nicht im Sinne eines Mitläufers) besitze ich nämlich ganz sicher nicht, wenn ich mich mal wieder durch den einen oder anderen Gefallen quäle. Wenn du gerne Ja sagst und viele Chancen wahrnimmst, *vermehrst* du etwas. Wenn du jedoch mal die letzten drei Dinge unter die Lupe nimmst, die du nachträglich doch besser abgelehnt hättest, sieht die Grundstruktur anders aus.

MEINE NOT-TO-DO-Liste

- ☐ HANDY MIT INS SCHLAFZIMMER NEHMEN
- ☐ KAFFEE NACH 16 UHR
- ☐ MULTITASKING WÄHREND DEM ESSEN (INSTAGRAM!)
- ☐ FÜR "UMSONST" ARBEITEN
- ☐ UNÜBERLEGT / PASSIV-AGGRESSIV ANTWORTEN

Journaling für die Seele:
Die Not-to-do-Liste hilft,
Bedürfnisse zu erkennen und
Prioritäten zu setzen.

DIE NOT-TO-DO-LISTE

Die drei Dinge, die du eben betrachtet hast – das sind Aufgaben und Events, die dich gestresst und dir Zeit geraubt haben: wichtige Lebenszeit, die für andere Dinge reserviert war. Die Schuldfrage spielt dabei keine große Rolle, denn das Problem liegt nicht in der Aufgabe oder den anderen Beteiligten. Am Ende liegt die Entscheidung, wozu wir Ja sagen und was zu viel ist, immer bei uns selbst. Wir müssen die Courage finden, Nein zu sagen, und die richtigen Worte helfen da ungemein.

Als ersten Schritt habe ich mir eine private „Not-to-do-Liste" angelegt. Denn oft handelt man in einer akuten Situation so schnell, dass man sich gar nicht mehr daran erinnert, diese bestimmte Sache auf keinen Fall mehr akzeptieren zu wollen. Diese Liste hilft, sich stets an seine „No-Gos" zu erinnern. Dann muss man nur noch stark bleiben.

Im zweiten Schritt habe eine „Personal Policy" aufgestellt (das klingt sehr wichtig): mein „offizielles" Regelwerk mit Dingen, die ich im beruflichen Bereich automatisch ablehnen werde. Ich muss an dieser Stelle nochmals betonen: All das sind keine Ablenkungsmanöver, um sich vor wichtigen Aufgaben zu drücken. Sie sind Werkzeuge, um Unnötiges abzuwehren, um eine Form der Absage zu trainieren und sie im entscheidenden Moment parat zu haben. Ein absoluter Joker.

Die Königsdisziplin jedoch ist das spontane Nein im Dialog. Wir alle stecken in unterschiedlichen Situationen und lehnen Dinge aus Gründen ab, die für andere teilweise nicht nachvollziehbar sind. Der gemeinsame Nenner ist jedoch der Ton, den wir dabei anwenden. Offene und ehrliche Kommunikation ist der Schlüssel zu jedem guten Gespräch – auch wenn nicht alle das bekommen, was sie sich erhofft haben. „Nein" sagen bedeutet auch oft, „Ja" zu sich selbst zu sagen, zum Beispiel so:

- „Ich sage dir Bescheid, falls sich etwas ändert."
- „Schön, dass du an mich gedacht hast, aber ich habe heute schon etwas vor."
- „Das funktioniert für mich leider nicht."
- „Nein, danke!" So einfach, so deutlich.

Ein beherztes Nein ist oft die einfachste Form der Selbstfürsorge, und es kann lange positiv nachwirken. Entschuldige dich nicht für deine Bedürfnisse. Bleibe freundlich und bedanke dich, wenn es angebracht ist.

Wenn wir Grenzen setzen, geht es nicht nur darum, diese zu definieren. Es geht in erster Linie um die klare Kommunikation mit unseren Mitmenschen. Wenn wir unsere Grenzen nicht mitteilen, können wir nicht davon ausgehen, dass unser Umfeld sie einhält. Grenzen bedeuten außerdem nicht automatisch Ablehnung.

Das müssen wir verinnerlichen, wenn wir selbst auf Grenzen stoßen oder neue aufstellen. Grenzen bleiben ein Leben lang flexibel – und sie sind kontextabhängig, zum Beispiel je nach Situation oder Gegenüber. Es ist wichtig, eine Idee davon zu haben, was für uns gut ist. Aber auch das kann sich im Laufe der Zeit ändern. Das ist und bleibt völlig in Ordnung.

GRENZEN SETZEN

Woran erkennst du, dass du (neue) Grenzen setzen musst?
- Die Probleme anderer Menschen werden zu deinen Prioritäten.
- Du leidest körperlich, weil du dich zu sehr auf andere konzentrierst. So sehr, dass du nicht mal mehr deine wichtigsten Bedürfnisse erfüllst.
- Du akzeptierst Ungerechtigkeit in deinen Beziehungen oder deinem Umfeld.
- Du entschuldigst dich zu oft beziehungsweise für Dinge, die gar nicht in deiner Macht liegen.

Wir müssen uns erlauben, auch mal wütend zu sein. Ärger zu spüren. Gesunde Grenzen resultieren aus Dingen, vor denen wir uns schützen wollen. Deswegen müssen wir negative Gefühle zulassen, um genau diese Grenzen definieren zu können. Langfristig schützen wir uns so vor Dingen, die uns schaden. Je früher man damit beginnt, desto besser. Umgekehrt gilt: Selbst wenn wir nicht immer unser persönliches Ziel erreichen, ist es wichtig, auch die Grenzen unserer Mitmenschen zu respektieren und einen gesunden Mittelweg zu finden.

Was also ist das Grundrezept für eine klare und zielgerichtete Kommunikation?
- Finde einen positiven Einstieg und bedanke dich für Feedback, wenn es angebracht ist.
- Übernimm die Führung des Gesprächs und leite es mit einem freundlichen Ton.
- Sei direkt und beziehe dich auf Details. Nutze klare und kurze Sätze.
- Achte auf Augenkontakt und deine Körpersprache. Wende dich deinem Gesprächspartner zu und versuche, die Arme nicht zu verschränken.
- Versetze dich in dein Gegenüber. Erfrage konstruktive Kritik und gestaltet das Ergebnis gemeinsam.
- Sei darauf vorbereitet, dass du eventuell nicht bekommst, was du willst.

Zwischen dem Reiz und der tatsächlichen Reaktion ist immer eine Denkpause möglich. Sie mag noch so klein sein, doch wir müssen sie weise nutzen. Indem wir auf die eine oder andere Art reagieren, bleiben wir offen für ein besseres Ergebnis, mehr Freiheit und gegenseitiges Verständnis.

WAS DEINE ART DER AUFMERKSAMKEIT ÜBER DICH AUSSAGT

Es gibt zahlreiche Ansätze, um verschiedene Persönlichkeitstypen zu beschreiben. Die wohl bekanntesten sind die Myers-Briggs-Typologie und das wissenschaftliche Modell der „Big Five" (Fünf-Faktoren-Modell). Schon allein damit kann man eigene Bücher füllen, deswegen möchte ich mich hier auf ein paar spezielle Verhaltensmuster konzentrieren, die in engem Zusammenhang mit dem Thema Achtsamkeit stehen. Doch zurück zum Anfang: Das Wort „Achtsamkeit" übersetzen wir in diesem Buch auch als „gesunde Aufmerksamkeit". Dabei gibt es persönliche Aufmerksamkeitstypen – mehr im Sinne eines Spektrums als einer Skala und keineswegs wertend zu verstehen. Wir sollten die unterschiedlichen Aufmerksamkeitstypen allerdings optimal nutzen.

Dr. Les Fehmi, ein Neurowissenschaftler aus den Vereinigten Staaten, hat die Theorie der Aufmerksamkeitsstile begründet und diese genauer erforscht. Er unterscheidet grundsätzlich zwischen einer offenen und einer engen beziehungsweise detailorientierten Fokussierung. Es ist natürlich, unsere Aufmerksamkeit auf Schmerzen oder ein bestimmtes Problem zu lenken, um effizient damit umzugehen. Die meisten Menschen verwenden diesen Stil im Alltag jedoch übermäßig und verlieren so den Überblick. Diese Überreizung durch einen zu engen Fokus führt zu unnötigem Stress und macht aus so mancher Mücke einen Elefanten.

Menschen mit diesem Aufmerksamkeitsstil stecken in einem Teufelskreis, einem kontinuierlichen „Flucht oder Kampf"-Modus, der den Körper belastet. Darüber hinaus vermittelt die gewohnheitsmäßig eng gefasste Aufmerksamkeit den Eindruck, dass die Realität aus vielen einzelnen Sachverhalten bestehe.

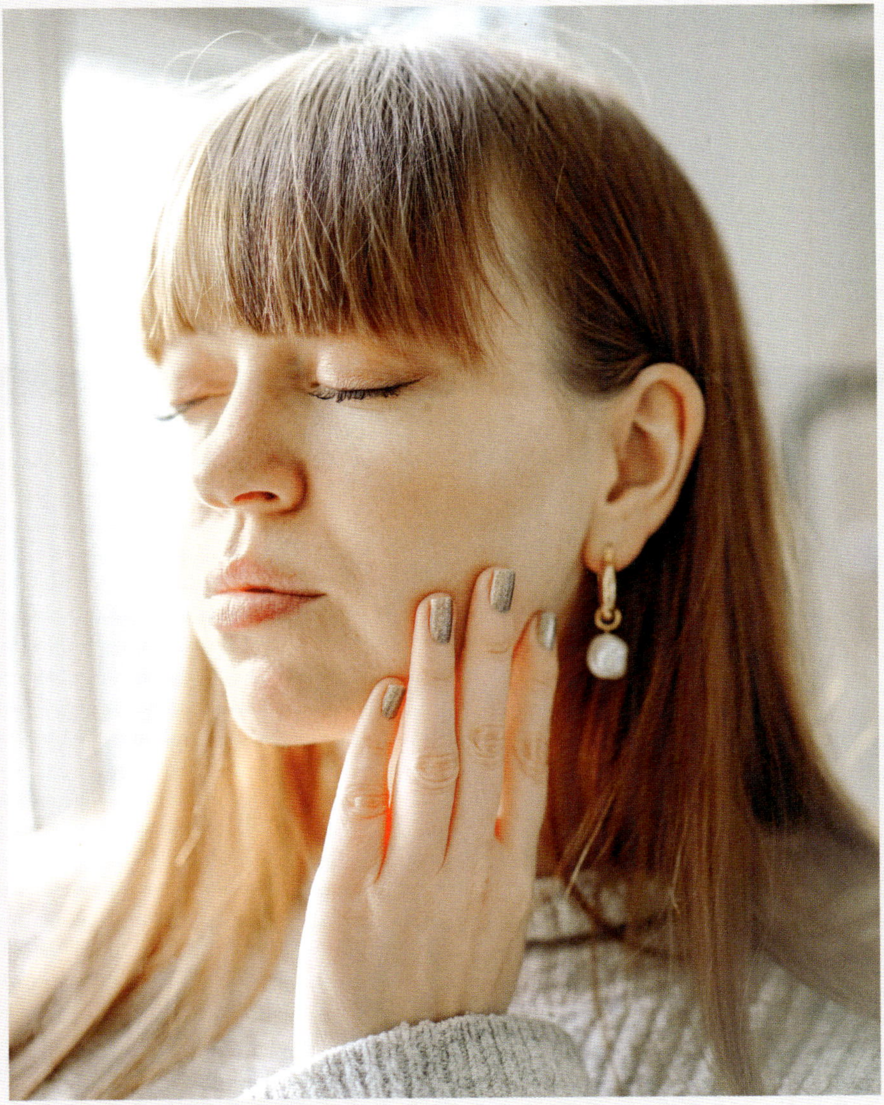

Die Zusammenhänge geraten dadurch in den Hintergrund und der Blick für das Ganze geht verloren. Das liegt daran, dass wir uns nur auf eine Sache konzentrieren können, während der Rest außerhalb des Fokus liegt. Wir können uns distanziert, entfremdet und einsam fühlen.

Wenn wir hingegen ein gesundes Verständnis von enger und objektiver Aufmerksamkeit haben, können wir selbstbestimmt und beliebig zwischen den Dingen hin- und herwechseln. Wir wählen die jeweils passende Perspektive und verlieren uns nicht in der Situation. Wenn du ein Buch wie dieses liest, bist du vermutlich distanziert. Du verlierst dich nicht in diesem Buch und es erschüttert dich nicht. Wenn du jedoch schon einmal einen Film geschaut hast, der dich so richtig zum Weinen gebracht hat, bist du regelrecht darin versunken. Du fühlst mit den Charakteren und bist stark involviert. Deine eigenen Probleme treten dann schnell mal in den Hintergrund. Das ist Alltagsflucht, die wir manchmal brauchen. In anderen Situationen kann sie jedoch auch schädlich sein.

Man geht von vier verschiedenen Aufmerksamkeitsstilen aus:

- **„Enge", detailorientierte Aufmerksamkeit:** Sehr effizient, wenn wir auf ein Ziel hinarbeiten – aber auch problematisch, weil wir dabei andere Dinge schnell übersehen.
- **Diffuse Aufmerksamkeit:** Wir behalten das große Ganze im Auge – quasi das Weitwinkelobjektiv unter den Stilrichtungen.
- **Objektive Aufmerksamkeit:** Die pragmatische Seite, die uns hilft, Entscheidungen zu treffen – mit dem Nachteil, dass Emotionen unterdrückt werden und an anderer Stelle wieder hochkommen können.
- **Versunkene Aufmerksamkeit:** Das Leben im Moment mit allen Sinnen, das uns jedoch auch verletzlich macht – wir missachten Gefahren oder böse Absichten Dritter, die unsere Zukunft beeinflussen können.

Auch hier glaube ich fest daran, dass unser Verhalten kontextabhängig ist – wenn auch jeder von uns ein „Default Setting", einen natürlichen Grundzustand, hat. Um diesen herauszufinden, musst du dich einfach selbst beobachten. Wie konsumierst du Medien und wie involviert bist du in deine Arbeit? Wie sieht dein Computerbildschirm gerade aus? Mehr als 15 Browserfenster, ein YouTube-Video mit lautem Ton und zwei E-Mail-Entwürfe, die irgendwo minimiert auf ihre Vollendung warten? Oder wirklich nur ein Fenster, das deine ungeteilte Aufmerksamkeit hat?

Es ist reine Übungssache, die Perspektive zu wechseln. Wenn wir bewusst entscheiden, wie wir durch die Welt gehen, können wir nur gewinnen. Wir können selbstbestimmt unseren Fokus schärfen und uns genüsslich in einer Sache verlieren. Oder eben ganz bewusst Abstand nehmen, um einen kühlen Kopf zu bewahren. Du hast diese Optionen in dir, du musst sie nur einsetzen.

VIEL FÜHLEN

Vor einigen Jahren habe ich herausgefunden, dass ich hochsensibel bin. Hochsensibilität bedeutet, dass unterschiedliche Reize mit einer erhöhten Empfindlichkeit wahrgenommen und verarbeitet werden. In der Regel kann es so schnell zu einer Überreizung kommen, die als störend empfunden werden kann. Die wissenschaftliche Forschung dazu steht noch am Anfang und der Begriff beschreibt keine Diagnose. Es ist jedoch sicherlich ein Zustand, mit dem sich viele identifizieren können. Die Fähigkeit, Dinge so intensiv wahrzunehmen, öffnet viele Türen und führt zu außergewöhnlichen kreativen und musischen Leistungen. Außerdem sind hochsensible Menschen oft sehr mitfühlend und können ihre Gesprächspartner besser lesen und verstehen.

Anfangs bin ich über viele Hürden gestolpert, inzwischen nehme ich meine sensible Seite als Geschenk wahr. Meine Welt war schon immer sehr laut und bunt. Manchmal kommt es mir so vor, als habe jemand versehentlich an der Sättigung gedreht. Wenn ich gereizt bin, werden mir die einfachsten Dinge zu viel – wie zum Beispiel ein kratziger Stoff auf der Haut oder ein (zu) helles Licht. Mein Alltag und meine eigenen Empfindungen haben mich früher schnell überwältigt, vor allem wenn ich mein standardisiertes Aufmerksamkeits-Setting nicht angepasst hatte. Meine natürliche Aufmerksamkeit entspricht dem „engen" Modus.

Wenn ich zum Beispiel körperliches Unbehagen wahrnehme, kann ich mich auf nichts anderes mehr konzentrieren. Durch diesen verstärkten Fokus multipliziert mein Gehirn diese Empfindung zu einem heftigen Schmerz, der mir Angst macht. Dieser Schmerz setzt mir Scheuklappen auf und ich verpasse alles, was um mich herum geschieht. Ich nehme nichts anderes mehr wahr. Das macht Achtsamkeit im Alltag sehr schwer.

Aufgrund dieser speziellen Fähigkeit funktionieren für mich Body-Scan-Meditationen nur bedingt, wenn ich mit meinem Fokussierungsproblem kämpfe. Doch seitdem ich weiß, dass ich in solchen Momenten von der Lupe auf mein persönliches Weitwinkelobjektiv wechseln muss, fällt es mir leicht, bestimmte Situationen loszulassen. Ich gestehe mir ein, dass ich durch mein Verhalten Empfindungen beeinflusse und dass ich meine Reaktion selbst in der Hand habe. Um mich von störenden Reizen oder Ängsten zu trennen, führe ich die „Fokuswechsel"-Übung (siehe Seite 24) aus dem ersten Kapitel durch. Damit gelingt es mir, Abstand zu gewinnen, ohne den eigenen Geist oder Körper zu betäuben. So wird ein gesundes Gleichgewicht hergestellt, das mir erlaubt, alles mitzubekommen. Die Übung wirkt wie ein Werkzeug, das den Fokus kalibriert und neu ausrichtet. Eine unsichtbare Leitschiene für den sprunghaften Geist.

WILLKOMMEN BEI DEN ANONYMEN HOCHSTAPLERN

Das folgende Szenario kennen viele von uns aus ihrem Arbeitsalltag: eine sehr verletzliche Seite, ein unbegründetes Unsicherheitsgefühl, die Angst zu versagen und nicht zu genügen. In der Regel gibt es dafür gar keinen konkreten Anlass, da wir unserer Arbeit meist gewachsen sind und unsere Position zufriedenstellend ausfüllen (oder bizarrerweise sogar alle externen Erwartungen übertreffen). Doch wir fühlen uns nicht nur unfähig, sondern haben auch noch Angst davor, irgendwann als Hochstapler enttarnt zu werden.

Wie äußert sich das Hochstaplersyndrom im Alltag?

- **Man zweifelt an den eigenen Fähigkeiten.**
- **Man steht unter ständigem Leistungsdruck.**
- **Man fühlt sich unbehaglich bei anerkennenden Worten und verneint Komplimente kategorisch.**
- **Man hat ständig große Angst zu versagen.**
- **Man schreibt Erfolge anderen zu.**
- **Man hat es nicht gern, wenn Erfolge gefeiert oder besonders betont werden.**
- **Man führt negative Selbstgespräche und bezeichnet sich selbst als ungenügend oder inkompetent.**
- **Man steht auf der Arbeit nicht gerne im Mittelpunkt.**

Dadurch entsteht eine interessante Dynamik, die uns unaufmerksam werden lässt. Wir konzentrieren uns verstärkt auf die Reaktionen unseres Umfeldes, sind immer auf der Hut, aus der Angst, dass unsere vermeintliche Unfähigkeit entdeckt wird. Das macht uns langfristig angreifbar und tatsächlich anfällig für Fehler. Viele verwechseln dieses Gefühl mit falscher Bescheidenheit. Außerdem kehren wir uns verstärkt nach innen, aber nicht, um neue Ideen zu schöpfen, sondern um zu grübeln und zu zweifeln.

Doch was hilft gegen das nagende Gefühl?

- **Fertige** ein Erfolgstagebuch an und blättere regelmäßig darin. Notiere kleine und große Meilensteine, die dich später an positive Erlebnisse erinnern sollen.
- **Identifiziere** negative Glaubenssätze und ersetze sie durch positive Formulierungen. „Ich bin nicht gut genug" wird zu „Ich bin gut so, wie ich bin". Schreibe diese Sätze mehrmals hintereinander auf.
- **Rede** mit einer vertrauten Person über deine Ängste. Lass dich bestärken. Falls du regelmäßig darunter leidest, kann es helfen, dein soziales Netzwerk im Job zu stärken und dich mehr mit Kollegen auszutauschen. Hier merkst du bestimmt schnell, wie gut dein Input wirklich ankommt, und du kannst deine Rolle besser annehmen.

- **Lobe** deine Kollegen oder Mitarbeiter! Wer selbst ehrliches Feedback und Lob ausspricht, gewöhnt sich automatisch an die Extraportion Positivität. Übe das Lob auch regelmäßig im aktiven Selbstgespräch. Sei nett zu dir!
- **Versuche** öfter, eine objektive Position einzunehmen, und bewerte deine Leistung und das Ergebnis eines Projekts mit mehr Abstand. Wechsele bewusst die Perspektive und probiere verschiedene Arten der Aufmerksamkeit aus. Was verändert sich?

Die gute Nachricht ist: Wer am Hochstaplersyndrom leidet, ist in der Regel keiner. Das liegt quasi in der Natur der Sache. Auch du bist keine Ausnahme.

PRO KOMFORT(ZONE)

„Das Leben beginnt außerhalb deiner Komfortzone" – ein Spruch, der so gar nicht auf meinen Alltag zutrifft. Ich würde sagen, gute und bequeme 90 Prozent meines Lebens spielen sich innerhalb der kuscheligen Grenzen meiner persönlichen Komfortzone ab. Ich verleugne bis heute erfolgreich jeden und alles, der mir zu mehr Spontanität und Nervenkitzel rät. Ob mir deshalb so manches Erlebnis oder Geheimnis verwehrt und verborgen bleibt? Sicher! Mit meiner Anfälligkeit für Reizüberflutung und überzeugten Introvertiertheit bin ich jedoch „FOMO"-resistent. Die berühmtberüchtigte Angst, etwas zu verpassen, habe ich mir nach den Teenagerjahren ohne Mühe abgewöhnt. Trotzdem weiß ich, dass die Komfortzone auch ein Bewältigungsmechanismus sein kann, der wie ein Puffer zur Außenwelt wirkt und uns manchmal viel verwehrt.

Komfort wird sinnverwandt mit vielen anderen Begriffen verwendet: Bequemlichkeit. Trost. Gemütlichkeit. Geborgenheit. Behaglichkeit. Das Wörterbuch beschreibt die Komfortzone als „eine Bandbreite von Situationen oder Aktivitäten, in denen sich jemand sicher, selbstbewusst und in Kontrolle fühlt". Im Englischen versteht man „comfort" als einen von Schmerzen oder Zwängen befreiten Zustand. Solange wir uns nicht dauerhaft in unser Schneckenhaus verziehen, ist eine stabile Komfortzone eine gute Basis für mehr Entspannung im Alltag. Wenn wir uns jedoch an diesem Ort verschanzen, verhindern wir persönliches Wachstum und Weiterentwicklung. Unsere Aufmerksamkeit nimmt den Status der Versunkenheit an, und damit bleiben uns wichtige Signale und Ereignisse verwehrt.

Sich nach Liebe und Sicherheit zu sehnen, ist Teil der menschlichen Natur. Mit dem einzigartigen, nicht physischen Ort, den ich hier als Komfortzone umschreibe, kreieren wir all das für uns – eventuell sogar in uns.

Die Komfortzone muss nicht zwangsläufig Sofa und Jogginganzug bedeuten. In meinem Journal habe ich eine Liste mit dem Titel „Komfort-Katalog" angelegt. Hier liste ich, nach Sinnen geordnet, Dinge auf, die mir ein Gefühl von Sicherheit, Wärme und Liebe geben. So kann ich mich auch in unangenehmen Situationen oder an fremden Orten mit einer Prise Komfort stärken. Hier ein Auszug aus meinem Komfort-Katalog:

- Berührung: das leicht drahtige Fell meines Hundes
- Geruch: die Creme, die ich seit Jahren benutze
- Geräusch: das Rauschen meines Computers
- Anblick: eine neue Buchseite, vollgepackt mit Wörtern
- Geschmack: Schwarztee mit Milch und Honig

Vielleicht müssen wir die Komfortzone einfach nur von ihrem negativen Image befreien und sie zur Wohlfühlzone umtaufen. Gesunde Zonengrenzen sind wichtig, denn wir wollen uns nicht im Wohlsein verlieren. Wir wollen mitbekommen, was es Sehenswertes und Aufregendes außerhalb ihrer unsichtbaren Linien gibt. Wenn wir wirklich achtsam sind und mit wachen Augen durch die Welt gehen, ist eine gesunde Balance möglich. Inklusive Einmummeln, mit Wärmflasche und Kuschelsocken – sooft und solange wir mögen.

GUT GENUG

Perfektionismus ist ein falscher Freund. Eine Schwäche, die oft als Stärke maskiert wird. Dieser Hang macht dich zu einer effizienten Arbeitskraft, einem gut funktionierenden Menschen und zu einem unzufriedenen Wesen – so, wie ich es am Anfang des Buches schon geschildert habe. Psychologisch gesehen wird Perfektionismus am besten beschrieben als Hang zur Vollkommenheit und als konstante Angst, nicht zu genügen. Er wird nicht nur auf besonders wichtige Aufgaben angewendet, an denen unser Herz hängt. Perfektionismus wird vielmehr von einer verinnerlichten Angst befeuert, zu versagen und nicht gemocht zu werden. Unsere Aufmerksamkeit liegt nicht bei der Aufgabe selbst, sondern bei „den anderen", die uns vermeintlich beobachten und beurteilen. Ganz unabhängig davon, ob sie es wirklich tun. Perfektionismus ist Selbstsabotage, die uns die Freude an der Arbeit nimmt. Weil Angst, Scham und Unsicherheit unseren Alltag regieren.

Was können wir dagegen tun?
- Wechsele bewusst den Fokus: Schlüpfe in die Rolle einer anderen Person. Wähle jemand Objektives, der deine Arbeit und Situation unvoreingenommen beschreibt. Was sagt dieser Mensch, wie sagt er es?
- Mache den Fokus ganz weit auf und frage dich: Wie wichtig ist diese Aufgabe in fünf Wochen, wie wichtig in fünf Jahren?

Gut ist gut genug. Gut genug ist außerdem oft zeitsparend, ergebnisorientiert und effizient. Und noch einmal: einfach gut. Wieso also etwas Schlechtes daran finden? Und vielleicht ist dein „gut genug" für andere ja perfekt, wer weiß das schon?

Um diese ungewohnte Einstellung zu verinnerlichen, musste ich zunächst täglich an meiner Selbstakzeptanz arbeiten. Dazu gehört auch zu hinterfragen, warum man eigentlich so hart mit sich ist. Am Ende der Reise wartet eine neue, ehrliche Zufriedenheit, die wirklich nachhaltig entspannter macht.

Sich weiterzuentwickeln ist ein lebenslanger Prozess. Viele der hier aufgezeigten Charaktereigenschaften haben negative und positive Facetten, die wir nur in der jeweiligen Situation erkennen und für uns nutzen müssen. Mir hilft es sehr, meine Gedanken dazu in Schriftform festzuhalten. Nur so kann ich langfristig Veränderungen dokumentieren, denn Gedanken sind flüchtig und Fortschritte verpuffen sonst viel zu schnell. Wenn du das auch willst, ist alles, was du brauchst, dein Journal, ein Stift und zehn bis 15 Minuten Zeit pro Fragestellung. Schreib einfach auf, was dir zu den folgenden Denkanstößen – deinen Journaling Prompts – in den Sinn kommt. Du musst zu keinem finalen Ergebnis kommen, sondern nur deinen Gedankenstrom zu Papier bringen.

KEIN FRÜHAUFSTEHER?
VOLL OK.
CHAOS CLUB?
ICH
bin
GUT GENUG
GESUND
ESSEN?
ABER KLAR –
mit
balance
ZEIT IST KNAPP.
DESHALB BLEIBT
MAL WAS LIEGEN.
YUM!

Deine Journaling Prompts

🍯 **Welche Eigenschaften und Charakterzüge machen dich aus?** Fertige eine Mindmap an oder vereine sie unter einem Hausdach. Verbinde sie, wenn sie zusammenhängen.

🍯 **Formuliere einen positiven Pep Talk.** Er soll zu deiner aktuellen Lebenssituation passen. Sei aufmunternd, lebensbejahend, vielleicht sogar humorvoll – nimm dir, was du brauchst, und verpacke es in die passenden Worte.

🍯 **Was sind deine Grenzen zu anderen?** Hast du das für dich jemals klar definiert? Beschreibe auch, wie du reagieren kannst, wenn deine Grenzen nicht respektiert werden.

🍯 **Welches Erlebnis hat dich am meisten geformt?** Welches hat dich zu dem Menschen gemacht, der du heute bist?

🍯 **Was heißt für dich „gut genug"?** Übersetze es in Situationen aus deinem Alltag.

🍯 **Loslassen ist schwer.** Unsere Gedanken kreisen oft lange um längst vergangene Situationen und Fehler. Gibt es ungeklärte Angelegenheiten, die dir im Kopf umherspuken? Vergib dir und schreib es nieder. Hierzu kannst du auch einen separaten Zettel nutzen und diesen anschließend vernichten oder entsorgen.

In nur wenigen Minuten können wir viel innerliche Arbeit leisten. Wenn wir mehr Zeit haben, können wir uns schwierigen Themen intensiver widmen. Etwas aufzuschreiben hat einen reinigenden Effekt, der uns erlaubt, Gedanken endlich loszulassen.

DIE KÖNIGSDISZIPLIN: DER ETWAS ANDERE LEBENSLAUF

Wir alle haben schon einmal einen klassischen Lebenslauf für eine Bewerbung zusammengebastelt: die Schulen, die wir besucht haben, die Sprachen, die wir sprechen, der erste Job oder das letzte Praktikum. Doch was hat uns wirklich geprägt? Welche Erlebnisse, welche Personen, welche Enttäuschungen haben uns zu dem Menschen gemacht, der wir heute sind? Erstelle einen Lebenslauf der etwas anderen Art: Notiere wichtige Ereignisse, Schlüsselmomente und Beziehungen, die etwas mit dir gemacht haben. Das ist ein Projekt, an dem man mitunter Monate arbeiten kann. Manchmal beeinflussen uns kleine Dinge wie ein einziges Gespräch, oder auch ganz große wie eine toxische Beziehung. Hier geht es gar nicht in erster Linie darum, die verschiedenen Ereignisse in gut oder schlecht einzuteilen. Vielmehr ist das Schreiben ein Werkzeug, um die eigene Lebensreise zu verstehen und wertzuschätzen.

DAS SELBST-LIEBEPARADOX

Liebe auf den ersten Blick war es bei mir nicht. Ganz im Gegenteil. Dabei spreche ich nicht von meiner Beziehung zu meinem Partner, sondern über die zu mir selbst. Im Kindesalter fängt man irgendwann an, sich selbst und andere zu beobachten. Wir erleben nicht nur die Welt um uns herum, sondern entdecken uns. Unseren Körper, die Dinge, die uns einzigartig machen. Wir fangen an zu ergründen, „was normal ist". Aber was ist schon normal?

Außerdem nehmen viele von uns ein Verhaltensmuster auf, dass schnell tückisch werden kann: Wir vergleichen uns mit anderen. Unser Aussehen, unsere Talente, unsere Leistungen. Ein Blick in den Spiegel enthüllt schnell, dass man sich selbst nicht immer mit der rosaroten Brille betrachtet.

Warum ist das so? Warum werden wir Menschen immer schonungsloser in unserem Urteil über Äußerlichkeiten und Charakterzüge, die nicht unserem Idealbild entsprechen? Und woher kommt dieses Idealbild eigentlich? Inzwischen habe ich gelernt, dass es meine Gedanken sind, die eine Tatsache zu einem Problem machen – und dass nicht die Sache selbst negativ ist. Ich webe die negative Komponente ganz unbewusst ein. Erschaffe sie selbst, mit reiner Gedankenkraft. Gesellschaftliche Konventionen, Rollenbilder und unrealistische Ideale spuken in unseren Köpfen umher und locken uns auf eine falsche Fährte. Selbstliebe und eine tiefe, innige Zufriedenheit haben ein großes Potenzial: Wir lieben nicht nur uns, sondern auch andere bedingungsloser, leidenschaftlicher ... anders.

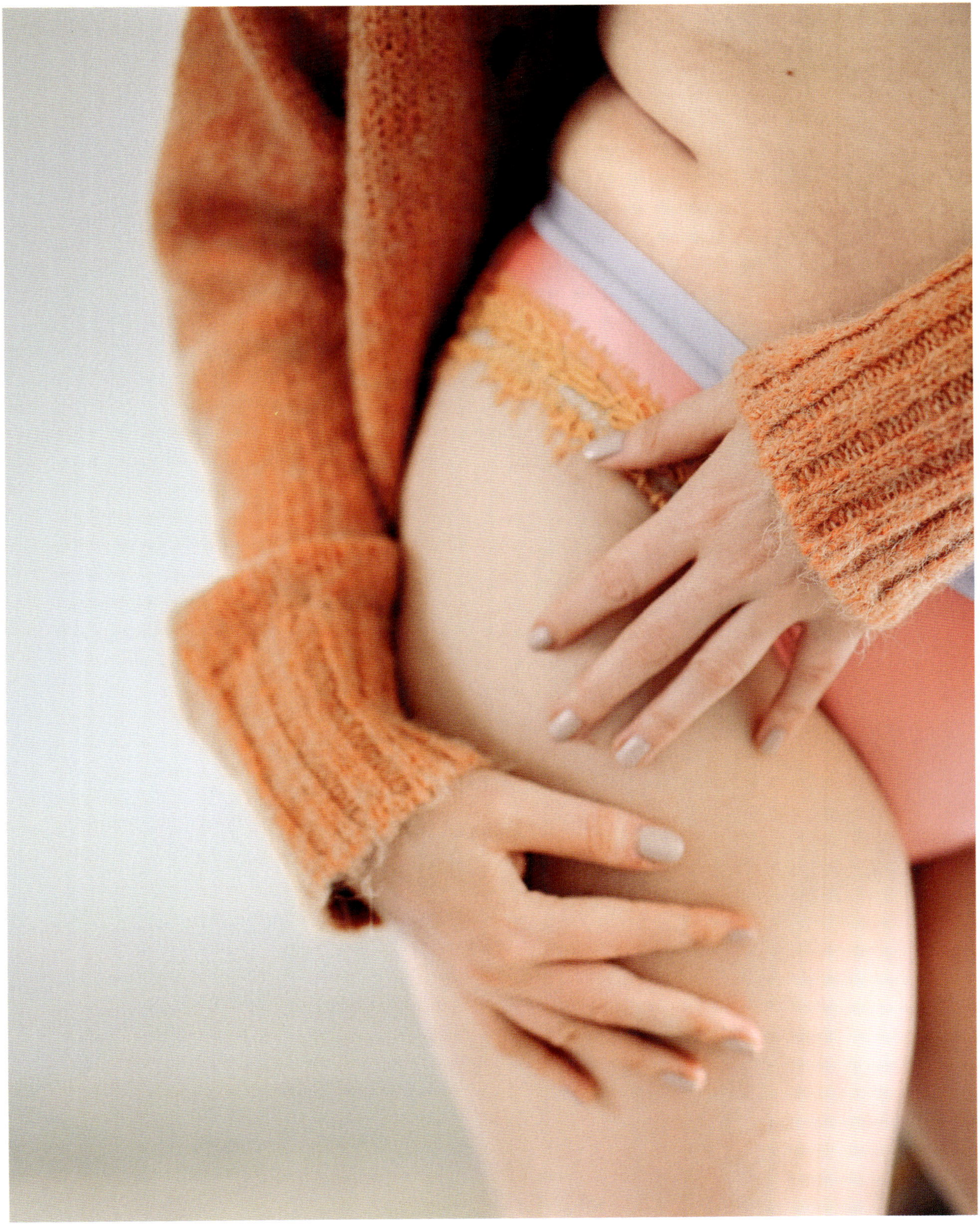

Wohltuendes persönliches Wachstum und überhastete Selbstoptimierung liegen nah beieinander. Eine schmale Gratwanderung, die von wenigen Stellschrauben beeinflusst wird. Die wichtigste davon ist unsere Intention. Warum tun wir das? Was wollen wir damit erreichen? Möchte ich mit meiner neuen Sportgewohnheit für mehr Entspannung im Alltag sorgen? Oder aussehen wie die Person, die das Sportprogramm kürzlich auf Instagram beworben hat? Möchte ich mich wohler in meinem Körper fühlen? Oder würde ich ihn am liebsten gegen einen anderen austauschen? <u>Ob uns eine neue Gewohnheit wirklich guttut oder nicht, ist gar nicht so einfach herauszufinden.</u>

Social Media und die kinderleichte Manipulation von Bildern und Videos machen es uns noch schwerer, eine gesunde Norm zu etablieren. Vor etwas mehr als zehn Jahren wurden digitale Influencer als ehrliche Alternative zu bearbeiteten Medienberichten und -fotos gefeiert, heute befeuern sie die gleiche Problematik. Ihre neue Form von Authentizität wurde wegprofessionalisiert, wegretuschiert. Weggefiltert. Ich kann mir gar nicht vorstellen, wie schwer es sein muss, in dieser digitalen Welt heranzuwachsen und ein gesundes Körpergefühl zu entwickeln.

In meiner Blase stoße ich außerdem immer wieder auf die „Body Positivity"-Bewegung, die in der Presse mit „Anders ist das neue Schön" umschrieben wird. Doch auch hier frage ich mich: Wer legt eigentlich fest, was anders ist? Was schön ist? Echte und ungefilterte Körper werden gefeiert, Speckrollen inszeniert. Alles, was normalerweise keine Bühne findet, rückt hier in den Mittelpunkt – doch selbst das trifft auf Kritiker. Darf ein schlanker Mensch einen solchen Beitrag posten? Wer bestimmt eigentlich die Grenzen eines gängigen Schönheitsideals? Es ist interessant und lehrreich, dass in diesem Zusammenhang eine Bewegung, die für mehr Inklusion kämpft, durch ihre eigenen Ausschlusskriterien letztendlich wieder Klubcharakter annimmt – zumindest in den sozialen Medien.

Ich habe aus dieser Debatte für mich mitgenommen, dass es Themen und Dinge gibt, die nicht unbedingt bewertet und diskutiert werden müssen. Alle Körper sind gute Körper. Meiner und deiner. Ob er eine Norm erfüllt, sollte keine Rolle spielen. Die Tatsache, dass wir so intensiv darüber sprechen müssen (vielmehr streiten), macht mich wütend. Und der Fakt, dass manch einer – trotz einer solchen Bewegung – keinen Frieden mit sich schließen kann, macht mich traurig. Ich wünsche mir eine Körperneutralität, einen Zustand, der uns frei macht. Einen Status quo, der pure Akzeptanz ist, die wir nicht zerreden müssen. Diese Themen in der Öffentlichkeit zu diskutieren, ist sehr schwierig, deswegen fangen wir am besten bei uns selbst an. Selbstliebe ist ein Prozess und kommt nicht über Nacht. Es wird immer Dinge geben, die wir nicht an uns mögen oder die uns in gewissen Situationen stören. Das ist in Ordnung, auch diese sind ein Teil von uns.

Wie also können wir die lebenslange, grundlegende Beziehung zu unserem eigenen Körper verbessern? Und wie können wir lernen, unsere Persönlichkeit zu schätzen und bedingungslos zu lieben? Die folgenden Übungen haben mich auf dieser Reise einen ganzen Schritt weitergebracht und begleiten mich bis zum heutigen Tag. Das Schöne an dem Bund mit sich selbst ist nämlich, dass man ein Leben lang daran arbeiten kann.

Übung
DIE MITFÜHLENDE STIMME

Achte auf deinen inneren Dialog. Redest du oft kritisch mit dir? Ärgerst du dich über kleine Eigenarten, deine Leistungen oder dein Spiegelbild? Wenn die Stimme im Ohr negativ ist, können wir uns nicht darauf konzentrieren, wie liebenswert wir sind. Das ist auf Dauer zermürbend und tut weh.

So geht's
Gibt es jemanden in deinem Leben, der dir immer mit gutem Rat beiseitesteht? Der freundlich, sachlich, vielleicht sogar weise ist? Dem du gerne zuhörst? (Für mich ist das meine Freundin Ilinca, die leider weit weg wohnt, aber durch diese Übung hier immer öfter bei mir ist und mir unwissentlich hilft.) Rufe dir diese Stimme ins Gedächtnis und behalte sie für ein paar Tage ganz bewusst bei dir. Immer dann, wenn du etwas gedanklich kommentieren möchtest, schaltest du auf die mitfühlende Stimme dieser speziellen Person um. Was würde sie dir sagen? Nimm diese Aufgabe ernst und imitiere die Tonalität der ausgewählten Person so gut wie möglich. Reflektiere nach ein paar Tagen ganz bewusst: Was macht dieser positive Dialog mit dir? Fühlst du dich besser? Das Ziel ist, deinen inneren Kritiker nach und nach handzahm zu machen. Das Selbstgespräch in dir ist ein wichtiges Werkzeug, das du einsetzen kannst, um Probleme zu bewältigen oder auf neue Ideen zu kommen. Dieses Gespräch soll nicht verstummen, sondern immer freundlicher und lebensbejahender werden.

Übung

DIE BRIEF-FREUNDSCHAFT

Ein Liebesbrief hat etwas Magisches. Erlesene Worte mit einer Prise Geheimniskrämerei. Ein Relikt der Vergangenheit, das uns nicht mehr so oft begegnet. Um unser Herz für uns selbst etwas weiter zu öffnen, können wir einen solchen Brief einfach an uns selbst schreiben. Das kann besonders gut funktionieren, wenn du dem Akt des Schreibens mehr Bedeutung schenkst und ein Ritual daraus machst.

So geht's

Nimm dir Zeit, zünde eine Kerze an und schreibe mit deinem liebsten Stift. Welche Worte würden dich berühren, wenn du einen solchen Brief von deinem Partner erhieltest? Was beschreibt man als Liebhaber eigentlich? Beobachte, wie du dich beim Schreiben fühlst. Löst es ein Schamgefühl in dir aus? Oder fällt dir vielleicht gar nicht so viel ein? Genießt du es? Bewahre deine Briefe an einem sicheren Ort auf und schaue immer mal wieder rein, um positive Energie zu tanken. Diese Briefe sind kein Tagebuch, sondern vielmehr eine Dokumentation deiner Reise hin zur Selbstliebe.

Tipp

Der Liebesbrief an dich selbst ist eine wunderschöne Neujahrstradition und Alternative zu Vorsätzen mit kurzem Haltbarkeitsdatum. Versiegele den Brief am Silvesterabend und lese ihn erst wieder, wenn du genau ein Jahr später am Tisch sitzt und einen neuen anfertigst. So kannst du deine eigene Transformation festhalten und jedes Jahr aufs Neue reflektieren, wie du dich entwickelt hast.

ZU SICH SELBST STEHEN

Wir sind und bleiben der wichtigste Mensch in unserem Leben. Paradoxerweise sind wir jedoch oft genug bereit, uns für unseren Partner oder unsere Familie aufzuopfern. Kompromisse einzugehen oder sogar uns zu ändern, unsere Werte aufzugeben. Doch würden wir all das auch für uns riskieren? Nur für uns? Ganz ohne äußerliche Bestätigung, ohne nagenden Druck? Oder, vielleicht noch viel wichtiger: Wieso halten wir nicht öfter der Versuchung stand und bleiben einfach so, wie wir sind, weil wir uns genau so und nicht anders mögen?

Mit niemand anderem verbringen wir so viel Zeit wie mit uns selbst. Wir sind der Mittelpunkt unseres Lebens, die Konstante. Viele Kulturen und Achtsamkeitsstudien beweisen, dass ein Gefühl der Zugehörigkeit glücklich macht. Doch all das funktioniert nicht, wenn wir mit uns selbst nicht im Reinen sind. Ein authentisches Leben bedeutet in erster Linie, die eigene Persönlichkeit zu akzeptieren und sich auch mal zu verzeihen. Ungeliebte Charaktereigenschaften müssen nicht wegtrainiert werden, wir müssen daran wachsen. Meine sensible Seite macht mich zu einem empathischen Wesen und zu einer tollen Freundin. An anderen Eigenschaften knabbere ich länger, ausradiert habe ich noch keine. Ich will keinen Teil von mir löschen – vielmehr will ich das positive Potenzial erschließen und entdecken, wer ich wirklich bin.

Wie für fast alles im Leben gilt auch hier: Extreme sind oft ungesund. Ein überdurchschnittlicher Hang zum Perfektionismus raubt uns die Leichtigkeit, und eine übertriebene Gleichgültigkeit lässt uns stillstehen. Unser Platz ist irgendwo in der Mitte. Was wir entwickeln müssen, ist eine feine Skala, um Nuancen wahrzunehmen. Wir dürfen in keiner Schwarz-Weiß-Welt leben, sondern müssen die Augen aufmachen, um die anderen Farben zu sehen. An dieser Stelle sind wir wieder bei der buddhistischen Philosophie: bei der persönlichen Erleuchtung, beim Erwachen. Ich wünschte, ich könnte dir ins Ohr flüstern, was das für dich bedeutet, aber das musst du selbst ergründen. Die Antwort liegt in dir und nicht zwischen diesen Zeilen.

Dein persönliches Glück findest du nicht in einer anderen Person, in der Liebe fürs Leben oder in einem großen Freundeskreis. Für unser Glück sind wir selbst verantwortlich. „Jemanden glücklich machen" habe ich nicht nur von meiner Prioritätenliste, sondern auch aus meinem Sprachgebrauch gestrichen. Es fühlt sich gut an, sich auch mal zu verzeihen und nicht auf ein Geschenk zu warten oder auf einen verträumten Zufall zu hoffen. Da bin ich lieber auf der Suche nach mir selbst, erfreue mich an dem, was ich kann, und erlebe ganz bewusst, was dieser Weg mit sich bringt und was er mit mir macht.

Kapitel drei

LEBEN

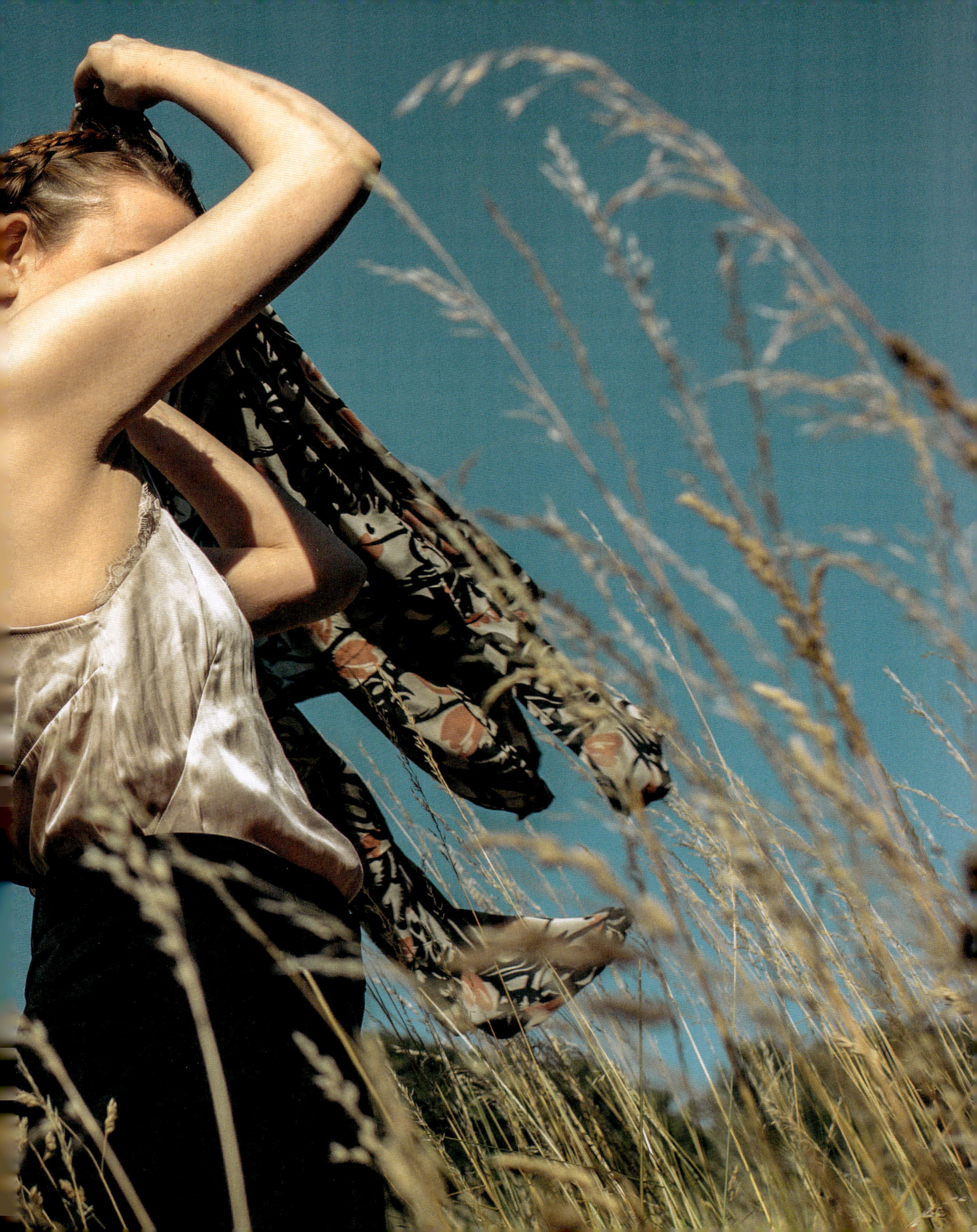

GEWOHNHEITEN, RITUALE, ROUTINEN: EIN GLOSSAR

Es klingt ein wenig wie ein Rätsel: Die meisten macht man regelmäßig. Einige davon lösen ein Ereignis aus und ein paar haben einen speziellen kulturellen Hintergrund. Die Rede ist von Ritualen, Gewohnheiten und Routinen, von eingespielten Handlungen, die trotzdem wenig mit dem Bild des Autopiloten gemein haben. Die synonyme Verwendung der Begriffe kann Verwirrung stiften, ist aber weder zwangsläufig falsch noch besonders bedeutend.

Die wichtigste Gemeinsamkeit dieser drei Dinge ist, dass Momente durch sie eine tiefere Bedeutung bekommen. Die Motivation, Abfolge und Regelmäßigkeit mag bei den dreien verschieden sein. Ein Ritual ist und bleibt immer ein besonderer Moment mit einem gewissen Symbolgehalt, der für viele Menschen Gültigkeit hat. Wenn ein einzelner Mensch hingegen eine Handlung mehrfach wiederholt, kann er dadurch eine Routine formen. Mit einer Prise Durchsetzungsvermögen ergeben sich daraus hoffentlich gesunde Gewohnheiten, die uns lange begleiten.

Eine klassische Routine ist meistens ein bewusster Akt, den wir selbst strukturiert haben. Daraus entwickeln sich mit der Zeit ganz natürlich

Instinkte, die regelrecht nach den Handlungen verlangen, wenn wir sie plötzlich unterlassen würden. Das ist der Punkt, durch den diese Abläufe mühelos und damit zu Gewohnheiten werden.

Generell gehen diese Begriffe ineinander über; das Wissen über ihre genaue Abgrenzung beeinflusst eine erfolgreiche Umsetzung kaum bis gar nicht. Interessant wird es jedoch, wenn Rituale, Routinen und Gewohnheiten ein Teil von uns und damit unterbewusst werden – wenn wir Abläufe in unserem motorischen Gedächtnis verankern und gute Gewohnheiten mühelos ausüben wollen. Aber ist das dann noch Achtsamkeit? Oder ist dieser angestrebte Automatismus kontraproduktiv? Ich sage Nein, denn im Kern geht es darum, Handlungen Vorrang einzuräumen und als integralen Bestandteil unserer Natur zuzulassen, die uns uneingeschränkt guttun. Der besagte Autopilot hingegen bewirkt oft das Gegenteil und schadet uns dadurch. Er bringt uns nicht immer ans Ziel, kann uns aber in Notfällen das Leben retten. Der Alltag sollte allerdings normalerweise gar keinen Autopiloten erfordern, sondern geregelte Strukturen bieten. Wir sollten stark genug sein, um das Steuer selbst in die Hand zu nehmen. Doch wo besteht denn nun die Grenze? Was macht eine „Gewohnheit" achtsamer als den „Autopiloten" bei anderen Handlungen?

Nun, Wiederholungen bringen eine gewisse Vertrautheit und Sicherheit mit sich. Gerade wenn wir positive Veränderungen in Form neuer Gewohnheiten, Rituale oder Routinen bewusst in unser Leben einladen, fühlen wir uns selbstbestimmt. Wir tun uns etwas Gutes und haben die Kontrolle über unseren Alltag. Beim besagten Autopiloten (oder anderen Formen vollautomatischer „Nebenbei-Handlungen" und Schutzmechanismen) steht weniger die Wiederholung, sondern vielmehr das unreflektierte Ausführen im Vordergrund. Ich glaube, so lässt sich auch schließlich verstehen, dass Gewohnheiten kein K.-o.-Kriterium für ein achtsames Leben sind. Wir müssen jedoch zwischendurch innehalten und prüfen, ob wir noch präsent sind: Erfüllen unsere Routinen noch ihren gewünschten Zweck?

Ein entscheidender Punkt ist außerdem eine gewisse Flexibilität und der Wille, an neuen Situationen zu wachsen. Körper und Geist bleiben ein Leben lang dynamisch und verändern sich ständig. Auch wenn Gewohnheiten viel Behaglichkeit spenden, ist es wichtig, auf neue Umstände zu reagieren und nicht zu starr an Handlungen festzuhalten. Eine gute Gewohnheit bleibt nicht zwangsläufig für immer eine gute Gewohnheit. Achtsamkeit bedeutet auch, loslassen zu können. Und das fällt uns gerade bei Dingen, mit denen wir Positives verbinden, besonders schwer.

Tage sind wie Popsongs.

Die Routinen sind der Refrain, den jeder mit

ganz viel Lebensfreude mitsingen kann.

Immer wieder, auf Repeat. Und manchmal

nerven sie trotzdem.

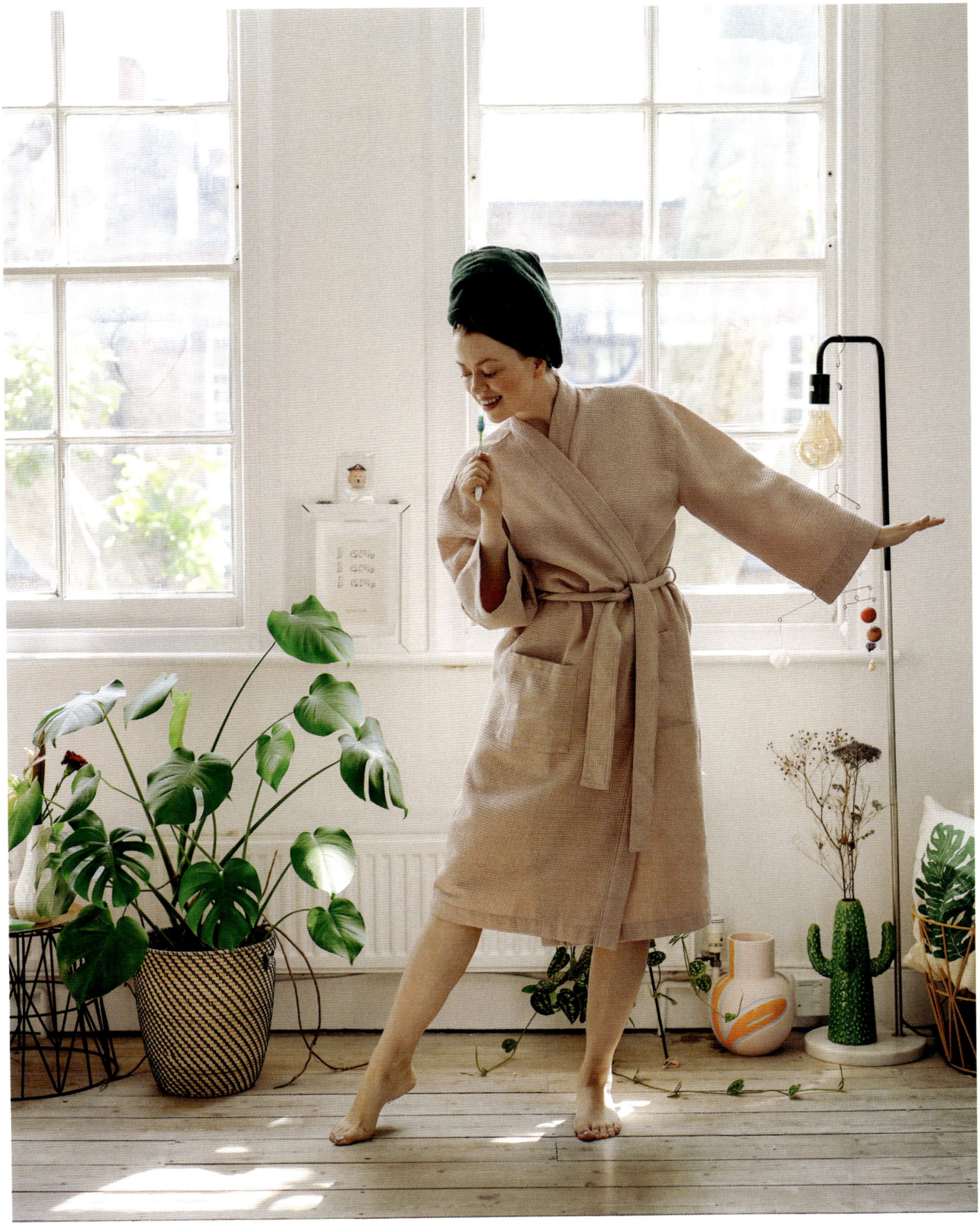

ROUTINEN ENTWICKELN

Ein erster wichtiger Schritt ist das Identifizieren guter Gewohnheiten. Routinen geben uns Halt im Alltag und Rituale können unserem täglichen Leben mehr Bedeutung schenken. Gerade der Morgen ist eine wichtige Zeit für unser persönliches Wohlbefinden. Der Ausdruck „mit dem falschen Fuß aufgestanden" trägt mehr als ein Fünkchen Wahrheit in sich, zumindest für mich. Ich bin eine echte Nachteule; die Kreation einer schönen und gleichzeitig nützlichen Morgenroutine ist darum eine Aufgabe, an der ich immer wieder zu knabbern habe.

Wer kennt es nicht: Der Wecker klingelt, man drückt im Halbschlaf auf den Snooze-Knopf und dreht sich noch einmal genüsslich um. Im schlimmsten Fall schlummert man daraufhin einfach wieder ein. Völlig verschlafen steht man schließlich auf und spult eine reduzierte Form der gewohnten Routine ab. Das läuft vermutlich bei jedem etwas anders, der eine opfert als Erstes das Frühstück, der andere geht lieber mit ungewaschenen Haaren aus dem Haus. Was unterm Nenner aber bei uns allen bleibt: eine innere Unruhe und ein erhöhter Stresslevel.

Routinen helfen uns, entspannter in den Tag zu starten. Doch wer jetzt denkt, dass die perfekte Morgenroutine daraus besteht, früh um fünf Uhr aufzustehen, ein Glas lauwarmes Zitronenwasser zu trinken und eine ausgedehnte Runde Sport zu machen, liegt (eventuell) falsch. Außer, das ist genau dein Ding, dann ziehe ich meinen Hut vor dir und hoffe, dass du dein Geheimnis bald mit uns teilst.

Die perfekte Morgenroutine, die uns alle zufriedener und gesünder macht, gibt es nicht. Jede Lebenssituation und jeder Körper ist anders und hat individuelle Bedürfnisse. Was deine ideale Morgenroutine ausmacht, ist eine ganz persönliche Angelegenheit. Dabei ist es egal, ob du um vier Uhr, sechs Uhr oder vielleicht sogar erst um zehn Uhr aufstehst. Es ist einfach wichtig, dass du weißt, was du brauchst, um morgens gut in den Tag starten zu können. Vor allem in anstrengenden Phasen können Routinen und Rituale dafür sorgen, dass du Stress besser standhältst und somit langfristig fit bleibst – körperlich und geistig.

KREIERE DEINE MORGENROUTINE

Bevor du dir deine eigene Morgenroutine zusammenstellst, solltest du dich fragen, was du damit erreichen möchtest: Möchtest du früher aufstehen und mehr Zeit für dich haben? Den Tagesbeginn stressfreier gestalten? Möchtest du dich allgemein fitter und gesünder fühlen? Sobald du dir darüber klar bist, kannst du auch leichter die Motivation finden, die neue Routine langfristig durchzuziehen.

Ein paar schnelle Handgriffe fallen uns in den Abendstunden meist leichter und schaffen Zeit für die wichtigen Dinge am Morgen. Auf meiner Liste stehen zum Beispiel die folgenden Dinge:

- 15 Minuten lang Ordnung machen, damit ich morgens in einer aufgeräumten Umgebung aufwache
- Mir das Outfit, das ich am nächsten Tag tragen möchte, raussuchen
- Die Tasche packen
- Frühstück und Mittagessen vorbereiten

Dinge vorzubereiten bedeutet nicht nur eine Zeitersparnis am nächsten Tag. Wir setzen uns auch bewusst mit unseren Bedürfnissen auseinander und passen unsere Handlungen idealerweise von Tag zu Tag an. Ein Blick in den Kalender und auf das aktuelle Wetter genügt, und mit ein paar wohlüberlegten Handgriffen steht ein Starterkit für den nächsten Tag bereit. Das Gefühl, „alles im Griff zu haben", verhilft uns zu mehr Selbstbewusstsein und mehr Freiraum für andere Gedanken.

Das vermutlich Schwierigste, aber zugleich auch Wichtigste am Morgen ist das Aufstehen beim ersten Weckerklingeln. Klingt erst einmal einfach, aber in der Realität ist es ein echter Stolperstein. Vielleicht helfen die folgenden Ideen, um morgens besser aus dem Bett zu kommen. Denn ständiges Umdrehen und Wiedereinschlafen wirken sich nicht besonders gut auf unsere Energiereserven aus. Vor dem Aufstehen kommt jedoch der Schlaf an sich. Wie viele Stunden benötigt man eigentlich, um morgens fit zu sein? Wir alle haben unterschiedliche Biorhythmen und kommen mit verschiedenen Schlafmengen aus. Außerdem erreichen wir nicht alle zur gleichen Tageszeit unser Leistungsmaximum und sind deswegen auch nicht alle morgens fit und produktiv. Das ist völlig in Ordnung so. Dementsprechend musst du deine eigene ideale Schlafdauer ermitteln. Dazu beobachtest du das eigene Verhalten am besten über einen längeren Zeitraum.

Mit kostenlosen Apps und Fitnesstrackern kannst du dein individuelles Schlafverhalten analysieren und die Qualität deiner nächtlichen Ruhe messen. Als Alternative kannst du deine Schlafenszeiten mit einem Schlaf-Log in deinem Journal tracken und damit wichtige Zusammenhänge herausarbeiten.

Jeder Körper ist anders, aber acht Stunden sind eine gute Richtlinie. Jetzt musst du nur noch rechtzeitig ins Bett gehen, um dein Ziel zu erreichen. Und ja, das gilt auch für das Wochenende. Das Wichtigste ist, dass du direkt aufstehst, sobald der Wecker klingelt, und nicht den Snooze-Knopf drückst. Ein angenehmer Weckton bewahrt dich vor einem morgendlichen Schock. Kennst du den Sound „Alarm" auf dem iPhone? Unter keinen Umständen solltest du dich von diesem Ton wecken lassen. Niemals. Wie wäre es mit einem Lieblingssong? Das sorgt für Motivation und Abwechslung.

Ansonsten ganz oben auf meiner Liste der Morgenroutinen: Ein großes Glas Wasser, Bett und Zimmer lüften und schließlich Kissen und Bettzeug ordnen. Simpel und einfach. Dann kuschle ich mich auch nicht so schnell wieder ein. Überlege, was dich besser aus den Federn bringt, und kette diese Handlungen aneinander. Und schon hast du den Entwurf für deine neue Wohlfühlroutine! Ich lege hier immer gerne eine Reihenfolge der Tätigkeiten fest und halte mich daran – das funktioniert für mich besser, als Gewohnheiten nur an bestimmte Uhrzeiten zu knüpfen. Außerdem bin ich so nicht so schnell demotiviert, wenn ich mal von meinen idealen Schlafenszeiten abweiche. So werden Abläufe auch einfacher im motorischen Gedächtnis abgespeichert.

> ### Tipp
>
> *Wie oft habe ich schon ganz eifrig eine neue Routine geplant und bin dann bitter enttäuscht worden: Aus der vermeintlich entspannten Folge wurde ein Stressfaktor, der nach dem ersten Tag bereits sein jähes Ende fand. Der Fehler? Eine unrealistische Planung. Nimm dir einmalig morgens Zeit und stoppe die Zeit für alle Tätigkeiten, die du gerne in der Routine unterbringen würdest. Danach rechnest du alle Zeiten zusammen: Ist das realistisch? Bilde sinnvolle Blöcke und verbinde Dinge (zum Beispiel Teewasser kocht, während du Zähne putzt).*

Ein „Treat yourself"-Moment

Für viele Menschen sind die Morgenstunden nicht der Inbegriff von Selbstfürsorge und es bleibt wenig Zeit für entspannende Momente. Das lässt sich vermutlich in einem realistischen Szenario auch kaum ändern, schon gar nicht für Morgenmuffel oder Nachtmenschen. Dennoch kann man mit kleinen Dingen, die Freude machen, den Morgen angenehmer gestalten, ohne viel Zeit aufzuwenden. Man sucht sich eine oder mehrere Sachen aus, die man gerne macht und auf die man sich freuen kann. Das kann ein gutes Frühstück sein oder eine warme Dusche mit dem Lieblingsduschgel. Bücherliebhaber können morgens lesen, auch wenn es nur fünf Seiten sind. Suche dir etwas, das dir Spaß macht und das dich motiviert, morgens aufzustehen – und schon hast du dein Morgenritual gefunden. Der Klassiker ist vermutlich eine leckere Tasse Kaffee, auf die man sich schon abends freut. Nimm dir dafür ein bisschen mehr Zeit, wenn du kannst, und zelebriere sie richtig. Wenn du wirklich wenig Freiraum hast, kannst du etwas Essenzielles wählen und es mit ein paar Gesten einfach schöner machen – zum Beispiel die Gesichtsreinigung mit einem luxuriösen Produkt mit deinem Lieblingsduft und einer liebevollen Massage. Gut ist, was guttut.

Prioritäten setzen – die Top-3-Technik für weniger Stress

Bevor der Arbeitstag so richtig startet, lege ich mir eine To-do-Liste an. Meistens habe ich zwei Spalten: „Persönliches" (wie zum Beispiel Arzttermine, Haushaltsaufgaben oder Geburtstage) und „Geschäftliches". Ich überlege mir morgens als Erstes, welche To-dos ich erledigen möchte, und strukturiere dann meinen Tag mit meinem Bullet Journal. Nachdem ich die Liste angelegt habe, nummeriere ich die drei wichtigsten Aufgaben durch – von 1 bis 3. Nummer 1 steht für die wichtigste beziehungsweise die dringlichste Aufgabe. Wenn ich diese Gedanken aufgeschrieben habe, fühle ich mich viel ruhiger, weil ich mir sicher bin, dass ich nichts vergesse und alles zur richtigen Zeit geschieht. Ganz einfach, weil ich meine To-dos und Deadlines im Blick habe. So kann ich dann den restlichen Morgen viel besser genießen und lasse mich nicht mehr so schnell stressen. Es gibt wirklich unzählige tolle Möglichkeiten, das Journaling in die Morgenroutine und in den Alltag zu integrieren.

Durchhalten – wann wird's endlich einfacher?

Es gibt unzählige Studien zum Thema Gewohnheiten. Die wohl brennendste Frage war dabei, wie lange es dauert, um ein neues Verhaltensmuster nachhaltig zu etablieren. Es gibt keine magische Zahl, auf die wir uns verlassen können. Oft wird jedoch gesagt, dass es mindestens 21 Tage dauert, bis sich eine Gewohnheit durchsetzt. Andere Experimente empfehlen, mindestens 30 oder sogar 66 Tage dranzubleiben, bis man ein abschließendes Urteil über den neuen Lebensstil fällt. Für deinen Selbstversuch heißt das, dass du deinem neuen Morgenritual mindestens drei Wochen Zeit geben solltest. Deswegen auf gar keinen Fall nach zwei bis drei Tagen aufgeben! Wenn du nach ein paar Tagen immer noch Probleme hast, aus dem Bett zu kommen, kann ich dir empfehlen, dein Ziel zu visualisieren und dich daran zu erinnern, dass es mit der Zeit nur leichter werden kann.

Manchmal hilft es auch, eine kleine Belohnung einzuplanen, die du dir nach 21 oder 30 Tagen konsequenter Morgenroutine gönnst. Im besten Fall hältst du dich übrigens auch am Wochenende an die Schlafenszeiten und Routinen. Du kannst die Gewohnheiten und deine Schlafenszeiten Stück für Stück anpassen – dann dauert es insgesamt etwas länger, aber es wird leichter, langfristig durchzuhalten. Von null auf „Miracle Morning" ist nicht so einfach und soll auch nicht der Anspruch sein. Das Erreichen neuer Verhaltensmuster ist kein Wettlauf, sondern das Ergebnis zählt.

WARUM SCHLAF SO WICHTIG IST

Für mich sind meine Morgen- und Abendroutine wie Yin und Yang. Ich brauche ein Ritual, das sich eher meiner Produktivität widmet, und ein weiteres, das mich entspannen lässt. Aber auch hier sollte man nicht zu schwarz-weiß denken. Für viele Menschen funktioniert auch eine gemischte Routine, die zu gleichen Teilen aus entschleunigenden und dynamischen Elementen besteht. Am Ende ist es wichtig, Körper und Geist in Balance zu bringen und vor allem: ihn dort zu halten. Wie und wann du die verschiedenen Bedürfnisse befriedigst, ist individuell und die Entscheidung darüber erfordert Erfahrung und Offenheit. Wenn etwas für dich nicht funktioniert, ist das kein Verlust. Sei froh, dass du es erkannt hast, und probiere einfach etwas Neues. Die Abendroutine ist mindestens genauso individuell wie dein Morgen. Etwa 30 Prozent unseres Lebens verbringen wir damit, zu schlafen. Diese passiv scheinende Tätigkeit, der Schlaf, spielt also eine sehr große Rolle für den Menschen.

Ein guter Schlafrhythmus ist für unsere Gesundheit extrem wichtig und führt zu einer besseren Lebensqualität. Verpassten Schlaf kann man nicht nachholen – und trotzdem rinnt er uns in dieser schnelllebigen Welt geradezu durch die Finger. Wir bevorzugen ungewollt gerne Dinge, die uns wirklich nicht guttun. Manchmal tarnen sie sich sogar als „Selfcare". Das passiert mir regelmäßig mit nächtlichem Serienkonsum, der sich so lange nach Entspannung und „sich etwas gönnen" anfühlt, bis ich am nächsten Morgen übermüdet die Bettdecke zurückschlage oder gar nicht erst einschlafen kann.

Obwohl Schlaf ein integraler Teil unserer Regeneration und damit auch unseres Wohlbefindens ist, leiden ungefähr 25 Prozent der Deutschen an Schlafmangel. Die Folgen davon kennt vermutlich jeder, der schon einmal mit Schlafproblemen zu kämpfen hatte oder mal wieder die Nacht zum Tag gemacht hat: Übermüdung, Kopfschmerzen, brennende Augen, Konzentrationsprobleme, Erschöpfung oder Reizbarkeit. All das führt dazu, dass wir nur noch „funktionieren", und schafft wenig Raum für Achtsamkeit und ein gutes Körpergefühl. Diese Mattheit macht uns außerdem leicht abhängig von Koffein oder Zucker, was langfristig auch nicht guttun kann.

Die folgenden Gewohnheiten helfen dabei, abends besser einzuschlafen und am nächsten Tag produktiver und aufmerksamer in den Tag zu starten.

Mach's dir schön

Unsere Umgebung hat einen großen Einfluss darauf, wie gut wir schlafen. Das Zimmer sollte möglichst dunkel und ruhig sein, da Helligkeit und Geräusche die Schlafqualität vermindern können. Auch Raumtemperatur und Luftfeuchtigkeit spielen eine wichtige Rolle. Die ideale Raumtemperatur beträgt 18 Grad. Wenn die Zimmertemperatur unter 16 Grad fällt, verkrampft sich die Muskulatur durch die Kälte und zum anderen kann sich gesundheitsschädlicher Schimmel bilden. Kälte und Schimmel im Zimmer können genauso wie Übermüdung dazu führen, dass man krank wird.

Eine angenehme Umgebung hat natürlich viel mit Gemütlichkeit und einem ganz individuellen „Wohlgefühl" zu tun. Umgib dich mit Dingen, die sich gut anfühlen und die du gerne nah bei dir hast. Angenehme Stoffe und Texturen, Lieblingsfarben und ein paar Erinnerungsstücke, die ein behagliches Gefühl geben. Die richtige Lichtstimmung ist ein weiterer wichtiger Faktor, der für mehr Gemütlichkeit sorgen kann. Dimmbare Lampen und generell warmes Licht helfen dem Körper, seinen natürlichen Rhythmus beizubehalten. Du solltest dich auch vor ungewollten Lichtquellen außerhalb deiner Wohnung schützen. Helles Großstadtfeeling und eine störende Straßenbeleuchtung blendest du mit passenden Vorhangstoffen oder dicht schließenden Rollos erfolgreich aus und unterstützt damit den zirkadianen Rhythmus.

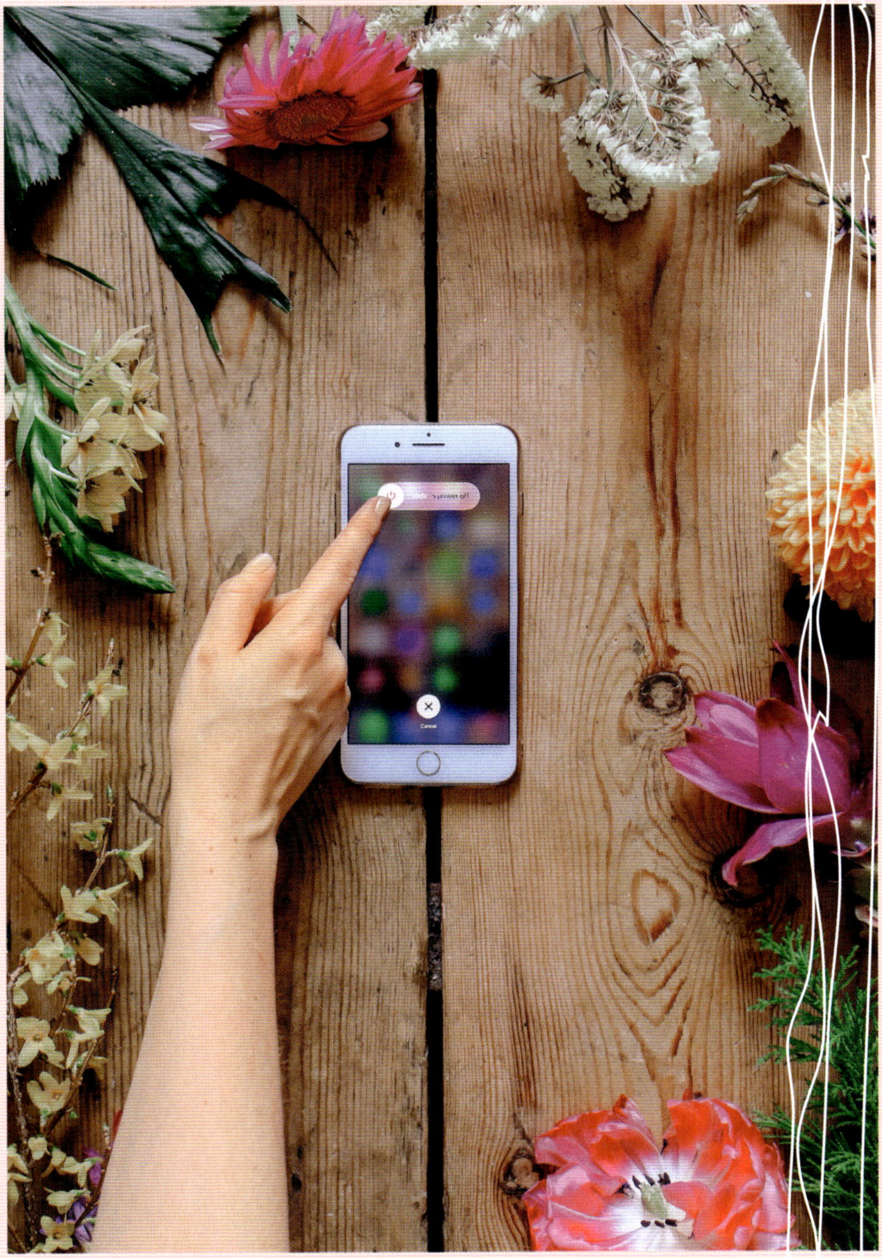

Digital Detox

Wir wissen inzwischen vermutlich alle, dass Smartphones nicht ins Bett gehören. Doch warum eigentlich? LED-Displays enthalten einen größeren Anteil an Blaulicht als Tageslicht, wodurch die Freisetzung des Hormons Melatonin unterdrückt wird. Das brauchen wir jedoch, um abends herunterfahren und somit besser schlafen zu können. Wenn wir nun aufs Handy schauen, signalisieren wir unserem Körper, dass es noch mitten am Tag sei, und dieser Prozess wird unterdrückt. Deswegen lieber ganz schnell weg mit dem Telefon!

Wer kennt es nicht: Nur noch eine Folge (und dann noch eine ...)! Man legt sich abends gemütlich ins Bett und klickt auf eine Folge der aktuellen Lieblingsserie, um dann beim Schauen langsam einzuschlafen. Doch was für Smartphones im Bett gilt, gilt natürlich auch für Netflix. Durch das blaue Licht des Laptops oder Fernsehers bildet der Körper nicht ausreichend Melatonin, wodurch das Einschlafen erschwert wird. Und auch wenn wir es in das Reich der Träume schaffen, ist das noch lange keine Garantie für wirklich erholsamen Schlaf. Inhalte, die emotional aufwühlen oder zu spannend sind, hängen uns länger nach, als wir denken. Bücher sind eine tolle Alternative, die unseren Drang nach Alltagsflucht befriedigen und unseren Körper dabei nicht so stark stimulieren. Durch das Lesen sinkt das Stressniveau, man beruhigt die Gedanken, indem man sich auf nur eine Sache konzentriert, die Muskeln entspannen und der Atem verlangsamt sich. Durch das Lesen fährt der Körper also langsam herunter, was für das Einschlafen essenziell ist. Natürlich ist auch hier wichtig, welche Inhalte wir konsumieren. Bücher regen die Fantasie an und die Realitätsflucht sollte nicht zu weit weg von der persönlichen Komfortzone führen. Sonst setzen wir uns schnell mit dem blutigen Thriller auseinander, während wir eigentlich zur Ruhe kommen sollten. Lesemuffel können natürlich auch auf Hörbücher zurückgreifen.

Schlummertrunk für schöne Träume

Eine Tasse Tee kann eine willkommene Einschlafhilfe sein. Vor allem Kräuterteesorten wie Kamille, Lavendel, Zitronenmelisse oder Baldrian wirken beruhigend und können zu einem gesunden und guten Schlaf führen. Auf Tees mit anregenden Inhaltsstoffen, wie zum Beispiel Schwarztee, sollte daher abends verzichtet werden. Doch auch die Ritualisierung spielt hier mindestens genauso eine wichtige Rolle wie der Inhalt der dampfenden Tasse. Kleine Gewohnheiten, die man jeden Tag ausführt, verknüpft der Körper beziehungsweise das Gehirn mit bestimmten Befehlen und Ereignissen. So kannst du dich mit einer kleinen Teezeremonie oder einem nächtlichen Gesundheitstonic täglich daran erinnern, dass es Zeit ist zu schlafen. Nach einer Weile wirst du dann davon automatisch müde und wenn du dein Getränk mal nicht zur Hand hast, fehlt es dir bestimmt. Die Macht der Gewohnheit funktioniert hier genauso wie bei der morgendlichen Tasse Kaffee: ein gesunder Suchtfaktor, der das Dranbleiben erleichtert und zum Glück nicht schädlich ist.

Eine Wanne Wonne

Der Schaumbadmythos hat mehr Substanz, als man zunächst annehmen mag. Wer mit einer Badewanne gesegnet ist, kann sie zum Selbstfürsorgezentrum machen. Mit nur 15 Minuten Badedauer versetzt du deinen Körper in einen warmen, entspannten Zustand. Badesalze helfen bei der Muskelentspannung, und besondere Aromen lassen die Gedanken wandern. Verzichte auf die grelle Deckenlampe und mache es dir mit einer Kerze gemütlich. Das heiße Bad ist ideal für die kalten Wintermonate, wenn du dich nach einem langen Tag aufwärmen möchtest. Die angenehme Hitze stimuliert den Körper auf eine Weise, die Endorphine freisetzt und damit nachhaltig Stress reduziert. Versuche, bei deinem Entspannungsbad ganz bewusst auf andere Impulse oder Multitasking zu verzichten. Leise Musik schafft eine gemütliche Atmosphäre, aber das Handy bleibt am besten im Flugmodus.

Sich in den Schlaf atmen

Stress lässt uns nachts nicht los – so einfach und simpel ist das. Wenn wir mit Sorgen ins Bett gehen, fällt es uns schwer, abzuschalten und loszulassen. Doch es gibt ein paar Dinge, die dabei helfen, belastende Gedanken zu reduzieren und somit abends einen Schlussstrich zu ziehen. Denn Entspannung kann man trainieren! Ein gutes Hilfsmittel sind Meditation und Atemtechniken. Beides kann Wohlfühlhormone freisetzen, wodurch der individuelle Stresslevel sinkt.

Meine liebste Atemübung zum Einschlafen ist die „4-7-8-Methode". Diese besondere Abfolge von langsamen Atemzügen, dem Einbehalten der Luft und langem Ausatmen beruhigt die Gedanken und das zentrale Nervensystem. Die Übung kann überall und so oft wie nötig durchgeführt werden. Und das Beste: Sie ist wirklich supereinfach!

- Langsam durch die Nase einatmen und im Kopf bis vier zählen
- Atem anhalten und innerlich bis sieben zählen
- Langsam hörbar durch den Mund ausatmen und dabei bis acht zählen

Bereits eine Runde schenkt dir eine Verschnaufpause vom rasanten Gedankenkarussell. Wenn nötig, kannst du die Übung wiederholen, bis du einschläfst. Das Spannende am Zählen ist auch, dass die dazu nötige Konzentration es kaum ermöglicht, nebenbei über tausend andere Dinge nachzudenken. Daher kommt auch der alte Trick mit den Schäfchen!

Routinen geben unserem Leben eine wertvolle Struktur, doch auch freie Zeit ist wichtig zur Entfaltung der Persönlichkeit. Diese freie Zeit kann trotz ihrer spontanen Natur bedeutsam sein und Teil unserer Achtsamkeitspraxis werden.

ENDLICH WIEDER ANALOG: HOBBYS ZUM AUSSPANNEN

Ich gehöre zu den Glücklichen, die ihr Hobby zum Beruf machen konnten. Das ist ein großes Privileg, aber langfristig auch ein Problem. Manchmal verschwimmen die zeitlichen Grenzen zwischen Arbeit und Freizeit. Es kann passieren, dass man das erst merkt, wenn es zu spät ist, wenn man trotz aller Leidenschaft ausgebrannt ist. Kennst du noch diese Freundebücher, in die man Hobbys und andere persönliche Merkmale eintragen konnte? Vielleicht hast du sogar noch ein altes Erinnerungsstück dieser Art ganz tief unten in einem Schuhkarton voller Relikte aus einer anderen Zeit. Weißt du noch, was drinstand? Was würdest du heute eintragen? Gibt es noch Gemeinsamkeiten? Was unterscheidet sich maßgeblich?

Unser digitales Zeitalter verführt zu fauler Unterhaltung. Die ständige Verfügbarkeit neuer Inhalte in audiovisueller Form verwöhnt uns, macht uns aber oft auch träge. Wie viel Zeit für Netflix & Co. draufgeht, bleibt oft unbemerkt. Es gleicht fast einer Sucht, einer Aktivität, die wir brauchen, um richtig abzuschalten. Komplette Passivität, die im ersten Moment guttut. Wenn ich heute wieder mein Freundebuch aufschlüge, würde ich vermutlich andere Hobbys eintragen. Dinge, die ich wirklich gerne tue, die jedoch im Alltag zu kurz kommen. Malen, lesen oder Zeit in der Natur verbringen. Warum eigentlich? Nun, diese analogen Tätigkeiten sind die besten Achtsamkeitsübungen. In Kindertagen mussten wir uns kaum dazu überreden – heute schaffen wir es oft nur noch aufs Sofa und unsere Hände greifen nicht mehr nach dem Pinsel, sondern nach der Fernbedienung.

Indem wir Hobbys ausüben, können wir ganz einfach Momente der puren Aufmerksamkeit in unseren Alltag einfließen lassen. Wenn wir etwas ganz bewusst ausführen, werden unsere Gedanken auf die jeweilige Tätigkeit gelenkt, wodurch ein positives Gefühl der Ruhe und Ausgeglichenheit in uns entsteht. Wir befinden uns dann in einem entspannten, aber gleichzeitig konzentrierten Bewusstseinszustand, welcher dazu führt, dass wir zu unserer Mitte zurückfinden. Wir sind abgelenkt von alltäglichen Sorgen, unschöne Emotionen können abflauen und wir fühlen uns erholt. Dieser Zeitvertreib kann also den gleichen Effekt haben, wie man ihn auch von Achtsamkeitsübungen kennt. So wird die Lieblingstätigkeit zur Meditation.

Natürlich ist die Wahl einer Freizeitbeschäftigung sehr individuell. Die folgenden Ideen eignen sich jedoch besonders gut für alle, die sich wieder in einem „analogen Hobby" verlieren wollen. Während der Ausgangsbeschränkungen haben viele die Liebe zu vergessenen Hobbys wiederentdeckt, und diese Zeit hat auch mich sehr inspiriert. Es tut der Seele einfach gut, aktiv zu werden und etwas Zeit abseits jeglicher Bildschirme und schlechter Nachrichten zu verbringen. Die manuelle Tätigkeit mit den Händen, das Berühren verschiedener Materialien schärft die Sinne und transformiert die Aufmerksamkeit. Eine Alltagsinsel, die Ruhe und Erholung spendet.

Stricken: Wusstest du, dass verschiedene Studien belegen, dass Stricken sogar gut für die körperliche Gesundheit ist? Das liegt daran, dass die Bewegungsabläufe beim Stricken kontinuierlich wiederholt werden, wodurch der Körper in einen Entspannungszustand gebracht wird. Das verringert die Ausschüttung von Stresshormonen, die andere lebenswichtige Körperfunktionen beeinträchtigen können. Der Tanz mit den Nadeln ist also Achtsamkeit pur und die Ergebnisse zaubern dir und deinen Lieben bestimmt ein Lächeln aufs Gesicht.

Schmökern: Wenn man ein wirklich gutes Buch liest, vergisst man plötzlich alles um sich herum, weil der Inhalt einfach so fesselnd ist. Genau aus diesem Grund eignet sich das Lesen besonders, um mehr Achtsamkeit ins Leben zu bringen. Durch das Lesen schaltet man ab, taucht bedingungslos in eine neue Welt und kann dadurch optimal abschalten. Die Realitätsflucht ist ähnlich erfrischend wie beim Serienschauen, jedoch trainiert man beim Lesen Fantasie und Vorstellungskraft. Tolle Bücher kann man auch mit anderen teilen, zum Beispiel in Form eines (virtuellen) Lesekreises.

Sticken: Das ist momentan der Handarbeitstrend überhaupt und sehr einfach zu erlernen. Es gibt unzählige Vorlagen im Internet und man kann alte Dinge mit wenigen Handgriffen verzieren und auffrischen. So können kleine

Löcher verziert und gleichzeitig geflickt werden. Ganz viel tolle Inspiration gibt es dazu unter @mindful_mending auf Instagram, aber auch in Büchern. Die Vorteile sind nahezu identisch zum Stricken.

Den grünen Daumen einsetzen: Zimmerpflanzen haben einen positiven Einfluss auf unsere Gesundheit, da sie Sauerstoff produzieren und damit die Luft verbessern. Sich um Pflanzen zu kümmern, kann zu einem sehr achtsamen Hobby werden: ganz egal ob Kräuterkasten auf dem Fenstersims, Balkongarten oder sogar echter Garten. Pflanzen lehren uns viel über die Welt, in der wir leben, und darüber, was uns nährt. Tipp für Anfänger: Schneide nur das Grüne einer Frühlingszwiebel ab und stell den Strunk ins Wasser, bis er Wurzeln schlägt und nachwächst. Das ist so einfach und spannend zugleich.

Schön schreiben: Kalligrafie ist ein Trend mit jahrtausendealter Tradition. Hier wird mit einer Feder oder einem Pinsel geschrieben und auf eine besonders schöne Ausführung der einzelnen Wörter und Buchstaben geachtet. Eine Kunst, die beinahe in Vergessenheit geraten ist, die aber vor allem durch den neuen Begriff „Brush Lettering" wieder richtig Fahrt aufnimmt. Es gibt unzählige Anleitungen im Internet und in Buchform und man kann sich stundenlang im Lettern verlieren. Das Gestalten von Schrift ist ein achtsamer Prozess mit einem wunderschönen Ergebnis.

Tanzen: Ausdruckstanz mag auf den ersten Blick vielleicht irgendwie ein wenig abstrakt wirken, eignet sich aber wirklich hervorragend, um mehr Schwung in den Alltag zu bringen. Wer diese expressive Form des Tanzes ausüben möchte, braucht nur ganz wenig: gute Musik! Einfach anschalten und loslegen und sich von den eigenen Gefühlen treiben lassen. Es ist ein sehr sinnlicher Vorgang, da man sich auf die Musik einlassen muss und ein bisschen vom eigenen Ego lösen sollte. Außerdem ist freies Tanzen ein tolles Work-out und damit auch gut für die körperliche Fitness. Das wirkt sich in vielerlei Hinsicht auf die Beziehung zu deinem Körper aus und sorgt hoffentlich für eine Extraportion Selbstliebe.

Töpfern: Etwas von Grund auf mit den eigenen Händen aufzubauen, entspannt Körper und Geist, fördert Konzentration und Kreativität und hilft darüber hinaus, Stress abzubauen. Beim Töpfern formt man aus einem unscheinbaren Klumpen Ton oder Lehm kleine Gegenstände, die dann gebrannt werden oder an der Luft trocknen können. Hier verwirklicht man einen Ansatz, der sonst selten im Leben Platz hat: Etwas zu 100 Prozent nach den eigenen Vorstellungen zu machen. Ein dreieckiger Teller? Kein Problem. Töpferkurse, zum Beispiel in der Volkshochschule, sind außerdem eine schöne Möglichkeit, Gleichgesinnte kennenzulernen. Für zu Hause gibt es DIY-Kits, die einfach in der Sonne trocknen können.

Spazierengehen: Spazierengehen ist vermutlich das einfachste Hobby, das man haben kann, um achtsam zu sein – man braucht nämlich (fast) nichts dafür und es ist vollkommen umsonst! Bewegung im Tageslicht und an der frischen Luft sind extrem wichtig und helfen dabei, gesund zu bleiben. Eine Extraportion Vitamin D ist unheimlich wichtig für das Immunsystem und das Vitamin kann nur mithilfe von Tageslicht vom Körper gebildet werden. Wer seine Spaziergänge außerdem achtsamer gestalten möchte, sollte dabei auf Podcasts, Hörspiele oder Musik auf den Ohren verzichten. Konzentrier dich einfach auf dein Drumherum!

Yoga: Eines meiner liebsten Hobbys ist Yoga, da man dabei nicht nur herunterfahren und entspannen kann, sondern auch lernt, achtsamer mit dem Körper umzugehen. Es gibt unglaublich viele verschiedene Yogaarten, aber alle haben gemeinsam, dass man die Übungen präzise und konzentriert ausführen muss. Die Verbindung von Körper und Geist ist hier extrem wichtig. Oft gehören Atemübungen und kleine geführte Meditationen dazu, was für viel Abwechslung sorgt.

Fotografieren: Nimm doch mal wieder eine Kamera in die Hand – und damit meine ich nicht unbedingt dein Smartphone. Beim Fotografieren wird automatisch die Aufmerksamkeit für den Moment geschult, man betrachtet die Welt schließlich durch einen Sucher, und dabei wird der Fokus besonders intensiv gesetzt. Auf der Suche nach einem geeigneten Fotomotiv, dem richtigen Winkel oder dem perfekten Licht schenkt man seiner Umgebung viel Aufmerksamkeit, man ist also sehr viel achtsamer. Bei analoger Fotografie kommen noch zwei weitere spannende Aspekte dazu: Man wählt die Motive viel genauer und vorsichtiger aus, probiert nicht so viel herum und wertschätzt jedes Bild, das auf den Film passt. Dann heißt es warten. Erinnerst du dich noch an das Gefühl, wenn du eine Ladung Urlaubsfotos aus dem Fotogeschäft oder der Drogerie abgeholt und gespannt die Verpackung geöffnet hast?

Vielleicht ist euch aufgefallen, dass alle genannten Tätigkeiten ein paar Gemeinsamkeiten haben: Sie beschäftigen den Geist und lenken uns somit vom gewöhnlichen Alltag ab. Ohne uns dabei abzustumpfen. Viele Hobbys beinhalten außerdem Wiederholungen und können somit zu einem Ritual der Achtsamkeit werden – zu einer Art gesundem Schutzmechanismus, der unserem Geist Erholung schenkt, wenn er es wirklich braucht. Allerdings sind diese Tätigkeiten trotzdem aktiv und bereichernd und schenken uns Inspiration und Motivation für neue Ideen.

„SLOW MEDIA"

Social Media – ein toller Sammelplatz! Für die Dinge, die du liebst und teilen willst. Diese neuen Plattformen sind außerdem ein toller Ort, um mit Freunden und Familie in Kontakt zu bleiben. Vor allem wenn man weit weg ist. In unserem digitalen Zeitalter ist Social Media ein neues und fantastisches Werkzeug, um das eigene Leben zu dokumentieren und damit etwas zu hinterlassen. Doch es gibt viele Dinge, die soziale Medien *nicht* sein sollten: kein Schönheitswettbewerb, kein anonymer Lästertreff und keine Ablenkung, die uns vom wahren Leben abhält. Doch unsere moderne Welt und der technische Fortschritt machen uns diese Unterscheidung nicht leicht. Smartphones werden zur Verlängerung unserer selbst. „Mein ganzes Leben befindet sich in diesem Telefon" ist ein Satz, der mir beim Gedanken an den Verlust meines Handys in den Sinn kommt. Fotos, die schon lange nicht mehr ausgedruckt wurden, Geburtstagserinnerungen und Kontakte, die nur digital existieren. Und dazu eine enorm hohe Dunkelziffer an sensiblen privaten Metadaten.

Um die offensichtlichen Gefahren und Risiken von sozialen Medien in Bezug auf unsere Privatsphäre und Sicherheit soll es hier aber gar nicht gehen. Vielmehr möchte ich mich kritisch mit den Auswirkungen der ständigen Konnektivität auf unseren Geist auseinandersetzen. Nicht alles, was gut auf Instagram aussieht, fühlt sich tatsächlich gut an. Und noch viel wichtiger: Nicht alles, was wir dort sehen, ist tatsächlich Realität.

Ich selbst habe extrem von der Digitalisierung profitiert. Hand in Hand mit der schönen neuen Welt habe ich mir meinen eigenen Traumberuf erschaffen, der es mir erlaubt, von überall zu arbeiten. Deswegen bin ich die Letzte, die soziale Medien kategorisch ablehnt. Schwierig wird es erst, wenn der Konsum mobiler Inhalte zu einer kontinuierlichen Teilaufmerksamkeit führt. Dieser Zustand ist eng mit dem Begriff „Multitasking" verwandt, jedoch nicht dasselbe. Während Multitasking von dem bewussten Wunsch nach erhöhter Leistungsfähigkeit und Effizienz angetrieben wird, ist die kontinuierliche Teilaufmerksamkeit ein unbewusst ablaufender Prozess, der nur durch den Wunsch motiviert ist, mit anderen verbunden zu bleiben (zum Beispiel, indem man ständig Instagram-Storys anschaut), um nichts zu verpassen, was gerade passiert. Dieses Verhalten schleicht sich ganz gerne mal ein und kann als Bewältigungsmechanismus für eine Vielzahl anderer Probleme herhalten. Das haben wir sicherlich alle schon mal erlebt. Bleibt das Handy jedoch dauerhaft gezückt, wird unsere Konzentrationsfähigkeit gestört. Wir verlieren nach und nach die Fähigkeit, einer Sache unsere volle Aufmerksamkeit zu schenken. Wir verlieren uns nicht mehr in Momenten, sondern in unserem Telefon.

DER NEUE STANDARD: DOUBLE SCREENING

Hast du schon einmal von „Double Screening" gehört? Das sind genau die Situationen, in denen man am Rechner oder Fernseher sitzt – etwas konzentriert schaut oder arbeitet und dann trotzdem das Handy rausholt und zum Beispiel parallel E-Mails abruft. Falls du das auch manchmal machst, möchte ich dich dazu auffordern, einen Tag lang ganz bewusst wahrzunehmen, wenn du das Handy rausholst, und im besten Fall die Aktion abzubrechen. Ein Bildschirm genügt. So viele Eindrücke und Informationen können wir gar nicht verarbeiten, und diese Überforderung führt zu einem unterschwelligen Stressgefühl. Notiere dir doch einmal über einen Zeitraum von 24 Stunden, wie oft du in Versuchung kommst. Bonuspunkte gibt es für alle, die ihre Push-Benachrichtigungen ausschalten und das Handy nach 20 Uhr ganz auslassen. Mir persönlich hilft es sehr, dem Thema Nutzungsdauer mit einem spielerischen Charakter zu begegnen. Das motiviert und triggert unsere „fear of missing out" nicht noch mehr. Multitasking und kontinuierliche Teilaufmerksamkeit fördern gleichermaßen die Freisetzung der Stresshormone Adrenalin und Cortisol und können so zu chronischem Stress mit all seinen negativen gesundheitlichen Folgen führen: Gereiztheit, Nervosität, Schlafstörungen und Erschöpfung.

Tipp

Die meisten Betriebssysteme unserer Smartphones haben inzwischen neue Funktionen, um die Handynutzung zu analysieren oder einzuschränken. So kannst du Regeln für deine Bildschirmzeit oder für die Nutzung bestimmter Apps festlegen. Praktische Erinnerungen helfen dir dabei, deine Ziele auch wirklich umzusetzen.

Experiment
SMARTPHONE-FREI

Folgenden Post setzte ich kürzlich auf Instagram ab: „Ab heute starte ich ein kleines Experiment und habe alle Social-Media-Applikationen (YouTube, Facebook, Instagram und Twitter) in einen Ordner ganz hinten auf meinem Handy verbannt. Ich werde zu festen Zeiten online kommen und Fotos posten und natürlich auch fix in die Nachrichten reinschauen, aber ich möchte meine Zeit am und ‚im' Handy minimieren. Oft rede ich mir ein, dass meine extreme Handynutzung okay ist. Immerhin ist das ja auch irgendwie mein Job. Das stundenlange Scrollen verbuche ich unter Recherche. Aber das stimmt einfach nicht. Deswegen möchte ich Inhalte wieder achtsamer konsumieren und Schritt Nummer eins ist dabei der kalte Entzug. Danach kann ich feststellen, wie es mir geht und ob mir etwas gefehlt hat. Klingt gar nicht so schwer, oder? Habt ihr schon mal einen Digital Detox gemacht oder verfolgt ihr feste Regeln, wenn es um euer Smartphone geht? Mich würde das vor allem von anderen Leuten interessieren, die beruflich ans Handy gebunden sind."

Für sieben Tage möchte ich also meine Bildschirmzeit rigoros einschränken und neue, gute Gewohnheiten ausbilden, die mich dann hoffentlich in der Zukunft begleiten.

TAG 1: Ich bin richtig motiviert! Beherzt miste ich mein Handy aus, erstelle Ordner, verschiebe Apps. Dann setze ich meinen Instagram-Post ab (siehe links) und antworte schnell auf die ersten Reaktionen. Nach ein paar Minuten ertappe ich mich dabei und schaue in die Statistik auf meinem Smartphone: Jetzt habe ich allein dadurch fast meine gesamte „Onlinezeit" aufgebraucht, die eigentlich für andere, wichtigere Dinge reserviert war. Da habe ich mich vor Übereifer fast selbst betrogen. Für den Rest des Tages bleibt das Handy fast ungenutzt auf der Kommode im Flur – und das tut gut.

TAG 2: Nachdem ich die Aufgabe (und was ich damit erreichen will) so richtig verinnerlicht habe, fällt sie mir sehr leicht. Es tut besonders gut, weniger Nachrichten zu konsumieren, da momentan einiges los ist und ich die Tendenz habe, zu katastrophisieren.

TAG 3: Weniger Zeit am Handy zu verbringen, klappt wunderbar! So gut, dass es sich inzwischen schon richtig komisch anfühlt, länger als zwei Minuten Instagram-Storys zu schauen. Ich merke, dass viel Gezeigtes „mir nichts bringt". Trotzdem ist mir als Content Creator (aber auch als Privatperson) klar, dass man nicht immer tiefsinnige Bildunterschriften posten kann. Manchmal ist es eben nur ein nettes Bild, eine schöne Erinnerung. Ob man das wahllos konsumiert oder nicht, entscheidet ja jeder für sich selbst.

TAG 4: Ich bin immer noch voll dabei, aber ich entdecke einen neuen Suchtfaktor: Ich checke mehrmals täglich aufgeregt die Statistiken und kontrolliere, wie lange ich am Handy war. Wenn die Zahlen nicht meinen Zielen entsprechen, zieht mich das spürbar runter. Aufgaben und Experimente mit Spielcharakter funktionieren für mich sehr gut, kitzeln aber auch meine kompetitive Seite heraus.

TAG 5: An diesem Morgen wachen wir mit schlimmen Nachrichten auf. Es gibt neue Entwicklungen bezüglich des Coronavirus, die das öffentliche Leben extrem einschränken werden und mich natürlich auch auf persönlicher Ebene sehr beeinflussen. Ich knicke regelrecht ein und hänge am Handy. Muss viel organisieren und kann auch einfach nicht wegsehen. Mein Finger fliegt über das Display und ich spüre Angst in mir aufsteigen. Ich bin sehr präsent dabei, aber weiß nicht, ob die Energie richtig investiert ist.

TAG 6: Mein Verhalten hat sich um 180 Grad gewendet. Leider erfordern die besonderen Umstände, dass ich viel am Telefon hänge, und auch privat kann ich mich kaum davon trennen. Zum Teil ist das sicherlich gerechtfertigt, aber ich merke auch, wie ich in alte Verhaltensmuster zurückfalle, die mir langfristig schaden

meine tägliche Stimmung hat. Dann atme ich tief durch und beschließe, diese Challenge im Stillen weiterzuführen, weil die Enthaltsamkeit einfach doch guttut und wichtig für mich ist.

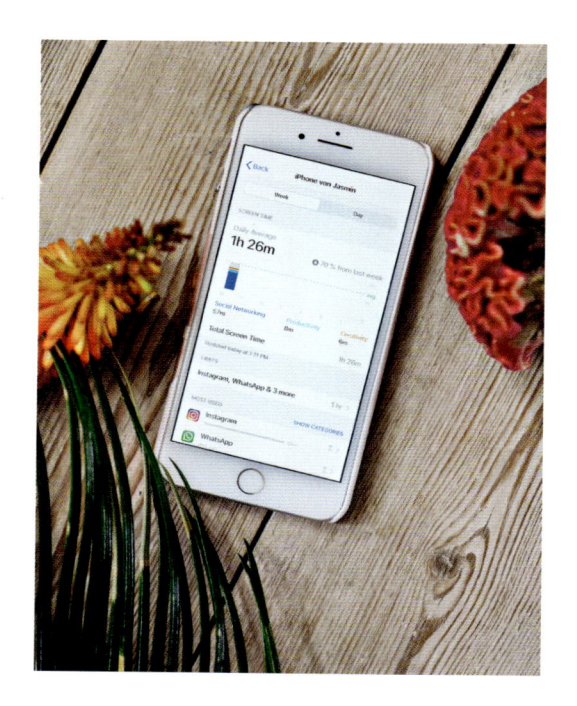

werden. Ich versuche, nicht zu hart mit mir zu sein und das zu akzeptieren, weil auch das Achtsamkeit ist: Man muss nicht immer stark sein und etwas durchziehen, vor allem wenn es gerade nicht wichtig ist.

TAG 7: Ich habe mich langsam vom ersten Schock erholt und versuche, wieder mehr auf gute Gewohnheiten und die Einhaltung von Routinen zu achten. Meine Smartphone-Challenge sehe ich nicht als gescheitert an, sondern als Chance. Auch wenn heute bereits Tag 7 ist, nutze ich die letzten Stunden, um neue Bildschirmzeiten festzulegen und die Nutzungsdauer für Twitter zu beschränken. Außerdem stelle ich einige Kontakte stumm und entfolge bestimmten Kanälen, weil ihre Art der Berichterstattung einen negativen Einfluss auf

Fazit

Im Rahmen des Experiments habe ich viel über mich selbst gelernt. Die erste Erkenntnis kam ganz schnell: Das Leben ohne ständigen Social-Media-Konsum fühlt sich irgendwie gut und doppelt so stimulierend an. Es war einfacher als gedacht und schnell habe ich gemerkt, wo das nächste Suchtpotenzial lauert: das obsessive Kontrollieren des Fortschritts, der tatsächlichen Ergebnisse und der Bildschirmzeit. Schließlich nimmt man auch dafür das Telefon in die Hand. Die große Zuspitzung der Corona-Krise hat mich schließlich noch mehr zum Grübeln gebracht. Wie würde eine solche Pandemie verlaufen, wenn unser Medienkonsum begrenzt wäre? Wenn die Kommunikation auf klassische Medien begrenzt wäre und soziale Plattformen nicht existierten? Die ständige Erreichbarkeit hat natürlich Vorteile, beherbergt aber auch fatale Tücken. Mein Beschluss? Ich bleibe dran, ganz nah. An den Nachrichten, den richtigen Quellen und meinem persönlichen Rezept für glückliche Handynutzung. Und das verändert sich nun mal auch im Laufe der Zeit, vor allem in so einer verrückten Welt wie heute.

ACHTSAMKEIT ZUM MITNEHMEN, BITTE!

Gesunde Routinen sind ein elementarer Teil meiner Achtsamkeitspraxis. Doch wie kann man es eigentlich schaffen, auch auf Reisen oder zwischendurch „im Moment zu leben"? Vor allem wenn man mal nicht auf seine gewohnte Umgebung und Ressourcen zurückgreifen kann? Beim Reisen bricht man ja meist aus der täglichen Routine aus – aber es ist trotzdem möglich, die eigene Achtsamkeitspraxis unterwegs fortzuführen. Gewohnheiten tun uns gut und schenken uns Geborgenheit und Sicherheit, daher ist es sinnvoll dranzubleiben. Gewohnheiten haben einen entscheidenden Vorteil: Sie verbrauchen weniger Energie und Konzentration, da unser Gehirn die Tätigkeit bereits kennt, oft sogar eine positive Wirkung damit verknüpft und diese dann automatisch herbeiführt. Gerade auf Reisen können Rituale und Routinen zum Beispiel sehr dabei helfen, besser einzuschlafen. Damit sind ungemütliche Hotelbetten kein Problem mehr.

Neue Eindrücke können uns manchmal ebenfalls den Schlaf rauben. Man sieht und lernt so viel Neues, wodurch das Gehirn allerlei zu verarbeiten hat. Wenn man unterwegs für ein paar achtsame Momente sorgt, tut man seinem Körper und Geist etwas Gutes. Und so haben Nervosität und Stress vor und während großer Reisen keine Chance mehr. Immerhin möchten wir durch Urlaube und Geschäftsreisen doch positive Effekte herbeiführen: neue Inspiration, neue Kontakte oder schlicht und einfach Erholung. Die folgenden Tipps helfen dabei, auf Reisen oder auch einfach nur zwischendurch achtsamer zu sein.

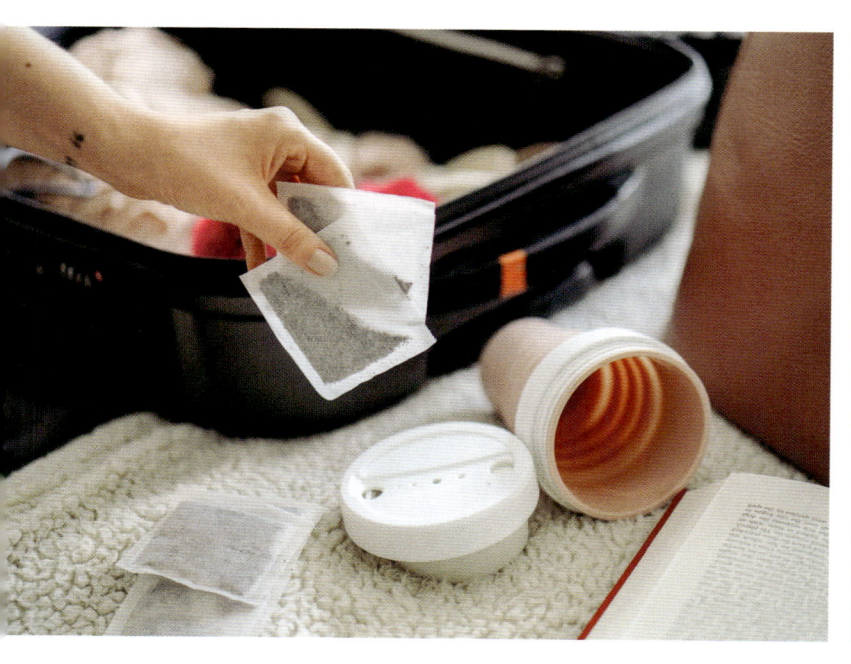

Gute Gewohnheiten mitnehmen: Die vermutlich einfachste Möglichkeit, unterwegs für Achtsamkeit zu sorgen, ist es, seine Rituale und Gewohnheiten einfach wortwörtlich mit in den Koffer zu packen und so ein wenig Achtsamkeit in die ungewohnte Umgebung zu bringen. Bei Konsumgütern und Dingen, die man tatsächlich anfassen kann, ist das ganz einfach und nachvollziehbar. Wer morgens seinen Lieblingstee braucht, kann diesen einfach mitnehmen und vor Ort zubereiten. Bücherliebhaber würden niemals ohne Lektüre verreisen. Für diese kleinen Dinge ist ja eigentlich fast immer Platz im Koffer – oder man macht Platz! Prioritäten zu setzen ist ein elementarer Baustein für eine gut funktionierende Routine, und das sollte man sich auch auf Reisen bewahren.

Die neue Langsamkeit zelebrieren: Die „Slow"-Bewegung hat definitiv eine positive Auswirkung auf unsere Gesundheit und unseren Stresslevel. Wenn wir etwas langsam machen, genießen wir bewusster, nehmen Dinge wahr und sind automatisch konzentrierter und damit auch achtsamer. Etwas langsam zu machen, kann darum wahnsinnig viel Stress rausnehmen und in unserem eigenen Zuhause ein Schlüsselelement für mehr Aufmerksamkeit sein. Doch wie setzt man das unterwegs um? Beim Reisen sollte man genug Zeit einplanen und vor allem auch Extrazeit für „Erkundungstouren" und „Sich-treiben-Lassen" vormerken. Denn da passieren meist die tollsten Dinge – nicht nur im Film. Ich vermute, wir alle waren schon mal bei einem Städtetrip froh, wenn wir abgehetzt ins Hotelbett gefallen sind und endlich verschnaufen konnten. Doch so soll Urlaub nun wirklich nicht aussehen. Plane vor allem auch Zeit in der Natur ein, um dich zu erden und richtig runterzukommen.

Tief durchatmen: Atemübungen machen oder meditieren kann man wirklich überall – egal ob in den eigenen vier Wänden, im Flugzeug oder in der Ferienwohnung. Mithilfe verschiedener Techniken kann man den Körper beruhigen und entspannen, was vor allem bei Stress oder vor aufregenden Situationen helfen kann. Dieser Tipp eignet sich also auch für die Bahnfahrt zu einem Vorstellungsgespräch oder einem anderen wichtigen Termin. Reisen ist generell oft mit Aufregung verbunden, je nachdem, wie routiniert man ist, wie oft man verreist oder wie spannend das Ziel oder der Grund der Reise ist. Man ist auf einmal in einer fremden Stadt oder lernt eine neue Kultur kennen, was zu Überforderung und vielen bunten Stimuli führen kann. Die wohl einfachste Übung zum Entspannen ist „Atemzüge zählen und visualisieren" – und das geht so:

- **Atemzug eins:** Atme für fünf Sekunden ein und stell dir vor, du würdest einen angenehmen Duft aufsaugen.
- Atme fünf Sekunden aus und stell dir vor, du würdest eine Pusteblume anpusten!
- **Atemzug zwei:** Wiederhole das Ganze wie bei Atemzug eins und zähle immer weiter, bis du bei insgesamt zehn Atemzügen angekommen bist.

Du kannst beim Ein- und Ausatmen auch verschiedene Farben visualisieren. Versuch es einfach mit deinen Lieblingsfarben, die dir ein gutes Gefühl geben. Alternativ kannst du die frische, eingeatmete Luft grün visualisieren und den ausgestoßenen, verbrauchten Atem rot. Frage dich danach ganz bewusst, wie du dich fühlst. Kannst du einen Unterschied zum Beginn der Übung feststellen? Versuche, das Ergebnis nicht zu bewerten und Gefühle und Empfindungen lediglich festzustellen.

Der Nase nachgehen: Gerüche machen etwas mit uns. Olfaktorische Erlebnisse stützen Erinnerungen und Routinen. Duftöle können eine ganz besondere und beruhigende Wirkung auf uns haben. Abgesehen davon, dass Öle ganz toll riechen, lösen sie Emotionen aus und können unseren Körper und unseren Geist damit beeinflussen. Bestimmte Düfte können dafür sorgen, dass man ruhiger oder gelassener wird, sich entspannt oder positiver gestimmt wird.

Manche Gerüche sind auch ganz besonders eng mit Geschehnissen aus unserer Vergangenheit verknüpft, die uns ein wohliges und positives Gefühl vermitteln. Oder ein bestimmter Urlaubsduft oder ein Parfum erinnert uns an eine andere Lebensphase. Vor allem wenn man Aromaöle zu Hause verwendet, sind sie auch ein idealer Begleiter für unterwegs. Als Alternative zu Ölen kann man sich auch Raum- oder Kissensprays einpacken. Ein Spritzer Lavendelspray auf das Hotelbett lässt uns schneller einschlafen und ist etwas, das man

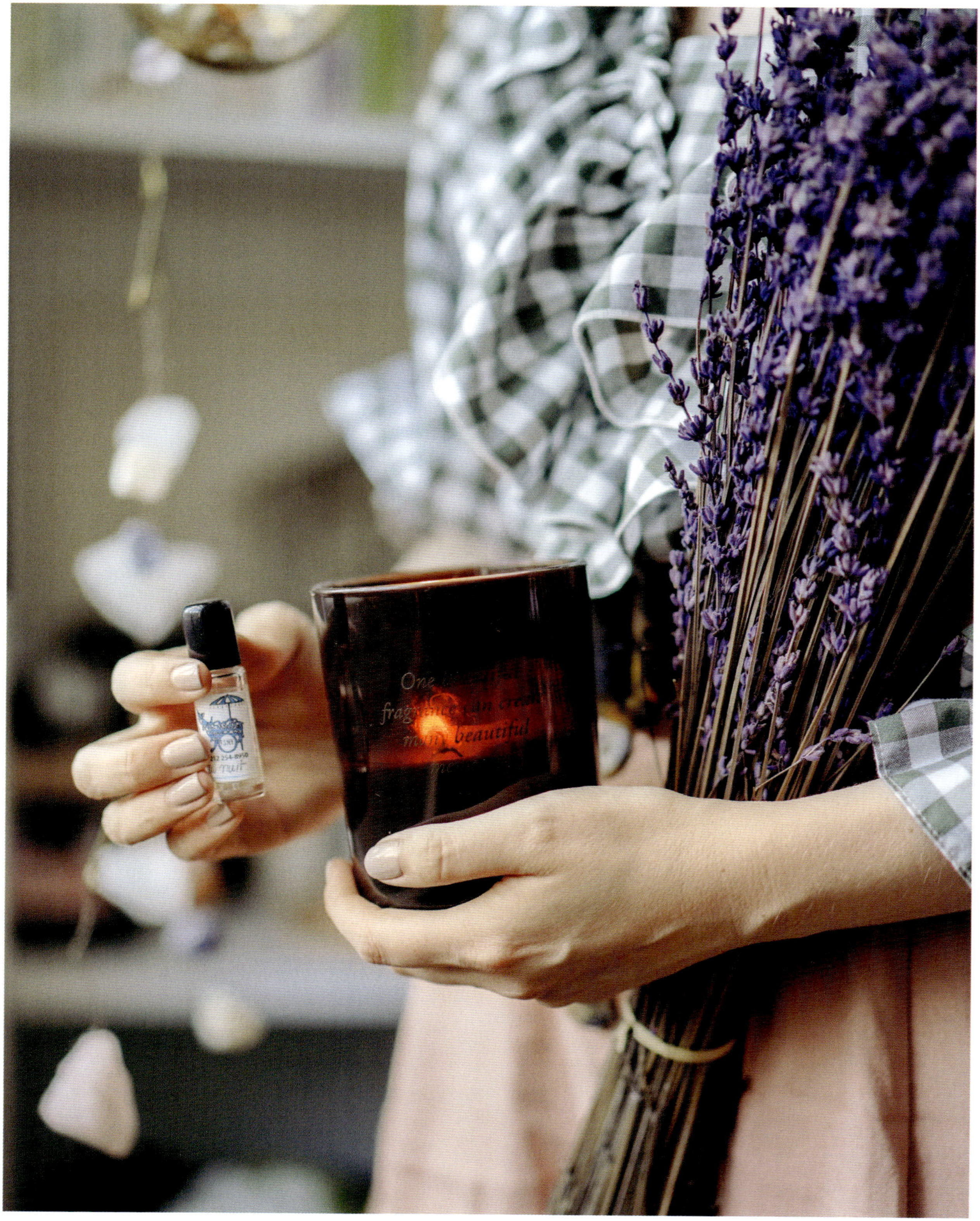

problemlos mitnehmen kann. Bonuspunkt: Das kostet kaum Zeit.

In meiner persönlichen Routine gibt es inzwischen unterschiedliche Düfte, die mich begleiten. Meine Favoriten?

1. Lavendel aus dem Diffusor, pünktlich zum Start meiner Abendroutine. Den gleichen Duft nutze ich als Roll-on auf dem Handgelenk, wenn ich unterwegs bin.

2. Meine Produktivitätskerze auf dem Schreibtisch. Der Zitrusduft macht munter und ich zünde sie nur an, wenn ich arbeite. Das motiviert und so bleibt der Duft speziell für diesen Bereich reserviert (Näheres dazu auf Seite 128). Ich habe ein Aromaöl mit einem ähnlichen Duft, das ich unterwegs nutze, um produktiv arbeiten zu können. Vom Hotel bis zum Zug: das gute Office-Gefühl kommt mit.

3. Das Duftöl „New Nuit", das ich für meinen Freund in einem kleinen Shop namens „Sniff" in New York kreiert habe. Ich habe auch eine kleine Ampulle davon und schnuppere daran oder trage es selbst, wenn ich ihn vermisse. Enthalten sind vor allem holzige Noten und das einzigartige Rezept existiert nur auf einer handgeschriebenen Karteikarte, ganz weit weg von zu Hause.

Natürlich gibt es auch Düfte, die wir eher als störend empfinden. Eine Nase für die persönlichen Vorlieben zu entwickeln, lohnt sich.

Pausen schätzen lernen: Reisen ist vor allem eines – Warterei. Am Flughafen, im Taxi, in der Bahn oder sogar im Hotel. Ich glaube, wir tendieren in solchen Situationen oft dazu, die Zeit mit dem Handy in der Hand zu überbrücken. Unsere Generation hat das Warten quasi abgeschafft. Man greift sogar im Urlaub lieber zum Handy und checkt die E-Mails, als einfach mal ins Nichts zu blicken. Ein Tipp, um auch unterwegs achtsamer zu sein, ist es, die Wartezeiten zu seinem persönlichen Moment der Achtsamkeit zu machen. Hier kannst du dir die anderen Tipps zu Herzen nehmen und eine Methode deiner Wahl verwenden oder einfach nur aufmerksam sein und deine Umgebung mit allen Sinnen wahrnehmen. Jetzt ist die richtige Zeit für langsames Genießen oder eine kurze Atemübung – Hauptsache, der Autopilot ist nicht an.

Eine persönliche Achtsamkeitspraxis zu finden und zu etablieren, fällt zu Hause immer einfacher. Routinen mit auf Reisen zu nehmen, ist definitiv die Königsdisziplin: eine Kür, die vermutlich nicht beim ersten Versuch gelingt. Es ist wichtig, nicht zu streng mit sich zu sein. Wir müssen Raum für Spontanität lassen, für neue Impulse und Eindrücke – gerade wenn wir ganz weit weg sind.

INTUITIVES ESSEN

Unsere moderne Kultur ist geprägt von Stress, Leistungsdruck und paradoxerweise von Bequemlichkeit. Wir müssen immer funktionieren. Neben unserem Wohlbefinden ist eine gesunde Ernährung auch essenziell für unseren Körper. Ein ausgewogener Speiseplan sollte die Norm sein, doch wir alle wissen, wie schwierig das phasenweise sein kann. Verlockungen wie Fast Food, Ausnahmen in arbeitsintensiven Phasen oder auch schlicht und einfach nur Gelüste: Es kommt immer mal etwas dazwischen, und solange es nicht überhandnimmt, ist auch das Teil der Balance.

Ich möchte hier weniger den Fokus auf die Nährstoffzusammensetzung unserer Mahlzeiten legen, denn jede körperliche Konstitution braucht ein anderes Konzept. Allein damit könnte man sicherlich ganze Bibliotheken füllen. Es soll hier weniger um das Was gehen, als vielmehr darum, wie wir essen. Essen kann nämlich automatisch gesünder werden, wenn wir intuitiv und achtsam handeln. Gerichte bekommen uns tatsächlich besser, wenn wir sie zur Hauptattraktion machen und nicht mehr nur nebenbei runterschlingen. Für unseren Körper ist nicht nur relevant, was und wann wir essen, sondern auch wie wir dabei atmen. Durch das richtige Setting und Verhalten können wir nicht nur unsere Beziehung zum Thema Essen verbessern, sondern sogar die Nährstoffaufnahme optimieren und unser Verdauungsfeuer anheizen. Mein persönlicher Luxus und Belohnungsinstinkt schreit oft förmlich nach einem dampfenden Teller in Kombination mit meiner Lieblingsserie.

Doch ihr ahnt es vermutlich schon: Das minimiert den Genuss und überspielt wichtige körperliche Signale. Es wird Zeit für neue Rituale und Gewohnheiten, die genauso schön sind und sich nachhaltig auch besser anfühlen.

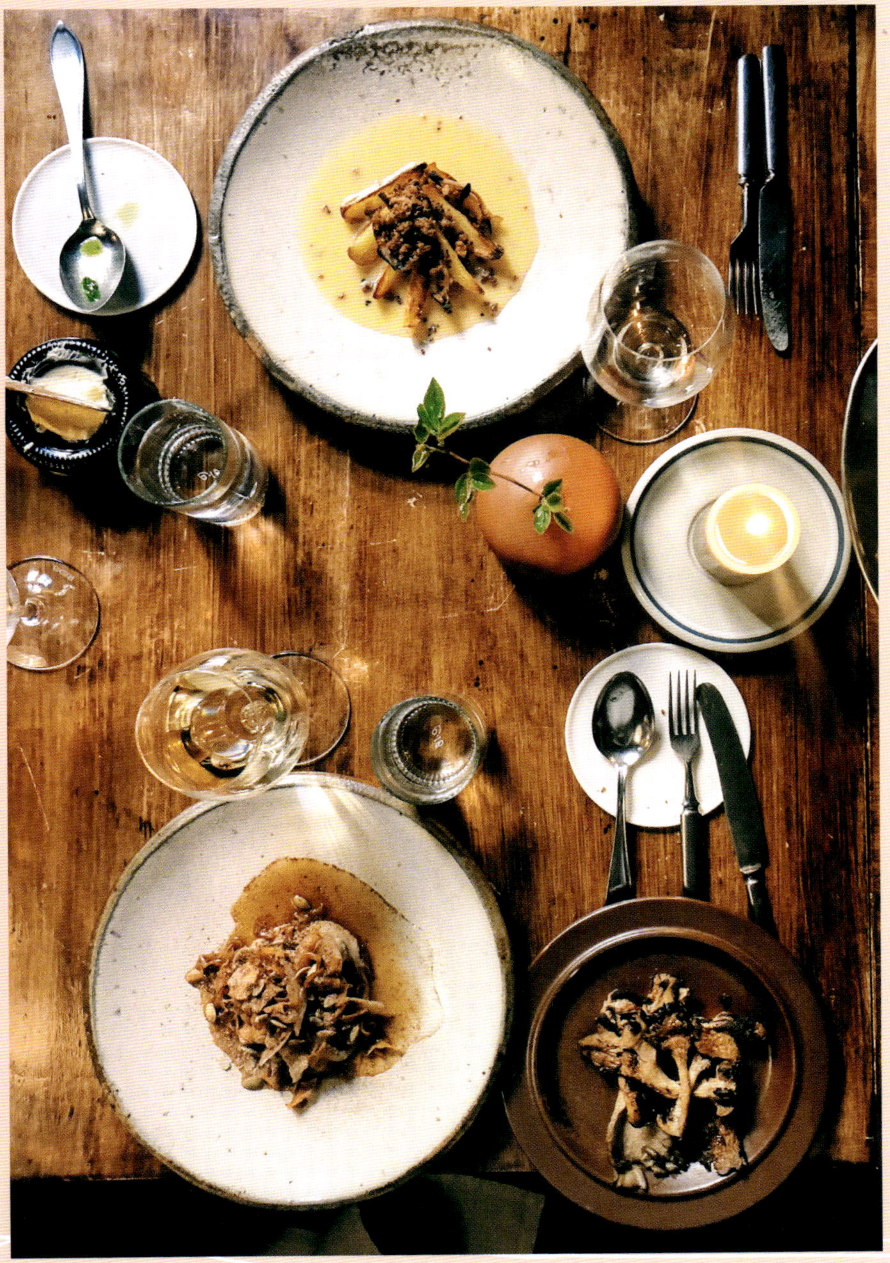

ACHTSAMKEIT BEI TISCH

Was hat eigentlich Sauerstoff damit zu tun? Ganz klar, innehalten und tief durchatmen hilft uns sehr, die Konzentration auf die anstehende Handlung zu lenken. Doch tatsächlich verändert sich die Atmung in stressigen Situationen. Das trifft besonders zu, wenn wir uns im Stehen einen Snack gönnen, am Schreibtisch essen oder eine Mahlzeit einnehmen, während wir eine aufwühlende TV-Serie konsumieren. Unser Atem wird unter einer solchen Anspannung ganz flach und unregelmäßig. Dadurch werden wir mit weniger Sauerstoff versorgt. Wenn es unserem Blut an lebenswichtigem Sauerstoff mangelt, leidet auch die Nährstoffaufnahme in die Zellen. Darum sollte es zur neuen Hauptaufgabe werden, sich beim Essen Zeit zu nehmen, um zu kauen und dabei richtig zu atmen. Daran sollten wir uns bei jeder Mahlzeit erinnern.

Das Konzept des intuitiven Essens, das ich im Folgenden darstelle, beschreibt keine Diät. Man isst dabei vielmehr einfach nur, wenn man wirklich Hunger hat, und konzentriert sich auf die Lebensmittel, die der Körper gerade braucht. So löst man sich von einer vorgeschriebenen Anzahl an Mahlzeiten, von Kalorienangaben und festgeschriebenen Mengen. Verbote und ein schlechtes Gewissen gehören der Vergangenheit an. Gesundheit und Selbstakzeptanz stehen im Vordergrund – und nicht etwa ein körperliches Idealbild.

Die folgenden Leitsätze helfen dir, intuitiv zu essen:

- **Iss** nur, wenn du wirklich Hunger hast. Orientiere dich nicht zu streng an bestimmten Uhrzeiten.
- **Verzichte** beim Essen auf intensive Gespräche. Die Konzentration auf deren Inhalte lenkt ab und verändert die Atmung! Eine lockere Unterhaltung und Geselligkeit sind natürlich immer schön.
- **Versuche,** langsamer zu essen und mehr zu kauen. Wenn du jeden Bissen mindestens 30-mal kaust, regst du bereits die Verdauung an und die Nährstoffe können besser aufgenommen werden.
- **Beende** das Essen, wenn du ein Sättigungsgefühl spürst. Lebensmittel muss man deswegen nicht gleich wegwerfen, sondern sie können für den nächsten Tag oder als Snack aufbewahrt werden.
- **Hör** auf dein Gefühl. Stelle leckere Gerichte aus gesunden Lebensmitteln zusammen, auf die du wirklich Lust hast. Der Spaß fängt beim Kochen an! Aber vergiss nicht, dir auch mal was zu gönnen, das verhindert Gelüste und Heißhunger.
- **Befreie** dich nach Möglichkeit von emotionalem Essen. Das gilt für Belohnungen oder Frustaktionen. Frage dich in der jeweiligen Situation: Brauche ich das wirklich? Oder sehne ich mich nur danach, ein bestimmtes Gefühl herbeizuführen?

Jeder von uns hat die richtigen Instinkte in sich, denn der Körper will wohlgenährt sein, um zu überleben. Er will weder überzuckert noch ausgezehrt sein. Diese natürliche Intuition für das, was wirklich gut ist, schlummert in uns und kann wieder geschärft werden. Das dauert, verbessert jedoch unsere Beziehung zum Essen und macht uns außerdem unabhängig. Unachtsames Essen fühlt sich nur für einen superkurzen Moment gut an – und danach wollen wir mehr. Oder etwas anderes.

Meine Lieblingsgetränke zu bestimmten Tageszeiten zuzubereiten, war übrigens mein persönlicher Einstieg in die Welt der Selbstfürsorge. Ein kleiner, ritualisierter Akt, der wenig Zeit kostet und für jeden umsetzbar ist. Bestimmte Geschmäcker und Inhaltsstoffe wecken den Körper auf oder helfen ihm abends wieder runterzufahren – so rahmen sie die persönliche Routine ein und helfen jeden Tag.

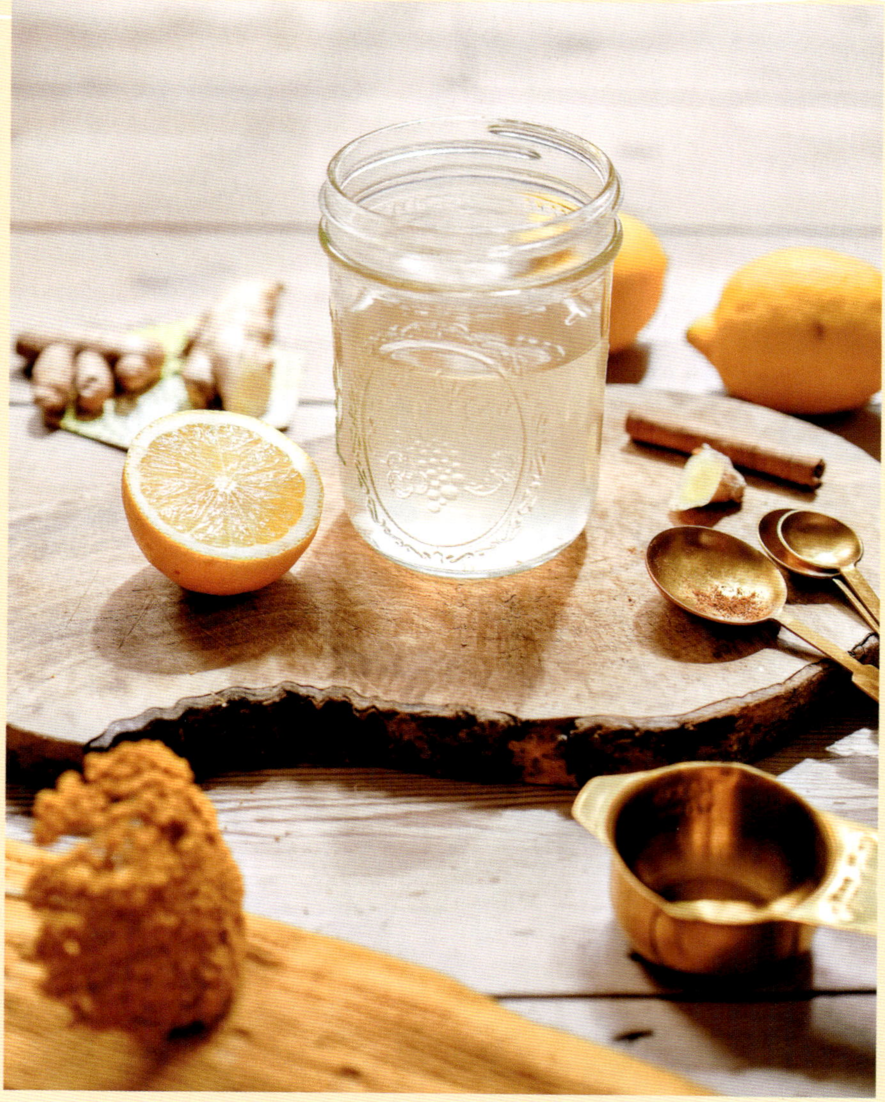

Rezept
HALLO-WACH-TONIC

Beginne den Tag mit diesem alkalisierenden und den Stoffwechsel anregenden Morgentrunk, um das Verdauungssystem aufzuwecken und deinen Körper in Bewegung zu bringen. Einen solchen Morgendrink machst du am besten zum täglichen Ritual – die Handgriffe zur Zubereitung sind dann so verinnerlicht wie das morgendliche Zähneputzen, und alles dauert nur wenige Minuten.

Apfelessig ist nicht nur lecker in Dressings und herzhaften Gerichten, sondern passt auch wunderbar zu diesem Getränk. Das säuerliche Geschmacksprofil ergänzt sich angenehm mit den wärmenden Gewürzen. Wer regelmäßig hochwertigen Apfelessig in verdünnter Form trinkt, trägt dazu bei, den Körper mit wertvollen Vitaminen, Mineralstoffen und Spurenelementen zu versorgen. Außerdem wirkt Apfelessig antibakteriell und senkt den Blutdruck. Das beliebte Hausmittel lässt sich wunderbar in die tägliche Routine integrieren. Es schmeckt mit Wasser verdünnt so ähnlich wie Kombucha.

ZUTATEN

- *200 ml Wasser*
- *½ daumengroßes Stück Bio-Ingwer*
- *1 TL Zitronensaft*
- *2 EL Bio-Apfelessig (nicht pasteurisiert)*
- *1 Prise Cayennepfeffer*
- *1 Prise Zimt*
- *Optional: Süßungsmittel, zum Beispiel Agavendicksaft*

ZUBEREITUNG

Das Wasser auf etwa 70 bis 80 °C erhitzen. Ingwer in feine Scheiben schneiden und in eine Tasse oder ein Glas geben. Den Zitronensaft dazugeben. Das heiße Wasser eingießen und fünf Minuten ziehen lassen. Zuletzt den Apfelessig und die Gewürze hinzugeben und gut umrühren. Lauwarm und in kleinen Schlucken genießen!

Rezept
HEISSE SCHOKOLADE MIT REISHI

Dieses Entspannungselixier ist für alle, die süße Getränke lieben und dank zu viel Kaffee & Co. des Öfteren unter Strom stehen und nicht abschalten können. Die cremige, vollmundige Schokolade schmeckt nicht nur lecker, sondern enthält eines meiner liebsten Adaptogene: den Reishipilz!

Reishi wird als Adaptogen eingestuft, das heißt, er enthält Stoffe, die dem Körper helfen, mit erhöhter körperlicher und seelischer Belastung zurechtzukommen. Der Pilz kann bei einer Vielzahl von Krankheiten nützlich sein, indem er dem Körper helfen kann, in einen normalen und ausgeglichenen Zustand zurückzukehren. Besonders geschätzt wird dieser recht seltene Pilz für seine nachhaltige Anti-Stress-Wirkung und die Fähigkeit, Verspannungen abzubauen, das Immunsystem zu stärken, die Konzentration zu schärfen sowie das Gedächtnis zu verbessern. Adaptogene wirken nicht schlagartig wie eine Wunderpille, sondern entfalten ihre Kräfte durch eine regelmäßige Anwendung. Besonders verbreitet ist ihre Anwendung in der traditionellen chinesischen Medizin und in der Ayurvedapraxis. Doch nun schnell von der Theorie zur Praxis!

ZUTATEN

- *150 ml warmes Wasser*
- *100 ml warme Kokosmilch*
- *1 TL Kokosmus*
- *1 EL Kakaopulver*
- *½ TL Reishipulver*
- *1 TL Kokosblütenzucker*
- *Zimt und Kardamompulver nach Geschmack*
- *1 Prise Meersalz*

ZUBEREITUNG

Erhitze das Wasser in einem Wasserkocher oder Kessel. Achte darauf, dass es nicht kocht – 80 °C sind optimal. Die Kokosmilch ebenso vorsichtig erhitzen und das Kokosmus darin auflösen. Danach die Mischung aufschäumen. Kakaopulver, Reishipulver, Kokosblütenzucker und andere Gewürze in einer Tasse vermischen und mit dem Wasser verrühren. Dazu kannst du zum Beispiel einen Matchabesen verwenden. Die Mischung toppst du mit der aufgeschäumten Milch und verzierst sie nach Bedarf mit etwas Kakao und Zimt. Wenn du empfindlich auf Koffein reagierst, solltest du diesen anregenden Drink nicht zu spät am Abend genießen.

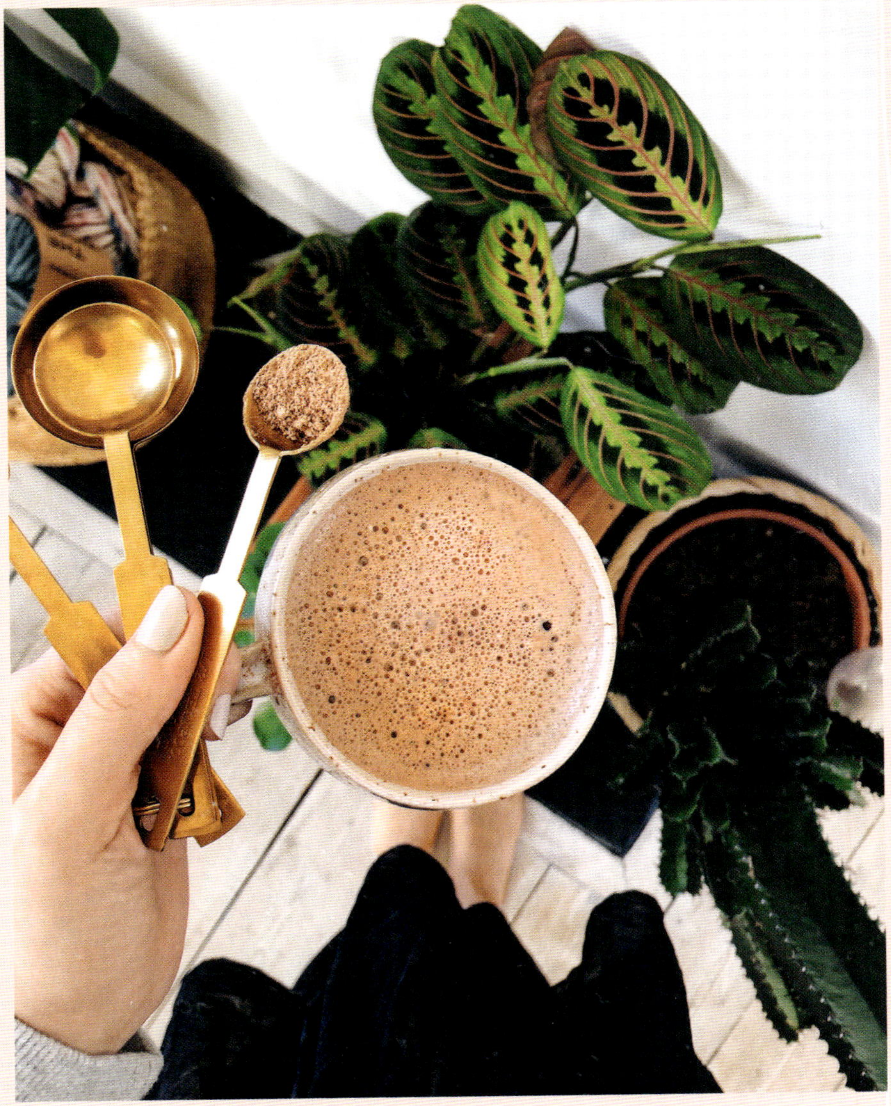

Kapitel vier

ARBEITEN

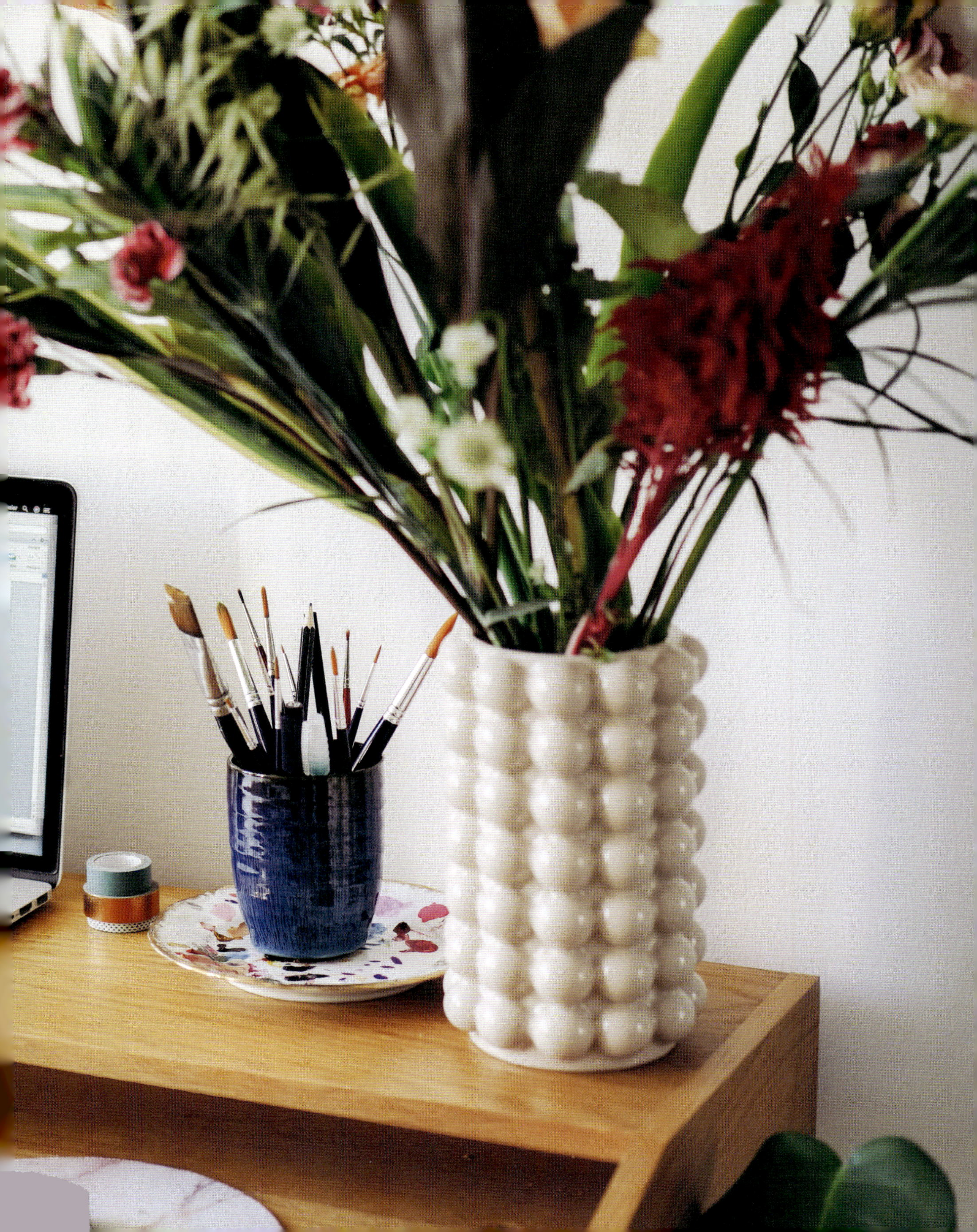

STRESSREVOLUTION: EIN IMAGEPROBLEM

Wie würdest du deinen Arbeitsalltag beschreiben? Eine Herausforderung? Schnelllebig? Eventuell sogar stressig? Selbst in der Achtsamkeitsbranche ist das Tagesgeschäft keine reine Entspannung. Wir alle profitieren von und leiden zugleich unter den vielen modernen Möglichkeiten, der Konnektivität und der ständigen Erreichbarkeit. Als Arbeitnehmer oder Selbstständiger will man oft keine Schwäche zeigen und nicht an Leistung einbüßen, und wir haben permanent Angst davor, dass der Wunsch nach mehr Balance als ein solches Signal gedeutet werden könnte. Aber auch als Arbeitgeber steht man vor vielen Hürden. Die Aufgabe, den Arbeitsplatz achtsamer zu gestalten, ist noch sehr neu und deshalb auch schwierig.

Das Thema Achtsamkeit wird zum Glück immer mehr als fester Bildungsbestandteil wahrgenommen und seine gesellschaftliche Akzeptanz steigt. Spätere Generationen können darum hoffentlich leichter von diesem Werkzeug profitieren. Bis dahin konzentrieren wir uns auf die Pionierarbeit und auf die kleinen Dinge, die wir als Individuen tun können. Damit helfen wir nicht nur uns, sondern auch Menschen, die eng mit uns zusammenarbeiten. In meiner Zeit in der Kreativbranche hatte ich immer das Gefühl, dass Stress ansteckend ist. Eine rasende Epidemie, die vor den wenigsten Berufsfeldern haltmacht. Paradoxerweise scheint ein stressiges Arbeitsleben positive Auswirkungen auf unseren sozialen Status zu haben. Das übt zusätzlichen Druck auf alle aus, die schon längst zu erschöpft sind, um Nein zu sagen.

Stress kann uns im Privat- und im Arbeitsleben begegnen. In beiden Bereichen kann er sehr schädlich, aber auch nützlich sein. Stress ist eine natürliche Reaktion und sehr persönlich.

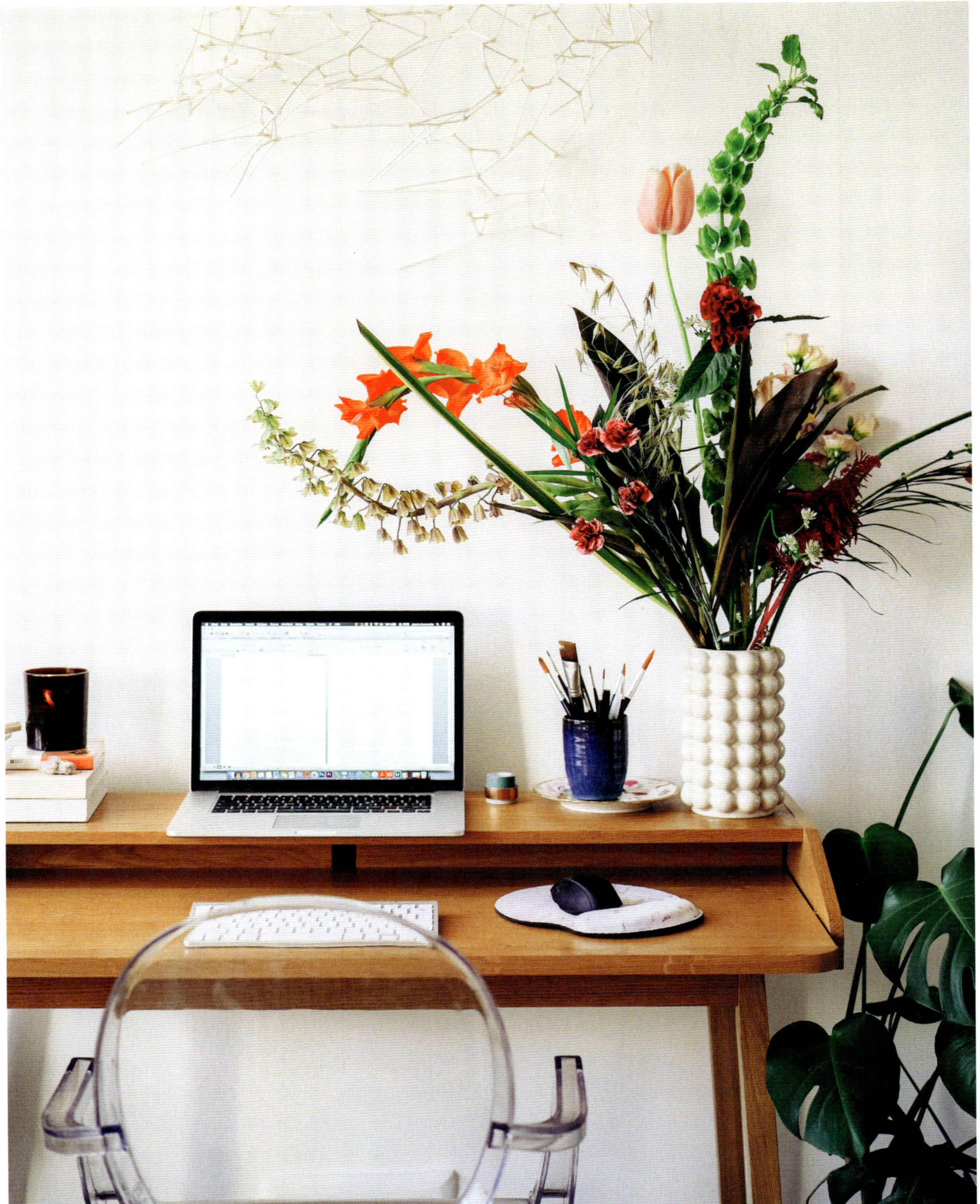

Wir müssen unsere individuellen Trigger und Grenzen kennenlernen, um positiven Stress für unsere persönliche Weiterentwicklung nutzen zu können und ihn geschehen zu lassen. Genauso wichtig ist es auch, die körperlichen Signale und Verhaltensweisen zu bemerken, wenn es uns zu viel wird. Gerade im Job sind wir auf maximale Leistungsfähigkeit konditioniert und tendieren daher dazu, Stress und die dazugehörigen Symptome zu überspielen. Situationen wirken schnell ausweglos, immerhin können wir nichts an einem schwierigen Chef oder Kunden ändern. Was wir jedoch ändern können, ist unsere Reaktion auf den jeweiligen Impuls.

Ich selbst gehöre zu der Sorte Mensch, die sich generell zu viele Sorgen macht. Ich neige dazu, zu katastrophisieren und mich in Dinge hineinzusteigern – und so werden aus kleinen Problemen riesige Baustellen. Kombiniert mit dem Wunsch, alles perfekt abliefern zu wollen und Leute zufriedenzustellen, ist das eine explosive Mischung. Ich musste nach und nach lernen, Ängste und Sorgen realistisch einzuschätzen, um Körper und Geist auf die Sprünge zu helfen. Ohne diese aktive Denkarbeit kann er nämlich zwischen echten Problemen und bloßen Annahmen nicht unterscheiden. Was fatal ist: Die Reaktion bleibt die gleiche. Trotzdem wird gerade in der Wellnessbranche zu wenig über Eustress gesprochen. Damit ist der positive Stress gemeint, der körperlich tolerierte und damit optimale Stresslevel. Genau dieser Stress kitzelt die tollsten Sachen aus uns heraus. Wenn du an die verrücktesten, schönsten und wichtigsten Momente in deinem (Berufs-)Leben denkst: Ein Spaziergang waren sie doch alle nicht, oder? Eustress hilft uns, die wichtige Präsentation zu einer knappen Deadline fertig zu bekommen und das nächste Vorstellungsgespräch zu meistern. Und er macht nicht krank.

Ich hatte nach einem Burn-out regelrecht Angst vor Stress und dessen körperlichen Auswirkungen. Lange Zeit war ich fest davon überzeugt, dass ich mein Leben von jeglichen Stressfaktoren befreien und beim kleinsten Signal ein fast zwanghaftes Anti-Stress-Programm abspielen müsste. Das Ergebnis? Eine unterschwellige, aber dafür dauerhafte Stresskomponente, Stillstand im Arbeitsleben und definitiv weniger Nervenkitzel. Weniger Schmetterlinge im Bauch. Die Gratwanderung ist schwierig und auch hier wird die Frage nach der individuellen Balance laut. Doch unser Gehirn ist zum Glück sehr lernfähig: Auch mir ist es nach einiger Zeit gelungen, eine neue Offenheit für schwierige Situationen zu entwickeln.

Gerade im Berufsleben können wir oft wenig an einzelnen Faktoren ändern und müssen uns auf die Dinge konzentrieren, die wir tatsächlich selbst in der Hand haben. Für unser mentales und körperliches Wohlergehen und für unsere langfristigen Ziele im Job. Wenn wir gute Gewohnheiten etablieren und unseren Fähigkeiten vertrauen, ist es möglich, leistungsorientiert zu arbeiten und uns trotzdem persönlich dabei nicht zu vergessen.

GEWOHNHEITEN FÜR MEHR POSITIVITÄT UND PRODUKTIVITÄT

Eine positive Mentalität ist die beste Grundlage, um entspannt und selbstbestimmt zu arbeiten. Die affirmative Wirkung einer lebensbejahenden und optimistischen Einstellung hilft uns auch im Job, unsere Ziele zu erreichen. Harte Arbeit ist ehrlich und zielführend, kann aber auch zermürbend sein. Für viele Persönlichkeitstypen ist es sehr schwierig, da die richtige Grenze zu ziehen und sich selbst nicht zu schaden. Deswegen ist es wichtig, gute und gesunde Verhaltensmuster zu etablieren, die unsere Effizienz verbessern und zugleich unseren Stresslevel in Schach halten. Ein Akt der Balance. Auch hier gilt, dass uns negative Aspekte generell länger in Erinnerung bleiben: Kritik, die wir erhalten haben, persönliche Selbstzweifel und kleine Schönheitsfehler an unserem Arbeitsplatz. Die kaputte Mikrowelle. Der Bus voller Pendler. Kommt dir das bekannt vor? Wir dürfen uns von unserer natürlichen Negativitätstendenz nicht beeinflussen lassen, denn es gibt mindestens genauso viele schöne Kleinigkeiten, die den Arbeitsalltag besser machen (siehe Seite 136). Wir schenken ihnen nur nicht genug Beachtung.

Du kannst die meisten Ideen aus diesem Buch auch auf dein Arbeitsleben übertragen: von der Dankbarkeitsliste bis zum Mini-Ritual in der Kaffeeküche. Der durchschnittliche Erwachsene im berufsfähigen Alter ist 16 Stunden am Tag wach und verbringt ungefähr acht davon am Arbeitsplatz. Wenn wir das hochrechnen, verbringen wir eine ganze Menge Lebenszeit an einem Ort, den wir selbst mit beeinflussen und formen können. Und genau deshalb sollten wir das Beste daraus machen. Nicht um mehr Geld zu verdienen oder mehr Anerkennung von unseren Kollegen zu bekommen, sondern um ganzheitlich glücklich zu sein. Wenn dieser Durchschnittsmensch nur zu Hause richtig aufblüht, entgeht ihm eine ganze Menge.

MULTITASKING

Wir leben in einer absoluten Leistungsgesellschaft, überflutet von Dingen, die um unsere Aufmerksamkeit heischen. Deswegen neigen wir zum Multitasking – knapp gesagt „die Fähigkeit oder vielmehr der Drang, Dinge gleichzeitig zu machen". Das ist natürlich der Achtsamkeitskiller schlechthin. Ein gesundes Körperempfinden und Leistungsfähigkeit sind nur auf der Basis eines intakten emotionalen und psychischen Gleichgewichts möglich. Multitasking ist nicht gleich Multitasking. Es gibt unterschiedliche Arten, die du vielleicht selbst schon mal betrieben hast:

- **Durchführen von zwei oder mehr Aufgaben gleichzeitig**
- **Hin- und Herwechseln zwischen verschiedenen Aufgaben**
- **Ausführen einer Reihe von Aufgaben in extrem schneller Abfolge**

Erstaunlicherweise wirkt sich Multitasking auch nachteilig auf Arbeitsergebnisse und Produktivität aus. Also definitiv kein Antrieb für die Leistungsfähigkeit! Diese Arbeitsweise sehen zwar viele Menschen als normal oder sogar erstrebenswert an, aber zwanghaftes Multitasking ist immer mit Nachteilen verbunden. Wenn wir stattdessen am sogenannten Singletasking festhalten und ein Projekt bewusst Schritt für Schritt angehen, können wir sehr produktiv sein – das sollte unsere neue Norm werden.

Übung
DIE POMODORO-TECHNIK

Heutzutage haben wir das Gefühl, dass wir die ganze Zeit beschäftigt sein müssen. „Singletasking" verbessert dabei unsere Konzentration, unsere Aufnahmefähigkeit und macht uns so auch nachhaltig zufriedener. Diese Arbeitsweise kann auf jeden Lebensbereich angewendet werden. Wir genießen unsere Tätigkeiten mehr, weil wir ihnen unsere volle Aufmerksamkeit widmen. Auch das ist Achtsamkeit.

Wenn du, so wie ich, ein Ex-Multitasker bist, kann ich dir die Pomodoro-Technik für konzentriertes Arbeiten ans Herz legen. Damit kannst du lernen, dich zu 100 Prozent einer Aufgabe zu widmen und nicht ablenken zu lassen. Außerdem gibt es ein einfaches Grundgerüst samt genauen Timings und Pausen gleich mit dazu. Ganz neu ist das Prinzip übrigens nicht. Die Pomodoro-Technik ist eine Zeitmanagement-

Methode, die von Francesco Cirillo schon in den 1980-Jahren entwickelt wurde.

So geht's
- Wähle eine (!) Aufgabe, die du bearbeiten möchtest.
- Stelle einen Wecker auf 25 Minuten.
- Arbeite konkret an dieser einen Aufgabe, bis dein Wecker klingelt. Wenn du am PC arbeitest, solltest du nur Browser-Fenster öffnen, die du wirklich für diese eine Aufgabe benötigst.
- Nach den 25 Minuten stehen fünf Minuten Pause an – die kannst du so verbringen, wie du möchtest.
- Danach geht es wieder los mit einem weiteren Arbeitsintervall von 25 Minuten.
- Nach vier erfolgreichen Intervallen kannst du eine längere Pause von 15 bis 20 Minuten einplanen.

Es ist wichtig, neben externen Störquellen auch die eigenen Impulse zu unterdrücken und an der ausgewählten Aufgabe dranzubleiben. Wenn du mitten bei der Arbeit einen Geistesblitz bezüglich eines anderen Projekts hast, solltest du dem nicht nachgehen – notiere dir die Idee und lege sie beiseite. So behältst du deinen Fokus, ohne kreatives Potenzial zu verlieren.

Das Thema Multitasking begegnet uns jedoch nicht nur in der Arbeitswelt. Auch in unserer Freizeit und im Privatleben verwässert es Erlebnisse und Konversationen. Das kann sich negativ auf unsere Beziehungen auswirken und damit eine unangenehme Kettenreaktion auslösen. Ein Beispiel aus der Freizeit: Hast du schon einmal versucht, einen Film zu schauen und nebenbei eine Handarbeit auszuüben? Neueste Untersuchungen zeigen, dass das Gehirn hierbei eine Art Filter aktiviert. Dieser Filter sorgt dafür, dass maximal ein Sinnesorgan mit Höchstleistung arbeiten kann. Entweder wird besonders gut gehört oder gesehen. Wenn mehrere Aufgaben den gleichen Sinn beanspruchen, wird es noch schwieriger. Das Gehirn entscheidet blitzschnell, welcher Sinn in einer Situation am dringendsten erforderlich ist, und nutzt ihn. Man kann hier selbst kaum bewusst beeinflussen, welcher Sinn bevorzugt werden soll. Die anderen Sinne werden währenddessen vom Gehirn in ihrer Intensität heruntergefahren. Es ist also völlig normal, dass nicht beides gleichzeitig und gleich gut funktioniert.

BITTE ENTSTAUBEN: DIE MENTORENSCHAFT

Wenn wir unser Arbeitsleben auf eine neue Stufe heben wollen, schaffen wir das schneller mit ein wenig Hilfe. Ein Mentor kann uns in die richtige Richtung schubsen und uns im Alltag oder auch in schwierigen Situationen coachen. In meiner romantischen Vorstellung sind Mentoren weise, alte Leute – in der Realität muss das aber nicht so sein. Jeder kann ein Mentor sein und uns motivieren und inspirieren. Im Rahmen einer solchen Beziehung können wir nicht nur Unterstützung bei Problemen erwarten, sondern auch vom Erfahrungsvorsprung des oder der anderen profitieren. Dieser erleichtert es uns, die notwendigen Arbeitsschritte und Gedankensprünge zu meistern, die wir allein nicht einfach so hinbekämen.

Doch wie findet man eine solche Person am besten? Ein Mentor ist oft in der Hierarchie über uns und bringt jede Menge Erfahrung mit. In der Schule oder an der Universität kann das eine Lehrkraft, ein Dozent oder auch ein Student im höheren Semester sein. Bei der Arbeit gibt es in großen Unternehmen dafür oftmals bereits vorgesehene Strukturen, auf die man über die Personalabteilung zurückgreifen kann. Das Alter oder der genaue Titel auf der Visitenkarte ist und bleibt zweitrangig – es geht lediglich darum, jemanden zu finden, der sich für das gleiche Thema begeistert und diese Tatkraft mit uns teilen möchte. Auch Networking-Events und digitale Plattformen sind eine gute Grundlage.

Inzwischen gibt es für jeden Berufszweig Facebook-Gruppen. Lokale Nähe ist ein toller Aufhänger, um sich mit anderen zu verbinden. Falls es in deinem Bereich schwirig ist, jemanden vom Fach zu finden, oder wenn du dich generell mit einer Person aus deinem vertrauten Umfeld wohler fühlst, ist das auch eine tolle Möglichkeit, um eine bereits bestehende Beziehung zu stärken. Ein Familienmitglied, ein Nachbar oder Freund kann dich auf persönlicher Ebene beraten und vor allem deine Fähigkeiten und Verhaltensmuster gut einschätzen.

Es ist wichtig, dass ihr die gleichen Werte teilt und du dir sicher sein kannst, dass ihr Probleme gemeinsam auseinandernehmen könnt. Das kann sehr prozessorientiert geschehen, wie ein kleiner Workshop. Diese Gespräche sind eine exzellente Vorbereitung für große Präsentationen oder wichtige Entscheidungen. Eine unterschiedliche Herangehensweise an das Leben kann dabei sehr bereichernd sein, vor allem wenn dein Mentor schon ein paar von dir unerreichte Meilensteine hinter sich gebracht hat. So siehst du dein Leben und deine Aufgaben aus einem völlig anderen Blickwinkel, der Lust auf mehr macht. Auch das Mentor-Sein ist eine bereichernde Tätigkeit, die neue Türen öffnet.

Ein Mentor ist ein guter Zuhörer, der alle Fakten aktiv und wissbegierig aufsaugt, ohne zu unterbrechen. Ehrlichkeit und Vertrautheit sind eine wichtige Voraussetzung für ein gutes Verhältnis. Denn wenn man entspannt miteinander umgeht, kann man Ideen besser weiterentwickeln und Pläne schmieden. Die Beziehung zu einem Mentor entwickelt sich in den meisten Fällen ganz organisch, außer sie wird über den Arbeitgeber vermittelt oder man engagiert einen bezahlten Coach. Deswegen schließt man in der Regel auch keinen klassischen Vertrag ab oder vereinbart feste Leistungen. Es kann auch sein, dass es in deinem Leben bereits einen möglichen Mentor gibt oder dass du selbst diese Rolle erfüllst. Die meisten Mentoren erwarten keine Gegenleistung. Teile einfach deine Erfolge und Misserfolge, bedanke dich für die Hilfe und das konstruktive Feedback.

ROLLENSPIEL

Nicht jeder findet einen passenden Mentor, deswegen müssen wir manchmal neue Impulse und ungeahnte Kräfte in uns selbst finden. Um aus alten Verhaltensmustern auszubrechen, eignet sich die Alter-Ego-Technik. „Alter Ego" ist ein geflügeltes Wort und als Fachbegriff in der Psychologie verbreitet. Stark vereinfacht beschreibt es eine „zweite Identität". Das wohl bekannteste Beispiel sind zahlreiche Superhelden der Populärkultur, die ein ganz normales Leben führen und nebenbei unbemerkt in eine andere Rolle schlüpfen, um die Welt zu retten. Ein gezielt kreiertes Alter Ego gibt uns die Chance, uns neu zu erfinden. Wir können uns ganz bewusst fragen, wer und was wir sein wollen, und uns dabei vor allem ganz auf den Bereich „Arbeit" konzentrieren. Dieses „zweite Ich" muss nicht zwangsläufig dem ruhigen Familienmenschen entsprechen, der wir möglicherweise zu Hause sind. Unser Alter Ego darf laut sein, es darf etwas riskieren. Ein solches Rollenspiel hilft, negative Glaubenssätze loszulassen und über unsere eigene Erwartungshaltung hinauszuwachsen.

Doch wir können uns tatsächlich noch mehr von Wonder Woman & Co. abschauen. Die transformative Kraft eines speziellen Outfits oder Kleidungsstücks ist nicht zu verachten – es muss ja nicht gleich ein glänzendes Cape sein. Ein bestimmter Power-Look hilft jedoch, in die neue Rolle zu schlüpfen, und wir lassen beim Anziehen alte Zweifel und Verhaltensmuster zurück. Das kann ein Blazer mit starken Schultern sein, eine kantige Brille oder ein Erinnerungsstück. Das weißt nur du, aber ich bin mir sicher, du wirst das richtige Teil finden. Beantworte die folgenden Fragen, um Inspirationen für dein Alter Ego zu finden:

- Welche Eigenschaften schätze ich an anderen? An meinem Idol, meinem Lieblingskollegen oder meiner Mentorin?
- Welche Requisiten oder Gegenstände verbindest du damit? Gibt es vielleicht ein Schmuckstück oder Accessoire, das du tragen könntest?
- Versuche, dein Alter Ego zu zeichnen. Hier kommt es nicht auf die Qualität der Zeichnung an, sondern auf den kreativen Umgang mit den Eigenschaften und charakteristischen Merkmalen. Hat dein Alter Ego zum Beispiel eine besondere Körperhaltung?

Ein Alter Ego kitzelt neue Facetten aus uns heraus, wirkt wie ein Prisma. Selbst Beyoncé bedient sich dieser Methode und stürmt oft als „Sasha Fierce" die Bühne. Keinesfalls bedeutet das, dass wir unseren gefestigten Charakter verleugnen oder gar austauschen wollen.

GUT GEPLANT IST HALB GEWONNEN

Negativer Stress entsteht, weil wir negativ auf Trigger reagieren und uns wortwörtlich „stressen lassen". Oft belastet uns nicht die tatsächliche Aufgabe, sondern unsere zeitliche Einschränkung oder eigene sowie fremdverschuldete Fehlplanung unserer Arbeitszeit. Wir wollen besser, schneller und mehr arbeiten, denn das wird von unserer Gesellschaft mit Bewunderung und Anerkennung belohnt. Dafür werden wir oft gefeiert, aber nicht zwangsläufig besser bezahlt. Manchmal verschwindet das tatsächliche Ergebnis im Hintergrund und die Fähigkeit, besonders effizient statt immer mehr zu arbeiten, wird kaum gefördert. Schlauer und nicht härter zu arbeiten ist ein gutes Ziel, um den eigenen Job ergebnisorientiert anzupacken. Das ist nicht nur Einstellungssache, sondern etwas, woran wir täglich mit kleinen Anpassungen arbeiten können. So planen wir realistischer und reduzieren unnötigen Stress, der unserer Gesundheit langfristig schadet.

Als Erstes müssen wir unseren Arbeitsalltag genau unter die Lupe nehmen. Wie starten wir in eine Arbeitswoche und wie planen wir unsere Projekte und Tage? Oder werkeln wir einfach drauflos? Zeit ist eine Währung. Sie ist sehr wertvoll und auf der ganzen Welt gleich. Außerdem ist Zeit eine Ressource, die uns unwiederbringlich durch die Finger rinnt. Jeder Tag ist eine Aneinanderreihung von 24 einzigartigen Stunden, die so nicht wiederkommen.

Zeit ist mehr als Geld. Es gibt so viele Dinge, die das Leben schöner machen und die man nicht mit Geld kaufen kann. Um mehr Zeit für Herzensangelegenheiten zu haben, müssen wir unseren Tag sinnvoll aufteilen. Achtsamkeit im Beruf heißt für mich, eine Intention zu haben. Was ist meine Bestimmung? Was sind meine Prioritäten? Daraus können wir ein Motto oder Thema machen, das uns täglich im Job begleitet und uns hilft, die richtigen Entscheidungen zu treffen und unseren Tag so zu planen, dass noch Zeit für anderes bleibt. Eine solche Intention kann uns phasenweise begleiten und dann wieder verändert werden.

LISTEN SCHREIBEN LEICHT GEMACHT

Das simple Schreiben einer To-do-Liste ist zu einer wahren Kunstform avanciert. Du brauchst jedoch kein neues Projektmanagementwerkzeug, um effizienter zu arbeiten. Es gibt ein paar grundlegende Prinzipien, die dir helfen, schneller und besser voranzukommen:

Wäge Dringlichkeit und Wichtigkeit ab. Dringliche Aufgaben üben oft einen immensen Druck auf uns aus, vor allem wenn sie von Dritten kurzfristig in den Ring geworfen werden. Versuche, hier stark zu bleiben, an deine Intention zu denken und deine To-do-Liste mit einem ausgewogenen Mix aus wirklich wichtigen und dringlichen Aufgaben zu füllen.

Versieh deine To-dos mit einer geschätzten Dauer. So bekommst du ein besseres Gefühl für deine Liste und dafür, ob deine Planung realistisch ist. Es ist vielleicht verführerisch, ellenlange Listen anzufertigen, aber auch sehr unübersichtlich und demotivierend.

Verwende Tagesliste, Wochenliste und Langzeitliste. Wenn du feststellst, dass du dir auf täglicher Ebene zu viel vornimmst, solltest du mit unterschiedlichen Notizsammlungen arbeiten und deine To-dos dementsprechend ordnen. Das schärft außerdem den Blick für die Dringlichkeit bestimmter Aufgaben.

Strukturiere deine To-do-Liste nach thematischen Aspekten. In meinem Alltag gibt es kreative Aufgaben, Buchhaltung und die Kommunikation mit Kunden und Partnern. Wenn ich wild hin und her springe, verliere ich Zeit und verfranse mich gerne. Besser klappt es, wenn ich meinen Tag (oder sogar ganze Wochentage) verschiedenen Themengebieten widme und fokussiert arbeite. So kann Montag mein Buchhaltungstag sein oder die erste Stunde jeden Morgen für das Schreiben geblockt werden.

Ziele und Meilensteine sind keine To-dos! Große Projekte müssen in kleine Aufgaben heruntergebrochen werden. Wenn du dir nicht sicher bist, ob eine Sache zu groß ist, versuchst du dich am besten an ihrer zeitlichen Einschätzung. Falls die Aufgabe einen Tag sprengt, musst du sie in sinnvolle Etappen unterteilen.

Wenn du dich an diesen Leitlinien entlanghangelst, kannst du deinen Tag sinnvoller planen. Alles, was du dafür brauchst, ist ein Planer, ein Blatt Papier oder eine Notiz-App auf dem Smartphone oder Computer.

TO-DO-LISTE
arbeit
privat
VIDEOPRODUKTION
VIDEO SCHNEIDEN
MATERIAL SICHERN
THUMBNAIL
BUCHPROJEKT
KORREKTUREN
FOTOS (1-5)
MARKETING-CALL
BESORGUNGEN
REINIGUNG
REZEPT ABHOLEN
ARZTTERMIN
HAUSHALT
ESSENSPLANUNG
WÄSCHE WASCHEN
BADEZIMMER PUTZEN
OXFORD

KREATIVE IDEEN FÜR ACHTSAMES ARBEITEN

Selbstbestimmtheit gibt uns das Gefühl, die Zügel in der Hand zu haben, was sich positiv auf unsere Motivation auswirkt. Es gibt so viele Parameter, die wir selbst nicht kontrollieren können – deswegen bietet es sich an, mit einer festen Tagesstruktur Sicherheit zu vermitteln. So lassen wir uns von unangenehmen Überraschungen auch nicht so schnell erschüttern und halten an Prioritäten fest. Die Tipps aus dem Kapitel „Leben" zum Thema Gewohnheiten und Routinen sind auch hier anwendbar. Die folgenden Techniken habe ich, inspiriert davon, in meinen Arbeitsalltag eingebunden.

Meine Minute: Ich starte den Arbeitstag mit einer Mini-Meditation am Schreibtisch. Dazu setze ich mich aufrecht auf meinen Stuhl und bringe alle Arbeitsmaterialien in die optimale Position. Mein Schreibtisch ist aufgeräumt (dazu gleich mehr) und alles, was ich brauche, ist da. Bevor ich also beginne, schließe ich für ungefähr 60 Sekunden die Augen und atme tief ein und aus. Gedanklich setze ich ein Ziel für den Tag oder erinnere mich an meinen übergeordneten Leitsatz. Bei mir ist das momentan „Behandle kein Geschenk wie eine Bürde" oder ganz klassisch „Ich bin gut genug!".

Mindful Meetings: Meetings sind viel zu oft unnötige Zeitfresser. Deswegen hinterfrage kritisch, ob sie nötig sind. Die Pandemie hat gezeigt, dass digitale Meetings fast alles können, was ein Präsenztermin auch kann – außerdem spart man wertvolle Zeit und andere Ressourcen. Weniger Zeit im Auto oder Flugzeug schont die Umwelt und gibt mehr Arbeitszeit für kreative neue Ideen frei. So gehst du nicht nur achtsam mit deiner Zeit um, sondern auch mit der Arbeitszeit deiner Geschäftspartner. Schlage Alternativen vor, experimentiere und werde kreativ: Von 15 Minuten Blitzmeetings bis zu „laufenden" Meetings (Bewegung tut immer gut) ist alles möglich.

Power-Stunde: Wenn du dich gerne in bestimmten Aufgaben verlierst oder sie aufschiebst, ist diese Idee eine sinnvolle Ergänzung deiner Routine – die letzte Stunde eines jeden Arbeitstages wird zur „Power-Stunde". Hier arbeitest du mit einem Timer wichtige E-Mails, Angebote oder andere Kleinigkeiten ab, die sonst schnell mal liegen bleiben. Alternativ kannst du so auch in den Tag starten.

Produktivitätskerze: Düfte können uns nicht nur entspannen, sondern auch produktiver machen – wie im Abschnitt „Achtsamkeit zum Mitnehmen, bitte" bereits gesagt. Unser Gehirn verknüpft Düfte automatisch mit einer bestimmten (Tages-)Zeit oder Stimmung. Auf meinem Schreibtisch steht eine Kerze, die nach Orange und Zedernholz duftet. Ich zünde sie nur an, wenn ich tatsächlich produktiv bin. So verschafft mir der Geruch inzwischen regelrecht einen positiven Tunnelblick für wichtige Aufgaben. Das funktioniert auch mit einem Aromaöl, das in einen Diffusor gegeben oder direkt auf die Haut aufgetragen wird. Wessen Nase dafür zu empfindlich ist, der kann dieses Prinzip auch auf andere sinnliche Erlebnisse anwenden: Die Kraft von Musik beispielsweise ist nicht zu unterschätzen, und so können bestimmte Lieder oder Genres die Stimmung maßgeblich beeinflussen. Leg dir doch einfach eine Produktivitäts-Playlist an, die du einmal im Monat anpasst. Besonders praktisch ist hier, dass durch die Länge der Playlist automatisch die Arbeitsdauer bestimmt werden kann, zum Beispiel die deiner Power-Stunde. So ersparst du dir schrilles Weckerklingeln.

Klarschiff: Mit dem Anglizismus „Clean Desk Policy" wurde ich vor vielen Jahren in einer Agentur konfrontiert, in der ich arbeitete. Es war untersagt, private Gegenstände auf dem Schreibtisch aufzustellen, und man musste den Arbeitsbereich abends aufräumen und so pur wie möglich hinterlassen. Das sollte die Konzentration fördern und in diesem speziellen Fall ein bestimmtes, einheitliches Erscheinungsbild erfüllen. Damals fiel es mir unheimlich schwer, mich daran zu halten. Inzwischen habe ich diese Technik jedoch abgewandelt und für mich adaptiert. Jeden Abend räume ich meinen Arbeitsplatz gewissenhaft auf. Dinge, die ich länger nicht brauche, finden ein neues Zuhause, Papierkram wird abgeheftet. Am Ende bleibt eine saubere und leere Arbeitsfläche und alles hat seinen festen Platz. Wichtig sind für mich allerdings inspirierende Gegenstände, die meinen Tisch schöner machen: Meine Kerze steht auf einem Stapel Bücher, daneben befinden sich ein paar frische Blumen. Ansonsten gibt es bei mir noch ein paar Kristalle, zum Beispiel Selenit, der die Konzentration fördert und für mehr Kreativität sorgt. Das Aufräumen am Abend ist ein schönes Ritual, das dem Kopf Feierabendstimmung signalisiert. So wird das Abschalten und Loslassen einfacher.

Power Pose: Power Posing ist eine Technik, die uns mehr Selbstbewusstsein schenken soll und ängstliche Menschen in entscheidenden Situationen etwas risikofreudiger macht. Das ist im Rahmen der Forschung zur nonverbalen Kommunikation sogar wissenschaftlich nachgewiesen. Die Idee dazu kommt aus der Tierwelt, die Posen sind von bekannten Superhelden abgeschaut. Ein breiter Stand, aufrechter Rücken und die Fäuste in die Seiten stemmen: Die Wonder-Woman-Pose vermittelt uns, dass wir die Situation unter Kontrolle haben, und senkt unseren Stresslevel.

Projektunabhängiges Glück: Oft hangeln wir uns von Lebensphase zu Lebensphase oder von Auftrag zu Auftrag. „Wenn diese Präsentation vorbei ist, wird alles besser." ... Ich bin selbst sehr vertraut mit einer solchen Aufschieberitis. Manchmal verschiebe ich so mein eigenes Glück und essenzielle Selbstfürsorge. An anderen Tagen vermiest mir das dann die Laune im Arbeitsalltag. Warum? Weil ich nicht danach frage, was ich *jetzt* ändern muss, um glücklich zu sein. Ich verschiebe es einfach auf morgen. Und morgen verschiebe ich es auf nächste Woche. Und nächste Woche ... Ihr kennt das.

Bleiben wir noch ein wenig bei diesem Wenn-dann-Problem. Was kannst du gegen das Hinausschieben deiner eigenen Zufriedenheit tun? Überlege dir zunächst drei Dinge, die dich an deiner Arbeit, deiner eigenen Einstellung dazu oder an deinem Arbeitsplatz stören.

Meine Liste als Beispiel umfasst:
- **Ich hasse Telefonate.** Darum sage ich jedes unnötige Telefonat mit einer gut vorbereiteten E-Mail ab, die alle offenen Punkte klärt. Alternativ verlege ich Telefonate in die Power-Stunde.
- **Ich will mehr Kreativität.** Ich plane jeden Mittwoch eine zweistündige Zeitnische mit guter Musik und Raum zum Ausprobieren ein.
- **Ich brauche klarere Grenzen.** Ich experimentiere nächste Woche mit festen Arbeitszeiten, was für mich als Selbstständige ungewohnt, aber zugleich notwendig ist.

Fang mit deiner Liste klein an und formuliere so konkret wie möglich. Das erhöht die Wahrscheinlichkeit, dass du etwas ändern kannst. Ändere mindestens eine Sache davon sofort und baue noch mehr positive Bewegung für die nächsten Tage ein. Schreibe dir umsetzbare Aufgaben und Ideen dazu in deinen Kalender. Teile deine Pläne in einem Gespräch mit einem Freund oder frage deinen Mentor um Rat.

WIE MAN MIT MISS-ERFOLGEN UMGEHT

Unser Arbeitsleben ist ein großer Teil von uns und deswegen gelten auch hier die gleichen Faustregeln wie im übrigen Leben. Es gibt Höhen und Tiefen. Auf jeden Meilenstein folgt eine Ruhephase oder ein Plateau. Das ist okay und völlig normal. Doch gerade im Berufsleben sind wir darauf gepolt zu funktionieren, und auch wenn Fehler menschlich sind, sind sie nicht gern gesehen. Deswegen ist es besonders schwer, Pannen mit Leichtigkeit hinzunehmen. Vor allem wenn man dazu neigt, viel zu grübeln oder sich um alles und nichts Sorgen zu machen. Ein Misserfolg ist ein Stolperstein, der scheinbar unser ganzes Tageswerk hinfällig macht und uns gedanklich abdriften lässt. Das Leben in der Vergangenheit beraubt uns jedoch unserer Präsenz im Moment, macht uns unachtsam und unempfänglich für neue, wichtige Impulse. Das wiederum macht uns angreifbar, da wir so leichter Fehler machen. Ein Teufelskreis, der uns tatsächlich weniger leistungsfähig macht – vergleichbar mit dem oben beschriebenen Hochstaplersyndrom.

Mit Misserfolgen oder Problemen im Arbeitsleben verhält es sich ähnlich wie mit negativem Stress: Du kannst nicht immer etwas am Auslöser ändern. Was du jedoch beeinflussen kannst, ist deine Reaktion darauf. Ich versuche mir jeden Tag vor Augen zu führen, dass jede Entscheidung meinen Weg beeinflusst. Sackgassen gibt es keine, es geht immer weiter. Und ein beruflicher Misserfolg führt meistens direkt zu einer neuen Tür, die man nur öffnen muss. Ob man das, was sich dahinter befindet, gut findet? Das muss man selbst herausfinden, und gerade deshalb ist Weitermachen essenziell. Schockstarre und Stilllegung verlängern nur die schmerzvolle Empfindung eines zerplatzten Traumes, die uns langfristig nicht weiterbringt. Doch wie holt man sich aus der Versteinerung einer solchen Situation zurück?

Dazu habe ich mir einen Drei-Schritte-Plan aufgestellt, mit dem ich Rückschläge reflektiere, um schließlich mit neuer Kraft durchzustarten.

Schritt 1. Benenne deine Angst. Es ist ein großer Unterschied, ob dir ein Missgeschick unangenehm ist oder pure Existenzangst in dir auslöst. Beides hat seine Berechtigung. Es ist total in Ordnung, Angst zu haben. Was macht dieser Misserfolg mit dir? Welche Folgen könnte er für dich haben? Sei ehrlich zu dir: Was ist das Schlimmste, was aus dieser Situation resultieren könnte? Fasse deine Gefühle in Worte, schreib sie auf oder sprich mit deinem Mentor oder einer anderen vertrauten Person.

Schritt 2. Vergleichen verboten. Ein unangemessener Vergleich beraubt dich: Er verdunkelt Lebensfreude, Meilensteine, persönliche Höchstleistungen. Du bist die Hauptfigur deines Lebens. Was andere können (oder nicht können), ist für dich schlicht nicht relevant.

Schritt 3. Fang einfach an! Mach dir einen neuen Plan und bring den ersten Schritt zügig hinter dich. Auch wenn du noch mit den Nachwirkungen eines Misserfolgs kämpfst, ist es gut, in Aktion zu treten. Eine passive Angsthaltung lässt dich an der Zukunft zweifeln und dein vergangenes Handeln bedauern. So bekommst du garantiert nicht mit, was gerade um dich herum geschieht.

Ein Misserfolg ist keine Endstation, sondern eine Chance für etwas Neues. Achte auf deinen inneren Dialog und höre dir zu. Wie sprichst du in solchen Situationen mit dir? Würdest du das Gleiche einem lieben Menschen sagen, wenn er dich aufgelöst nach einem langen Arbeitstag anruft? Ich selbst ertappe mich immer wieder dabei, dass ich mir selbst Vorwürfe mache und unfreundlich mit mir spreche. Das ist eine negative Angewohnheit, die man wahnsinnig schwer abstellen kann.

Tipp

Formuliere einen positiven Pep Talk (siehe Seite 67). Eine aufbauende Lobeshymne, die hervorhebt, was du alles draufhast. Diese kannst du als Notiz auf deinem Handy abspeichern oder auf einem kleinen Stück Papier in deiner Tasche aufheben. Wenn du dich nach einem negativen Erlebnis mal wieder bei einem zermürbenden Zwiegespräch erwischst, holst du deine kleine Rede heraus und liest sie dir in einer ruhigen und sicheren Umgebung im Stillen durch. Wie fühlst du dich dabei? Vertraue darauf, was dort geschrieben steht. Mach die Augen zu und visualisiere ein Erfolgserlebnis deiner bisherigen beruflichen Laufbahn. Auch das bist du! Du kannst das. Atme tief durch und beginne mit dem Drei-Schritte-Plan.

PLATEAU UND PESSIMISMUS

Es fühlt sich toll an weiterzukommen. Wenn wir an einem Projekt arbeiten, sich viel bewegt, die Tage dynamisch sind und uns auf Trab halten. Wir fühlen uns wichtig, erfolgreich und geschäftig. Umso befremdlicher ist das Gefühl, das uns übermannt, wenn wir auf ein Plateau stoßen und es plötzlich nicht mehr vorwärtsgeht. In dieser Situation haben wir oft das Gefühl, unser Ziel niemals erreichen zu können. Spoiler-Alarm: Das ist eine Fehlinformation! Das Plateau ist lediglich Teil der Reise, vielleicht sogar eine Chance auf ein besseres Ergebnis. Ein Plateau wird nur selten gefeiert und schon gar nicht bewusst herbeigeführt, indem man innehält. Dabei ist genau das Achtsamkeit. Auf einem Plateau können wir unsere Gedanken ordnen und neue Motivation schöpfen. Wichtig ist, dass wir die Angst zu versagen besiegen und stattdessen die Zeit nutzen, um uns für den Endspurt bereit zu machen.

So findest du einen neuen Ansatzpunkt, wenn der natürliche Fortschritt ausbleibt:
- **Erkenne,** dass negative Emotionen und Frustration auch eine Gelegenheit zum Innehalten und Nachdenken sind.
- **Feiere** all deine Siege, egal, wie klein oder selten sie auch sein mögen. Nimm diesen Brauch mit in die Zukunft, er wird dir gute Dienste erweisen und dich glücklicher machen.
- **Wende** dich kritisch deinem Endziel zu: Ist es zu vage? Dann konkretisiere es.
- **Stelle** ein paar kleinere Ziele auf: Welche Etappen kannst du auf deiner weiteren Route einplanen? Was ist für die erfolgreiche Erfüllung eines Etappenziels notwendig? Sei so genau wie möglich und halte deinen Plan schriftlich fest.
- **Reflektiere** deine bisherige Reise und schau dir deine Erfolge genau an. Du kannst es schaffen! Nicht umsonst bist du schon so weit gekommen. Arbeite an deiner inneren Stimme und erfreue dich an dem Weg, den du gehst. Nicht nur das Ergebnis zählt!

Gelassenheit ist wie ein angenehmes Grundrauschen. Mit ihr können wir eine gesunde Resilienz aufbauen und Hürden leichter meistern. Ans Ziel zu kommen soll sich nicht anfühlen wie ein Befreiungsschlag, sondern wie der Höhepunkt einer tollen Reise. Wenn das Gegenteil der Fall ist, ist dies ein deutliches Indiz für einen hohen Stresslevel und ein konstantes negatives Selbstgespräch im Ohr.

Deine Journaling Prompts

Die folgenden Journaling Prompts helfen dir, wenn du nicht weiterkommst:
- **Ruf dir ein positives Ereignis ins Gedächtnis.** Wann hast du dich in der vergangenen Woche bekräftigt, glücklich oder besonders sicher gefühlt?

Durch atmen ♡

Stillstand ist auch Fortschritt:

ein essenzieller Moment

der Ruhe, um neue Motivation

und Inspiration zu schöpfen.

● **Besinne dich auf deine Intentionen.** Wer willst du morgen sein, wer in fünf Jahren? Intentionen sind enger mit deinen Werten und deiner persönlichen Ethik verknüpft, Ziele sind eher proaktiv und losgelöst von deinem Charakter. Erstelle eine Mindmap zu diesen Themen und schreibe alles auf, was dir einfällt.

● **Erinnere dich an die kleinen Etappenziele.** Zeichne die Dinge, für die du dankbar bist, im Sketchnotes-Stil auf. Das sind einfache, schnell anzufertigende Notizen, die nicht nur Text, sondern auch Bilder und Strukturen enthalten. Das fördert die Kreativität und die tatsächliche Wertschätzung für diese Dinge.

ALWAYS ON?

Eine Sache, die mir sehr zu schaffen macht, ist und bleibt die ständige Erreichbarkeit. Der „Slow Media"-Ansatz lässt sich im Privatleben ja deutlich einfacher umsetzen als im leistungsorientierten Arbeitsumfeld. Dort etablieren sich besonders schnell ungesunde Gewohnheiten, die das Stressbarometer steigen lassen. Eine E-Mail nach 20 Uhr ist kein Säbelzahntiger, fühlt sich manchmal aber so an. Scharfe Worte, spitze Zähne. In den meisten Berufszweigen ist es nicht wichtig, ob in zwei oder in 20 Minuten geantwortet wurde – und trotzdem lastet ein konstanter Handlungsdruck auf uns, der uns am Handy kleben lässt.

Wie können wir gesunde Grenzen schaffen, die für mehr Balance sorgen? Wie vereinen wir das mit einer digitalisierten Welt, in der jeder ständig online ist?

● **Plane** feste Auszeiten. Je nach Gusto, Verantwortung und Branche stehen dir Offline-Zeiten zu. Nimm sie dir! Bestimme mindestens einen Tag in der Woche, an dem das Handy aus bleibt oder bestimmte Kommunikations-Apps stumm geschaltet werden. Diese Übung ist beliebig anpassbar. Auch du wirst eine Regel finden, die deinen Alltag entlastet, ohne deine Pflichten zu vernachlässigen.

● **Stelle** die Push-Benachrichtigungen deiner E-Mail-App am Handy aus. Für dein Computerprogramm kannst du dir feste Zeiten einrichten. Erinnere dich an die Impulse bezüglich „dringlich versus wichtig" (siehe Seite 126). Nicht jede E-Mail ist wirklich eines von beidem!

● **Blocke** dir E-Mail-freie Zeiten im Kalender und nutze die Zeit für ungestörtes Abarbeiten schwieriger oder intensiver Aufgaben.

● **Passe** deine eigene Erwartungshaltung an. Sei verständnisvoll, wenn du jemanden nicht in Sekundenschnelle erreichst.

Machtspiele und Hierarchiegefälle können uns behindern oder uns bei unseren Vorhaben unterstützen. Es ist gar nicht so einfach, sich vor negativem Einfluss zu schützen. Achtsamkeit im Berufsalltag bedeutet für mich, selbst Einfluss zu nehmen auf Dinge, die ich ändern und verbessern kann. Zugleich bedeutet es auch, Dinge ziehen zu lassen, die nicht in meiner Hand liegen. Ich verabschiede mich von latenter Unzufriedenheit und übernehme das Steuer. Dafür muss ich nicht gleich mein Leben über den Haufen werfen und mich in die Jobsuche stürzen. Kleine Veränderungen und neue Grenzen haben große Auswirkungen auf unseren Alltag. Vor allem wenn ich die mir zur Verfügung stehende Zeit sinnvoll einsetze, lerne ich mein produktives Ich wirklich kennen. Zum Beispiel indem ich mich öfter mal frage: „Muss ich das wirklich?" Oder: „Kann man das auch anders machen?"

Doch die Negativitätstendenz unseres Gehirns macht auch vor diesem Lebensbereich nicht halt (siehe auch Seite 156). Wovon erzählst du abends deinem Partner, was taucht in deinen Träumen auf? Der nörgelnde Chef, der gruselige Gemeinschaftskühlschrank, die Überstunden – die Liste ist vermutlich lang und, genau: negativ. Auch hier können wir ganz bewusst unsere Wahrnehmung trainieren und den Fokus auf die schönen Kleinigkeiten und großen Erfolge lenken.

Was ist eigentlich mit der Lieblingskollegin, die jeden Tag pünktlich um neun mit einem Kaffee an deinem Tisch auftaucht? Mit dem neuen, ergonomischen Bürostuhl, den du dir niemals selbst hättest leisten können, mit den spontanen Lunch Dates? Unser Gehirn mag das nicht als sensationswürdig einstufen, aber die Skala darf neu kalibriert werden: von dir! Auch wenn sich in deinem Arbeitsalltag nichts ändert, kannst *du* viel verändern – allein durch deine Wahrnehmung. Wenn du dich von den Dingen abwendest, die dich unglücklich machen, und stattdessen auf das schaust, was dich glücklich macht. Der Tag ist eigentlich der gleiche und unterm Strich doch ein anderer.

Unabhängig davon gibt es unterschiedliche Ansätze, um zu gewichten, wie viel Platz das Thema Arbeit in unserem Leben einnimmt. Ist es die rein zeitliche Komponente oder entscheidet gar das Herz? Was ist, wenn wir nur arbeiten, um zu überleben, und nicht, um etwas zu hinterlassen? Was ist, wenn wir gar nicht beschäftigt sind? Kann auch etwas Arbeit sein, wofür wir gar nicht bezahlt werden?

Jeder hat sein ganz persönliches Lebenskonzept, ein individuelles Konstrukt, das ganz sicherlich auch einen Bereich „Arbeit" enthält. Wie der genau aussieht, verändert sich immer wieder. Veränderungen werden ganz bewusst herbeigeführt, überraschen uns, treffen oder erleichtern uns. Natürlich vermischen sich auch bestimmte Lebensbereiche und trennen sich dann irgendwann wieder. Unser Berufsleben ist gezeichnet von vielen Kreuzungen und Abhängigkeiten. Wir können oft nur bedingt Einfluss nehmen und kämpfen mit äußerlichen Faktoren, die nicht alle in die gleiche Richtung weisen. Es ist gut, Probleme als Herausforderung zu sehen. Neuer Tag, neues Glück.

Kapitel fünf

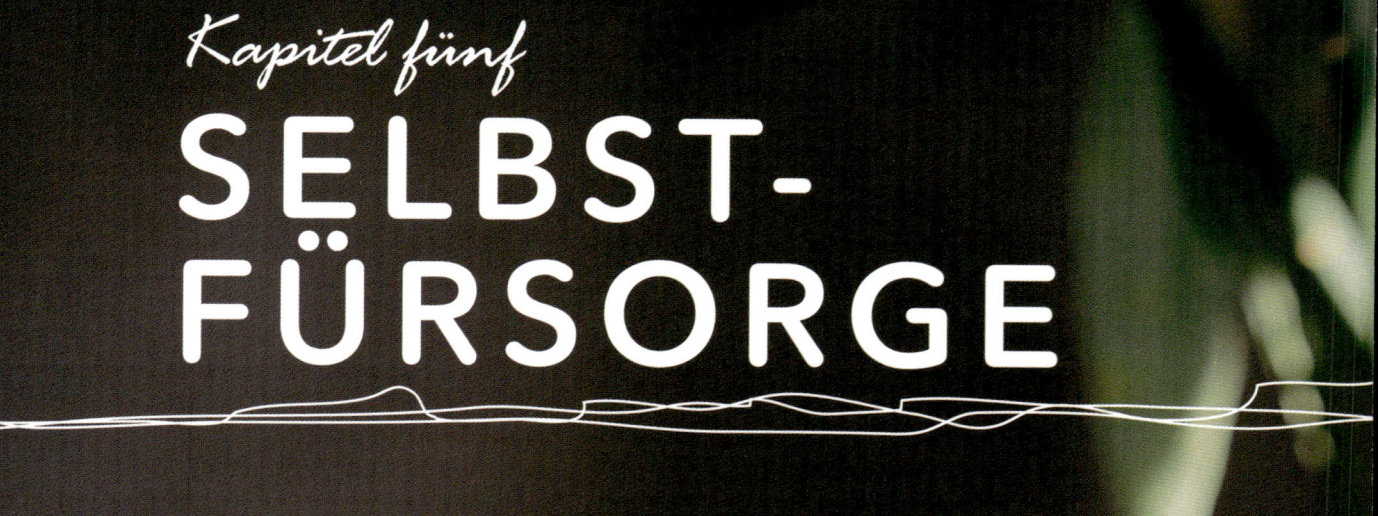

SELBST-FÜRSORGE

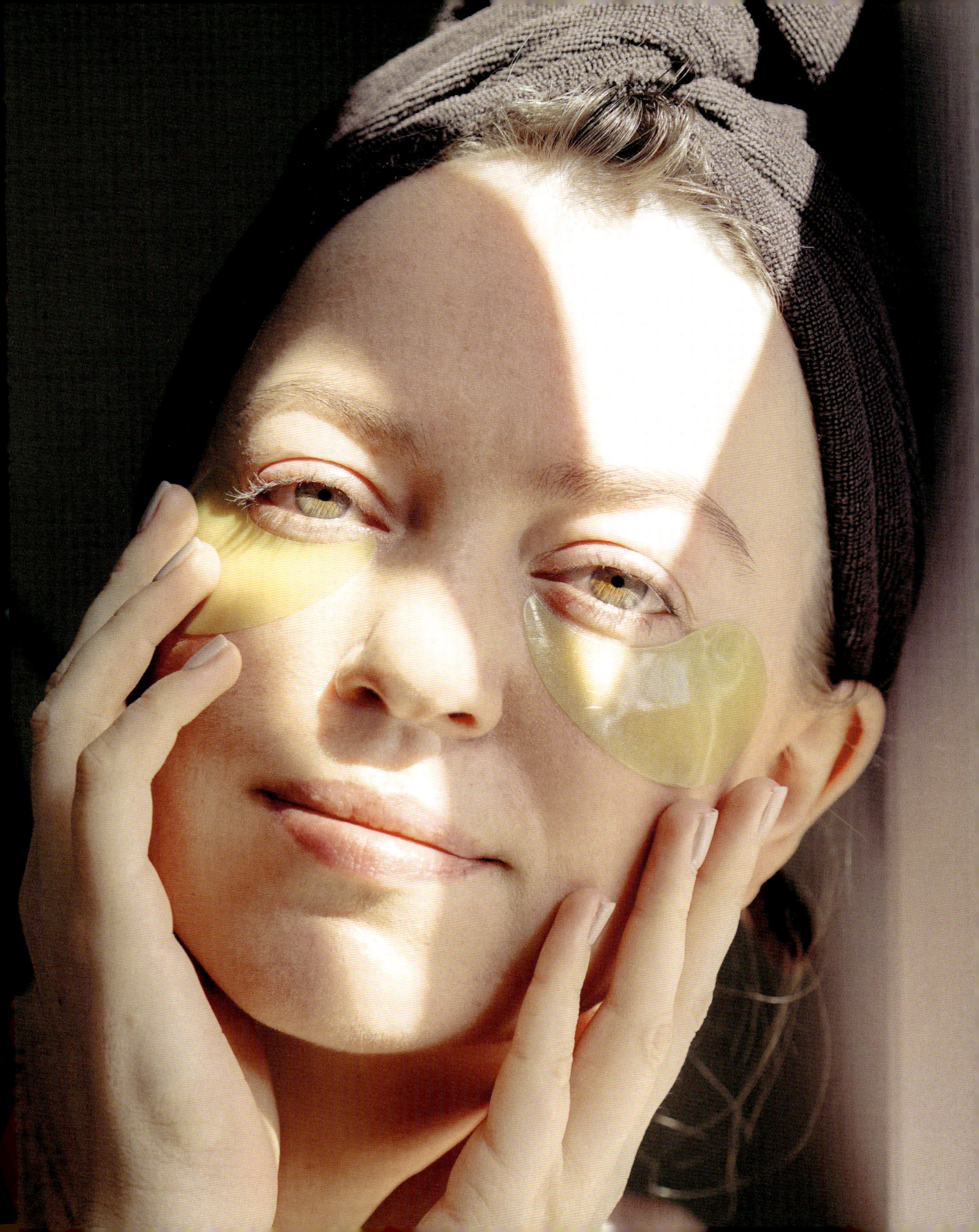

DER SCHAUMBAD-MYTHOS

Ich nenne es immer liebevoll den „Schaumbadmythos". Wir alle brauchen etwas, das uns nährt, entspannt und regeneriert. Besser bekannt unter dem Modewort „Selfcare" oder zu Deutsch: Selbstfürsorge. Seit es Social Media und Sinnfluencer gibt, haben wir diesen Begriff zwar auf dem Schirm, aber bekamen zugleich auch teilweise falsche Vorstellungen davon. In der breiten Masse wird er mehr als Trend wahrgenommen und nicht als Notwendigkeit. Ein Schaumbad mit Kerzen, eine Gesichtsmaske oder ein luxuriöser Spa-Trip – all das ist gut für die Seele und macht sich hervorragend in der digitalen Parallelwelt. Und natürlich auf Fotos. Bei mir sieht die Realität jedoch oft anders aus. Selbstfürsorge ist manchmal, überhaupt zu duschen. Mir endlich mal was Richtiges anzuziehen. (Kleine Erinnerung an mich selbst, falls ich das noch einmal lesen sollte – vermutlich im Schlafanzug.) Sauber zu machen. Ein Essen, das nicht vom Lieferdienst stammt. Endlich die Buchhaltung machen, ohne sich dabei stören zu lassen. Das Handy ausstellen. Nichts tun. Nein sagen. Manchmal auch Ja sagen.

Sowieso ist das alles ganz individuell und die kleinen Dinge haben meist die größte Kraft. Selbstfürsorge kann eine Vollbremsung im stressigen Alltag sein oder – in besonders schweren Zeiten – auch einfach nur etwas Richtiges zu essen oder wieder mal zu duschen. Die richtigen Maßnahmen zu finden hilft uns, uns selbst besser kennen- und lieben zu lernen. Der Schaumbadmythos gaukelt uns ein teils unerreichbares Ideal vor. Und wenn es doch erreichbar ist, ist es eventuell völlig uneffektiv. Der teure Spa-Trip heilt die Seele nicht, sondern kann noch mehr Unsicherheiten schüren. Die Probleme an der Wurzel zu packen und auf das eigene Herz zu hören, kann auch bedeuten, sich eher ungeliebten oder unspektakulären Aufgaben zu widmen. Das hat weniger mit „Wellness" zu tun, steigert das Wohlbefinden dafür aber umso mehr.

Der Begriff „Selbstfürsorge" ist in der Psychotherapie schon länger geläufig und zieht langsam in unseren alltäglichen Sprachgebrauch ein. Doch wie definieren wir diesen Begriff, abgesehen von seiner individuellen Bedeutung? Der Schweizer Psychiater und Psychoanalytiker Joachim Küchenhoff definierte ihn bereits 1999 als die Fähigkeit, eigene Bedürfnisse wahrzunehmen, Belastungen richtig einzuschätzen und sich nicht unnötig zu überfordern.

Im Zentrum steht ein liebevoller Umgang mit sich selbst, der das eigene Wohlbefinden fördern soll. Doch wieso fällt uns das so schwer? Vermutlich haben die meisten von uns seit ihrer Kindheit bestimmte soziokulturelle und moralische Aspekte verinnerlicht. So fühlt es sich immer richtiger an, anderen zu helfen und sich aufzuopfern. Der Blick nach innen hingegen wird als egoistisch wahrgenommen, eine erhöhte Sensibilität gegenüber Reizen und Alltagsdingen sogar als schwach. Die Angst, als selbstverliebt abgestempelt zu werden, ist präsent in unseren Köpfen. Das macht es uns schwer, den Fokus auf uns selbst zu richten. Wenn wir uns um uns selbst kümmern, gibt es keine Worte der Anerkennung. Deswegen brauchen viele einen expliziten Grund, eine Krise oder eine externe Motivation, um sich endlich um sich zu kümmern.

Die Idee der Selbstfürsorge mag vielen einleuchten, aber die praktische Umsetzung ist vor allem anfangs schwierig. Wir müssen aus alten Verhaltensmustern ausbrechen, uns etwas erlauben, das sich zunächst wie ein persönlicher Luxus anfühlt. Dabei ist es eine Notwendigkeit – nicht nur, um glücklich zu sein, sondern um gesund zu bleiben.

ALLES KOPFSACHE?

Doch wie schaffen wir es, diese Blockade zu lösen? Übungen und Techniken bringen uns nicht weiter, wenn wir nicht erkennen, dass Selbstfürsorge unverzichtbar ist. Der Schaumbadmythos trägt ein Übriges dazu bei, denn er maskiert Selfcare als Lifestyle-Trend für die obere Mittelschicht. Nein, vielmehr müssen wir erkennen, dass all die kleinen Dinge, die uns individuell guttun, unabdingbar für den Erhalt unseres mentalen und körperlichen Wohlbefindens sind. Sie nähren unsere Resilienz. Wir müssen persönliche Defizite in unseren Routinen und in unserem Verhalten identifizieren und negative Glaubenssätze aufspüren, die uns daran festhalten lassen. Ein negativer Glaubenssatz wird von uns als Gesetz wahrgenommen, ist aber meist nur ein destruktiver Gedanke, der sich festgesetzt hat. Glaubenssätze spuken uns viel zu oft im Kopf herum, halten sich über Jahre oder wurden sogar von einer früheren Generation an uns vererbt. Weitverbreitete Beispiele für negative Glaubenssätze sind:

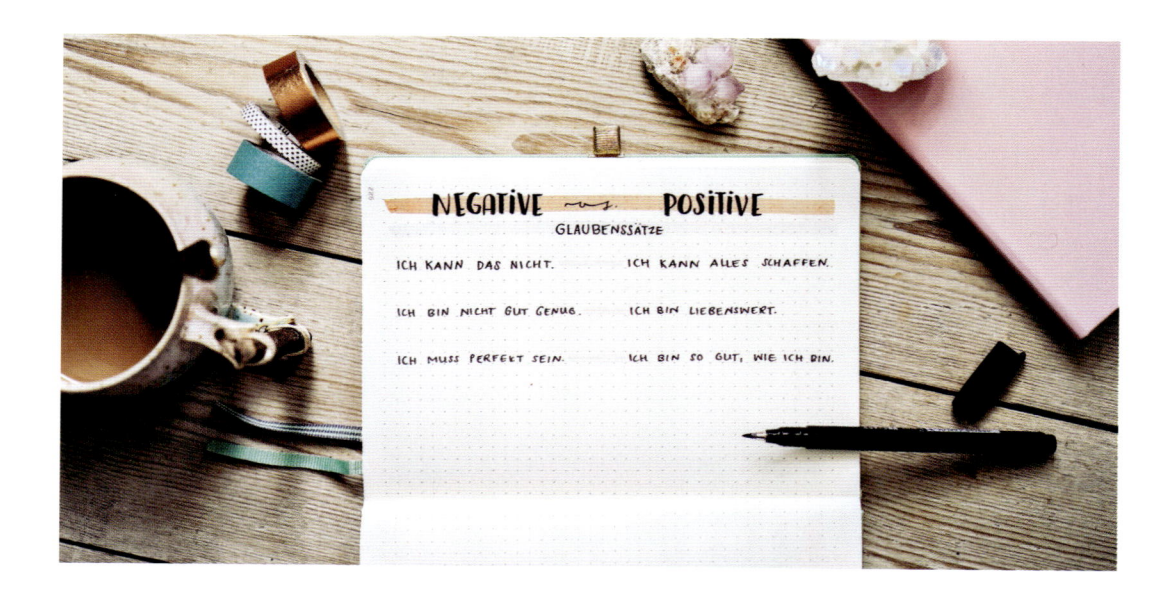

- Ich kann das nicht.
- Anderen geht es viel schlechter als mir, also sollte ich mich nicht so anstellen.
- Ich bin nicht gut genug.
- Früher war alles besser.
- Ich habe zwei linke Hände.
- Der Mensch wächst an seinen Aufgaben.
- Ich muss immer perfekt sein.
- Ich kann keine Arbeit abgeben.
- Schuster, bleib bei deinem Leisten.
- Erst die Arbeit, dann das Vergnügen.

Einige dieser Sätze haben sich vielleicht als geflügeltes Wort in unser Gedächtnis eingebrannt. Komisch ist nur, dass mir kaum positive Gegenstücke dazu in den Sinn kommen. Wieso prägen wir uns solch demotivierende Mantras so sehr ein? Nachdem wir diese Unwahrheiten identifiziert haben, müssen wir aktiv etwas dagegen unternehmen. Am besten ersetzen wir sie durch positive Glaubenssätze, die uns ein gutes Gefühl geben. Diese neuen Sätze müssen wir wirklich verinnerlichen, oft in Gedanken wiederholen oder sogar im Rahmen eines Tagebuchs aufschreiben – immer und immer wieder. Das Positive hat einiges aufzuholen; es wäre falsch zu erwarten, negative Gedanken von einem Tag auf den anderen wegzaubern und ersetzen zu können. Die bewusste Auseinandersetzung mit dem „Richtig oder Falsch" solcher Aussagen hilft uns und erzielt einen sofortigen Effekt: Alte Strukturen werden aufgebrochen und wir schaffen Platz für Neues. Wir trauen uns mehr zu, lassen uns nicht mehr so schnell entmutigen und überdenken negative Impulse, bevor wir aufgeben.

Ich persönlich habe schnell gemerkt, dass es einige Dinge gibt, die mir ein wohliges Gefühl vermitteln, aber nachhaltig nicht guttun. Dazu gehören das übertriebene Binge-Watching von Serien, zu spät ins Bett zu gehen und das Auslassen meiner Morgenroutine. Ich bin überhaupt kein Verfechter von Perfektion oder der gesellschaftlichen Idealisierung des Frühaufstehertums, aber bei diesen Dingen merke ich selbst immer ganz schnell, dass sie sich nur im jeweiligen Moment gut anfühlen und der negative Effekt zu lange nachschwingt.

Das mag bei dir ganz anders sein, darum kann ich dir nur dazu raten, deine entsprechenden Verhaltensmuster langfristig zu beobachten. Natürlich begrüße ich Ausnahmen wie eine durchfeierte Nacht oder einen gemütlichen Morgen am Wochenende, wenn mir wirklich danach ist. Problematisch wird es nur, wenn ich solche Handlungen einsetze, um aufzutanken, und sie mir dann doch mehr Energie rauben als geben: Während ich im Schlafanzug die dritte Folge einer aufreibenden True-Crime-Dokumentation schaue, denke ich tatsächlich, dass ich mir etwas Gutes tue. Das wohlige Gefühl, wenn ich mich bei der ersten Folge entspanne, signalisiert mir, dass das genau richtig ist. Genau dieses Glücksgefühl macht aber süchtig und vernebelt die Sicht für die richtige Dosierung und die (leider nur imaginäre) blinkende Anzeige unseres Selfcare-Akkus.

Doch was sind denn nun die Alltagshandlungen, die zwar unterschätzt werden, aber eine große Wirkung haben? Hier kommen wir wieder zu den kleinen, lebensnotwendigen Dingen zurück, die wir oft übersehen: sich Zeit für den Wocheneinkauf nehmen. Sich krank melden, wenn man es muss. Duschen oder endlich die Haare waschen. All das sind Puzzleteile für ein warmes Sicherheitsgefühl, das der Schaumbadmythos nicht bieten kann.

Diese Handlungen sind oft bereits natürliche Bestandteile unseres Alltags. Es gibt aber auch zahlreiche Werkzeuge, die als zusätzliche Selbstfürsorgemaßnahmen in das Leben eingeladen werden können – zum Beispiel Meditation oder Journaling. Das ist ein bisschen so, als finge man mit einem neuen Hobby an und nähme sich bewusst Zeit dafür. Natürlich gibt es auch immer wieder Menschen, die zufällig über solche Maßnahmen stolpern und sie dann nach und nach organisch in ihr Leben integrieren. Aber niemand muss auf solche Zufälle warten. Du kannst diese Techniken ganz bewusst ausprobieren und gegebenenfalls adaptieren. Du hast dein Glück in der Hand.

MEDITATION – WAS IST DAS EIGENTLICH?

Eine passende Definition für das Wort „Meditation" zu finden ist gar nicht so einfach. Religion, Philosophie und Wissenschaft definieren Meditation unterschiedlich. Das Wort selbst kommt übrigens aus dem Lateinischen: *meditatio* – das bedeutet so viel wie „das Nachdenken" oder „in Gedanken vertieft sein". Das erfasst den Kern schon sehr gut. Fast alles kann Meditation sein, wenn wir es sehr konzentriert tun. Deswegen harmoniert das Thema auch wunderbar mit dem der Achtsamkeit. Die typische Position im Schneidersitz ist also definitiv nicht das wichtigste Merkmal und schon gar kein Muss. Ein Beispiel dafür ist der absolute Fokus während eines Tennisspiels – oder für mich ganz persönlich beim Spülen. Klingt erst einmal komisch, aber du kannst wirklich so gut wie alles zur Meditation nutzen: das warme Wasser im Spülbecken, den zarten Schaum, den du mit den Fingerspitzen berührst, den konzentrierten Scannerblick für schmutzige Stellen, die nochmals nachpoliert werden müssen. Viele können sich mit einer klassischen Meditationspraxis nicht anfreunden, weil sie sich unproduktiv anfühlt. Wie kann einen Nichtstun weiterbringen? Eine regelmäßige Meditationspraxis wirkt sich nicht nur positiv auf die mentale Gesundheit aus, sondern schafft auch eine gute Grundlage für körperliches Wohlbefinden. Bessere Schlafqualität, weniger Stress – damit erschaffen wir die Basis für mehr Ausgeglichenheit.

Meditieren lernen bedeutet nicht für jeden das Gleiche. Wichtig ist, die Wahrnehmung und Konzentration zu stärken, zu entspannen und schließlich loszulassen. Im Buddhismus ist das höhere Ziel der Meditation das „Erleuchtet-Werden" oder das „Erwachen". Und genau das erreichen wir über eine bewusste Aufmerksamkeitslenkung. Hier finde ich das Beispiel einer stark befahrenen Straße besonders tref-

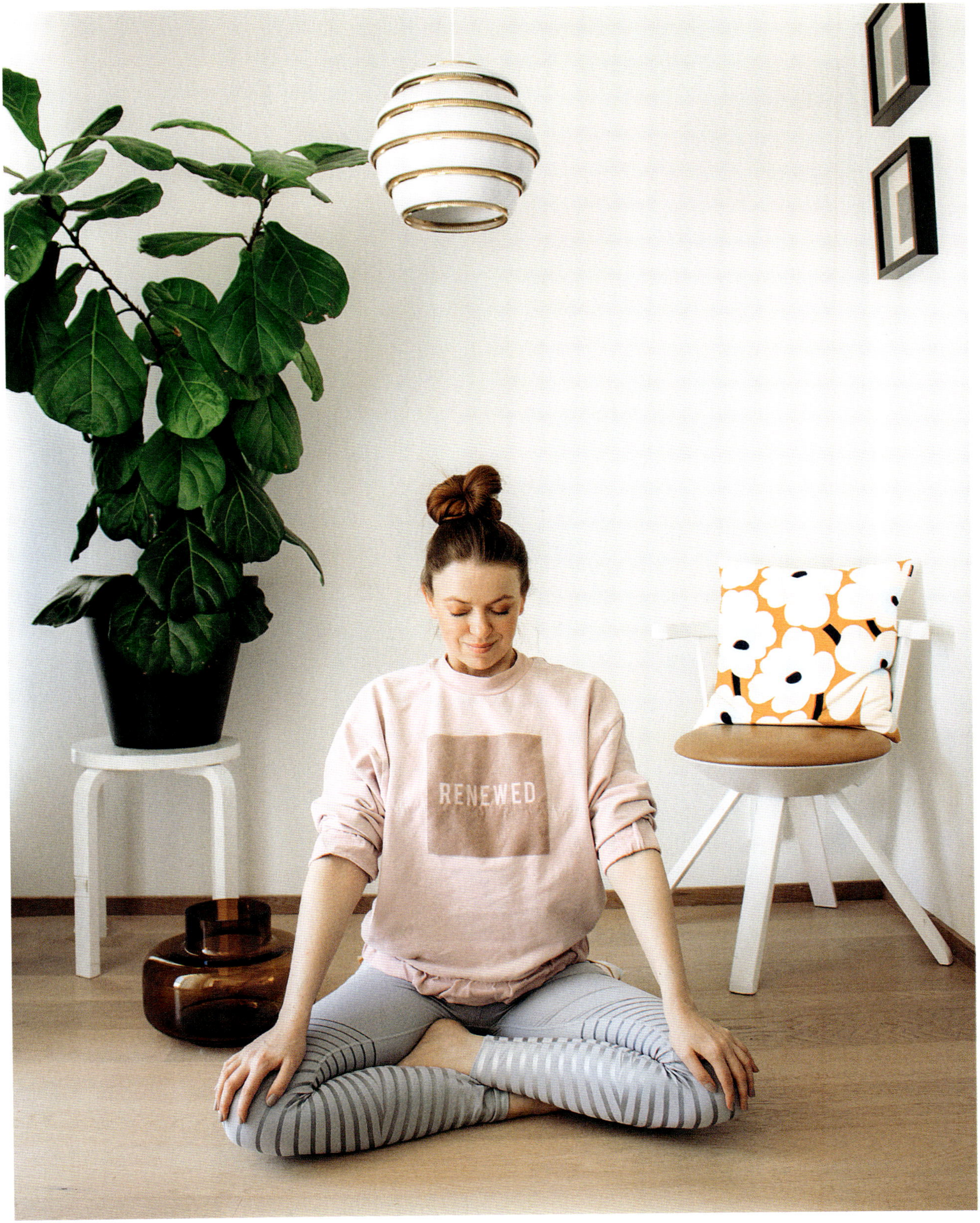
RENEWED

fend. Jedes Auto ist ein Gedanke und wenn wir die Straße beobachten, springen unsere Augen von Auto zu Auto. Eine dynamische Folge von Eindrücken, der nicht endet und uns überfordert. Mit all den Lichtern, Stopp and Go und vielleicht sogar lautem Gehupe. Ein meditativer Zustand wäre hier, die Lichter und Autos zwar wahrzunehmen, aber nicht mehr jedem einzeln nachzublicken. Wir beobachten den Strom aus der Ferne und sehen so den Verkehr quasi als Ganzes. Außerdem bewerten wir ihn nicht, sondern betrachten ihn ganz neutral. Wir müssen ihn also gar nicht erst ausblenden oder vor unserem inneren Auge verschwinden lassen, ganz im Gegenteil. Die vielen Autos sind eben da und du kannst nichts daran ändern.

MEDITATION BELOHNT UNS

Doch warum das Ganze? Inzwischen gibt es unzählige Studien und Versuche zum Thema Meditation und zu den jeweiligen Zusammenhängen für unsere Gesundheit, Produktivität und Leistungsfähigkeit. Ein paar besonders schlagende Argumente habe ich an dieser Stelle zusammengefasst. Wer weiß: Vielleicht überzeugen sie ja den einen oder anderen Kritiker?

Eine regelmäßige Meditationspraxis steigert deine Kreativität und schärft den Fokus. In verschiedenen Studien haben die Meditierenden sogar besser abgeschnitten und Aufgaben effizienter sowie mit besseren Ergebnissen erledigt als Menschen, die nicht meditieren.

Meditation reduziert Stress. Ganz konkret heißt das, dass dein Cortisolwert gesenkt wird.

Meditieren macht empathisch. Es ermöglicht eine Steigerung deines Einfühlungsvermögens, was zu harmonischeren Beziehungen und einem besseren Umgang mit deinen Gefühlen führt – und das ohne eine gezielte Übung, die sich thematisch damit befasst. Jede Art von Meditation kann das aus dir herauskitzeln.

Meditation verbessert den Schlaf. Zusätzlich wurde herausgefunden, dass Achtsamkeit allgemein zu einer ruhigeren Nachtruhe führt. Das wiederum steigert die allgemeine Schlafqualität und somit auch die Fähigkeit, mit Stress umzugehen.

Durch Meditation werden wir negative Stimmungen los. Erhöhtes Wohlbefinden und eine bessere Stimmung – das geht einfach so, mit nur wenigen Minuten Stille und „Gedankenberuhigen" am Tag. Zufriedenheit und Glücklichsein ist wohl eines der übergeordneten Ziele der meisten Menschen. Meditation kann ein wichtiger Baustein dazu sein. Das ist ein Gewinn für dich, dein Umfeld und deine Gesundheit.

Neben all diesen Vorteilen und tollen Ergebnissen spricht noch viel mehr für regelmäßiges Meditieren: Jeder kann es lernen, du kannst es überall und zu jeder Zeit ausüben und du brauchst keine materiellen Dinge dafür. Alles, was du brauchst, ist ein bisschen Ruhe und ein paar Minuten Zeit. Man benötigt kein Meditationskissen und keine besonderen Vorkenntnisse. Keine App und keinen Lehrer. Meditation ist jedem zugänglich, solange man sich bewusst dafür öffnet. Gerade für Einsteiger bietet es sich an, verschiedene Alltagssituationen als Meditationsvorlage zu nutzen. So können wir unsere Konzentration ganz bewusst auf natürliche Vorgänge oder Dinge lenken und genießen eine gewisse Führung, die man sonst nur von einem Lehrer oder bei einer eingesprochenen Meditation erwarten kann. Eine Kerze oder eine Tasse Tee hat jedoch jeder zur Hand und so kann man sich nach und nach an klassische Meditationen herantasten. So erreichen wir den gleichen Effekt der Entschleunigung und der beruhigten Gedanken, ohne bewegungslos im Schneidersitz zu verweilen und krampfhaft an nichts zu denken – was ohnehin den wenigsten zuverlässig und sofort gelingt. Mir inklusive.

Übung
TEEMEDITATION

Die Teemeditation habe ich vor vielen Jahren auf einer Reise in Amsterdam kennengelernt. Wir nehmen eine Alltagstätigkeit, wie die Zubereitung einer Tasse Tee, und setzen sie in einen neuen Kontext. Wir führen die unterschiedlichen Schritte nicht voll automatisiert aus, sondern beobachten alle Teilhandlungen ganz genau, Stück für Stück. Auch der Teegenuss soll nicht einfach nur nebenbei geschehen, sondern zu einem sinnlichen Erlebnis werden. Was riechen wir, was hören wir, was schmecken wir? Dabei konzentrieren wir uns nicht auf das Warum oder auf den nächsten Schritt, bevor wir überhaupt mit ihm angefangen haben. Alles, was zählt, ist der jeweilige Moment. Eine traditionelle Teezeremonie hat generell eine meditative Natur und ist so viel mehr, als einfach nur einen Beutel in eine Tasse zu hängen. Aber selbst mit einem unspektakulären Beuteltee funktioniert diese Übung, wenn du jeden Schritt ganz bewusst durchführst.

Nimm dir Zeit und lege dir alles parat, was du für deine persönliche Teemeditation brauchst: Tasse, Wasserkocher oder Teekessel, losen Tee oder einen Teebeutel deiner Wahl. Nun schaltest du ganz bewusst von Autopilot auf volle Aufmerksamkeit. Du beobachtest die nächsten

Schritte ganz genau, öffnest deine Wahrnehmung und beziehst alle Sinne mit ein.

- Was fühlst du? Welche Temperaturen nimmst du wahr?
- Welche Geräusche hörst du?
- Kannst du die verschiedenen Zutaten deiner Teemischung riechen?
- Welche Bewegungen kannst du feststellen: Züngeln der Gasherdflammen, tanzender Wasserdampf?
- Wie schmeckt der Tee? Wie verändern sich die Gerüche und Geschmäcker beim Trinken?
- Wie fühlst du dich danach? Kannst du einen Unterschied im Vergleich zum Beginn der Übung feststellen?

Und nun los …
Stell den Wasserkessel auf den Herd. Beobachte das Züngeln der Flamme, wenn du – wie ich – einen Gasherd hast. Wenn du näher am Herd stehst, nimmst du wahr, wie es langsam wärmer wird. Du hörst ein leises Zischen, das immer lauter wird. Schließlich fängt der Kessel an, schrill zu pfeifen. Vorsichtig nimmst du ihn von der Flamme. Du spürst seine Hitze. Behutsam gibst du deinen Tee in die Tasse – die feinen Blätter rieseln in das Sieb und der leicht bittere, herbe Geruch von getrockneten Kräutern und Gewürzen liegt in der Luft. Dann schüttest du das Wasser in das Sieb. Siehst du, wie sich die Teeblätter langsam entfalten? Sie vergrößern ihr Volumen, tanzen. Du beobachtest den Dampf, die Bahnen, die er zieht. Die kleinen Schwaden tänzeln in der Luft und verschwinden. Konzentriere dich nun ganz bewusst auf den Geruch. Welche Duftnoten erkennst du? Was ist ganz deutlich und was eher versteckt? Atme tief ein und aus. Nimmst du auch wahr, dass die Luft über der Tasse mehr Feuchtigkeit enthält? Du pustest an deinem Tee und siehst dem Dampf nach. Deine Finger wärmen sich an der Tasse. Ist das angenehm? Zu heiß? Mach die Augen zu und genieße den Moment, während du vorsichtig den ersten Schluck probierst. Was schmeckst du? Verweile einen Augenblick mit deinen Gedanken, bevor du die Augen wieder aufmachst und langsam wieder in deiner Umgebung ankommst.

Nimm dir für diese Übung einige Minuten Zeit und lasse dich auf die einzelnen Schritte der Teezeremonie ein. Du wirst überrascht sein, wie konzentriert man ein Heißgetränk erleben kann.

Diese Meditation kann beliebig oft mit unterschiedlichen Teesorten oder Zubereitungsmethoden durchgeführt werden. Es gibt immer wieder etwas Neues zu entdecken! Für mich ist die Teemeditation inzwischen zu einem Ritual geworden, das ich immer mal wieder hervorhole, wenn ich mich von Alltagsstress oder einer belastenden Situation befreien oder distanzieren will. Mein Körper ist inzwischen regelrecht auf Entspannung gepolt, wenn ich den Wasserdampf beobachte und das laute Pfeifen des Kessels höre.

Das Ziel dieser Übung ist, das „Leben im Moment" zu trainieren. Die starke Fokussierung soll uns helfen, weniger an der Vergangenheit zu hängen und nicht mehr in die Zukunft abzuschweifen – und genau das ist auch das Ziel einer klassischen Meditation. Wie beim Muskeltraining lockt auch hier ein nachhaltiger Erfolg. Bald können wir dieses Verhalten auch ohne viel Anstrengung im Alltag anwenden und die positiven Effekte genießen. Gleichzeitig bedeutet das auch, dass stetig weitergeübt und trainiert werden muss, damit die Effekte bestehen bleiben und nicht wieder verschwinden. Damit endet der Vergleich zum Sport aber auch, denn es gibt beim Meditieren keinen Wettbewerb, keine Ranglisten, kein Richtig oder Falsch.

Tipp

Alternativ kannst du eine ähnliche Achtsamkeitsmeditation auch mit einer Kerze durchführen. Hier konzentrierst du dich auf das Züngeln der Flamme und auf die unterschiedlichen Farben und Bewegungen. Das mache ich besonders gern vor dem Einschlafen und es entspannt ungemein. Das Kerzenlicht zaubert eine ganz besondere Atmosphäre und Stimmung, die sehr beruhigend wirkt. Das warme und rötliche Licht ist ein wohltuender Kontrast zu hellen Bildschirmen mit Blaulicht, die uns vom Einschlafen abhalten.

MEDITATIONSTECHNIKEN

Meditation kann ein bedeutungsvolles Ritual sein, ein Teil deiner täglichen Routine oder auch ein Notfallwerkzeug, das dich vor schädlichen Gedanken oder Verhaltensmustern schützt. Für mich war es zunächst ein Instrument, das ich erlernt habe, um besser mit schwierigen Situationen umgehen zu können. Seit einigen Jahren ist diese Form der Achtsamkeit fest in meine tägliche Routine eingezogen. Am liebsten habe ich meine nächtliche Meditation, die ich direkt vor dem Schlafengehen durchführe. Ein Bild, das mir spontan in den Kopf kommt, ist ein Geschirrspüler. Der wird abends vollgeladen, mit dreckigen Tellern, Tassen und dem krümeligen Frühstücksteller – einfach allem, was sich den Tag über so angesammelt hat. Dann schalte ich ihn ein und er summt munter vor sich hin. Eine zuverlässige Grundreinigung, ganz unbemerkt im Hintergrund. Morgens macht man die Tür auf, und alles ist wieder bereit für einen neuen Tag. Genau das ist meine abendliche Meditation für mich.

Es gibt die unterschiedlichsten Meditationstechniken. Generell kann man zwischen aktiven und passiven Meditationsarten unterscheiden. Bei den aktiven Techniken werden Bewegungsabläufe als Teil der Meditation genutzt. Dazu gehören zum Beispiel Yoga, Tai-Chi und unsere Teemeditation. Weitere Beispiele sind Gehmeditationen und die Vipassana-Meditation, die auf den buddhistischen Glauben zurückgeht.

Zu den passiven Meditationsarten gehören die Achtsamkeitsmeditation und der Body Scan. Hier wird die Wahrnehmung ganz gezielt auf unterschiedliche Körperteile gelenkt. Man „scannt" den Körper Stück für Stück von den Zehenspitzen bis zur Kopfhaut ab und versucht, die Eindrücke und Gefühle dabei ohne Wertung wahrzunehmen. Diese Methode eignet sich besonders gut für Anfänger und kann angenehm im Liegen vor dem Schlafengehen durchgeführt werden. Des Weiteren gibt es noch die Transzendentale Meditation sowie die Ruhemeditation. Das Ziel ist hier, eine gewisse Gedankenlosigkeit herbeizuführen. Es gibt keine vorgeschriebene Körperhaltung für diese Übung und du kannst ohne Vorkenntnisse oder Hilfsmittel einfach loslegen.

Unabhängig von ihrer passiven und aktiven Natur können Meditationen auch in geführte und unabhängige Techniken eingeteilt werden. Bei der geführten Meditation leitet uns in der Regel eine Sprecherin oder ein Sprecher durch die Übung. Das kann jeder kostenlos zu Hause ausprobieren: Professionell geführte Meditationen sind über Meditations-Apps und Plattformen wie YouTube leicht zugänglich.

Eine Sache jedoch haben alle Techniken gemeinsam: die beständige Konzentration auf den jeweiligen Moment, auf das Hier und Jetzt. Auch die größte Hürde ist bei allen Techniken gleich: die Überwindung anzufangen sowie die Bereitschaft, die Zeit zu investieren und den Stillstand auszuhalten – oder ihn immer wieder aufs Neue zu suchen und auch manchmal nicht zu finden. Wenn man erst einmal den Entschluss gefasst hat, mit einer Meditation zu beginnen, und idealerweise eine Intention gesetzt hat, dann ist man schon mittendrin.

Doch wie fängt man an? Mein liebster Tipp für die erfolgreiche Etablierung einer neuen Gewohnheit ist das sogenannte Pairing. Dabei verknüpft man die neue Gewohnheit mit einer bereits gefestigten Tätigkeit aus der eigenen Routine. Falls das schwer umsetzbar ist, kann man beides auch nacheinander durchführen. Hier bietet es sich an, die neue Gewohnheit unmittelbar vor einer gefestigten Tätigkeit durchzuführen, um sich dann danach mit der bekannten Routine zu belohnen. Ist die kombinierte Routine dann gut eingespielt, verlangen Körper und Geist regelrecht danach – das hilft, die nötige Motivation für die neue Gewohnheit zu mobilisieren. Meinen abendlichen Body Scan habe ich zum Beispiel mit meiner Akupressurmatte verbunden, auf die ich mich ohnehin täglich lege. Inzwischen gehört beides für mich zusammen und die Aufrechterhaltung dieser Routine ist so mühelos wie das tägliche Zähneputzen.

Übung
DIE TRAUMREISE

Die Traumreise ist eine weitere Entspannungstechnik, die unsere Kreativität fördert und Stress abbaut. Am besten funktioniert diese Art der Meditation in geführter Form. Da dieses Buch leider nicht sprechen kann, habe ich mir eine Übung ausgedacht, in der deine eigene Stimme die Hauptrolle spielt. Mit ihr als Leitfaden visualisierst du viele Details und Elemente und erschaffst damit eine ganz neue Welt, tief in dir drin. Dazu habe ich einen Text vorbereitet, der dich in eine andere Umgebung entführen wird. Alles, was du brauchst, sind ungefähr 15 Minuten Zeit und ein ruhiger Platz in deiner Wohnung, am besten dein Bett oder ein kuscheliges Sofa. Den folgenden Text kannst du dir selbst laut vorlesen oder als Audio-Memo mit deinem Smartphone aufnehmen. Das bietet sich besonders an, wenn du auch auf Reisen oder direkt vorm Einschlafen regelmäßig auf die Traumreise zurückgreifen möchtest. Lies dir den Text vor oder höre dir deine Aufzeichnung an. Wenn du das Buch noch vor dir hast, solltest du auf eine bequeme Sitzposition achten. Wenn du mit dem Text fertig bist, kannst du die Augen schließen und dich hinlegen. Tauche nun in diese neue, zauberhafte Welt ein.

Ich möchte dich heute in eine geheime Bibliothek entführen. Personalisiere deine Fantasiereise mit deinen Lieblingsbüchern, Einrichtungsgegenständen oder anderen Entdeckungen, die du dir vor Augen führst. Wenn der Text zu Ende ist, kannst du für zehn bis 15 Minuten die Gedanken schweifen lassen. Versuche, dir so viele Details wie möglich vor dein inneres Auge zu führen, und schöpfe Inspiration aus deinem eigenen Leben, aus Filmen und natürlich deiner Vorstellungskraft.

Und nun los …
Die geschwungene Türklinke liegt kalt in meiner Hand. Zaghaft drücke ich sie nach unten und die Tür öffnet sich mit einem leisen Knarren. Was sich wohl dahinter befindet? Ein warmes, helles Licht blendet mich und ergießt sich über meine Schuhe, meinen ausgestreckten Arm und meine Beine. Ich öffne die Tür vollständig und blicke in einen lichtdurchfluteten Raum mit großen Fenstern. Feine Staubkörner tanzen in den Sonnenstrahlen. Ich richte den Blick nach vorne und mache den ersten Schritt über die

Türschwelle. Der dicke Teppich fühlt sich ganz weich an. Der Raum besteht aus einer großen Fensterfront und drei Wänden, die fast ganz mit großen Bücherregalen bedeckt sind. Die Buchrücken recken sich mir entgegen und ich kann gar nicht anders, als meine Fingerspitzen zaghaft über das Büchermeer gleiten zu lassen. Reihe für Reihe. Buch für Buch. Bei jedem Schritt sinke ich tiefer in den bunten Teppich. Ein Buch tanzt etwas aus der Reihe. Es sieht fast so aus, als habe es jemand für mich herausgezogen. Ich bewege mich langsam darauf zu und ziehe es aus dem Regal. Meine Finger streichen über den festen Leineneinband. Ich öffne es und lasse den Zeigefinger über die Seiten streifen. Der vertraute Duft von Büchern steigt mir in die Nase. Ein olfaktorisches Erlebnis, das mich an Nachmittage in der Stadtbibliothek erinnert und an den großen Bücherstapel auf meinem Nachttisch. Pudrig, warm, irgendwie sauber, ein bisschen Kaffee. Süßlich. Hat dieses Buch auf mich gewartet? Was will es mir sagen? Ich ertaste das filigrane Lesebändchen und schlage das Buch auf ...

Die meisten geführten Meditationen und Visualisierungen dieser Art illustrieren wunderschöne Landschaften, Wälder und andere Naturwunder. Jeder Wohlfühlort ist gut geeignet für diese Übung. Du kannst also jederzeit dein liebstes Szenario auswählen und gedanklich auf Reisen gehen.

Visualisierungsübungen können außerdem genutzt werden, um uns mit unseren Ängsten zu konfrontieren. So kannst du vor einer wichtigen mündlichen Prüfung oder vor einem Referat das Sprechen vor einer Menschenmenge üben und dich dabei vor allem auf die positiven Ergebnisse konzentrieren. Wenn man sich unterbewusst mit seinen Ängsten auseinandersetzt oder auch im Alltag an schwierige Situationen denkt, fokussiert man meist das Negative: die Angst zu versagen oder Fehler der Vergangenheit. Wenn du dir diese Situation nun aber ganz bewusst als Erfolg vorstellst, legst du den Grundstein für mehr Selbstbewusstsein und Offenheit.

DANKBARKEIT – DIE POSITIVE SUPERPOWER

Ich bin dankbar. Jeden Tag. Für die kleinen und großen Dinge, und das tut so gut. Dankbarkeit ist eine Form der Achtsamkeit gegenüber sich selbst, dem eigenen Umfeld und den eigenen Gefühlen. Ich habe eine Weile mit Dankbarkeitslisten und Affirmationen experimentiert, um zu erkunden, wie sich beides auf meine Stimmung auswirkt. Dabei habe ich sehr schnell bemerkt, dass vor allem das Thema Dankbarkeit dazu beitragen kann, dass ich viel positiver denke. Und das hat wiederum einen großen Einfluss auf meine Gefühlslage und Stimmung.

Fangen wir erst einmal ganz von vorne an: Was bedeutet Dankbarkeit überhaupt? Dankbarkeit kann man als Gefühl der Zufriedenheit und der Wertschätzung gegenüber einer Person, einem Objekt, einer Situation oder einem Zustand definieren. Also eine warme und freundliche Emotion, die oftmals Glücksgefühle mit sich bringt. Man kann für materielle Dinge dankbar sein, wie zum Beispiel Geschenke, die man zu einem besonderen Anlass bekommt. Man kann dieses Gefühl natürlich auch für Immaterielles empfinden. Dafür, dass man gesund ist, zur Schule gehen darf oder eine gute Beziehung zu seinem Partner hat. Der springende Punkt ist, diese Umstände bewusst wahrzunehmen. Indem man dankbar ist, setzt man also den Fokus gezielt auf das Positive.

Dankbarkeit ist somit eine emotionale Reaktion, die eng mit Lebensfreude und Empathie verknüpft ist. Das Gegenteil von Dankbarkeit wäre, wenn man alles immer nur negativ sieht, Neid empfindet oder alles Gute als selbstverständlich erachtet. Wir alle kennen solche Tage, an denen unsere Gedanken und Reaktionen eher in die pessimistische Richtung tendieren. Das ist ganz natürlich und passiert jedem mal. Wichtig ist jedoch, dass man dieses Verhalten registriert, um dann bewusst etwas daran zu ändern.

Dankbarkeit löst also schöne Gefühle in uns aus – doch wie genau funktioniert das? Der erste Schritt zur Dankbarkeit ist eine Erkenntnis: Wir müssen zuerst einmal bewusst wahrnehmen, dass es einen Grund gibt, dankbar zu sein, bevor überhaupt Gefühle der Dankbarkeit entstehen können. Solche Gründe sind nicht nur Meilensteine oder absolute Glücksgriffe, sondern auch kleine Dinge. Ein gutes Beispiel ist die Erkältung. Wenn wir krank im Bett liegen, fühlen wir uns oft hilflos und abgeschlagen. Während wir langsam, aber sicher ins Selbstmitleid abrutschen, wird uns bewusst, wie dankbar wir für unseren gesunden Körper sein können. Wie sehr wir ihn vermissen. Sobald wir wieder fit sind, verpufft diese Wertschätzung leider meist ganz schnell wieder: Eine gewisse Grundgesundheit ist uns selbstverständlich. Wir konzentrieren uns verstärkt auf kleine Makel unseres Körpers, Dinge, die er nicht so gut kann. Der schwache Bizeps oder das Röllchen am Bauch. Das unsichtbare Immunsystem gerät völlig in Vergessenheit, weil es gerade funktioniert.

Doch was würde sich ändern, wenn wir uns öfter auf Vorteile und gute Aspekte konzentrieren würden? Nun, wenn wir aktiv an etwas Positives denken, schüttet unser Gehirn Dopamin aus. Dopamin zählt zu den Glückshormonen und ist im Zusammenhang mit dem Belohnungseffekt bekannt. Das heißt, es löst in uns dieses schöne, wohlige Gefühl aus, das wir spüren, wenn wir dankbar sind. Dieses wiederum wirkt sich positiv auf unsere Stimmung aus, da wir uns direkt wohler fühlen. Im Falle der zurückgehenden Erkältung geht es uns damit gleich besser – und jetzt stell dir vor, wie gut du dich durch Dankbarkeit fühlen kannst, wenn du gar nicht erst krank bist! Mit Dankbarkeit kann man alles Gute noch ein kleines bisschen besser machen – das ist eine wahre Superpower.

Dankbarkeit und eine positive Mentalität haben also einen großen Einfluss auf Wohlbefinden und Gesundheit. Dankbare Menschen bewerten sich selbst als glücklicher, zufriedener und weniger gestresst. Sie kommen mit Veränderungen im Leben besser zurecht als Menschen, die nicht so viel Dankbarkeit empfinden. Dankbare Menschen drücken außerdem eine allgemeine Zufriedenheit in ihren sozialen Beziehungen aus, sind gelassener, trauen sich eher, um Hilfe zu bitten, und verfügen über ein gesünderes Selbstwertgefühl. Sagen wir es ganz einfach: Sie machen verdammt viel richtig.

WIE MAN LERNT, DANKBAR ZU SEIN

Jederzeit dankbar zu sein und positiv zu denken, sollte doch eigentlich ganz einfach sein, oder? Doch warum erinnern wir uns am Ende des Tages meist mehr an das Negative als an das Positive? Und das, obwohl wir ganz realistisch betrachtet normalerweise viel mehr Positives als Negatives erleben? Das hat etwas mit unserem Gehirn zu tun. Unser Gehirn hat die Tendenz dazu, Negatives leichter abzuspeichern. Das nennt man „Negative Bias" oder Negativitätstendenz des Gehirns. Das Gute ist allerdings, dass das Gehirn lernfähig ist und wir es daher mit ein bisschen Übung „umprogrammieren" können. Dabei geht es nicht darum, negative Gefühle einfach zu verdrängen oder zu ignorieren. Probleme und Sorgen gehören dazu und sollen auch nicht wegrationalisiert werden. Es geht vielmehr darum, den Blick auf die Dinge zu lenken, die bereits gut sind und über die wir uns freuen können. Es ist nämlich durchaus möglich, Dankbarkeit und vor allem die Empfänglichkeit für Dankbarkeit zu erlernen und dann schließlich langfristig einfacher zuzulassen. Hier sind ein paar einfache Inspirationen, wie man Dankbarkeit erlernen und ganz leicht in den Alltag integrieren kann:

Der Dankbarkeitsbrief: Wann hast du dich das letzte Mal bei jemandem so richtig von Herzen bedankt? Ein leises „Dankeschön" huscht uns ja schnell mal über die Lippen, aber das Ganze sollte etwas mehr Bedeutung bekommen. Überlege dir, wem du für etwas Bestimmtes sehr dankbar bist, und schreibe dieser Person einen Dankbarkeitsbrief von Herzen. Schicke ihn mit der Post oder überreiche den Brief persönlich. Damit zauberst du bestimmt einen ganz tollen Moment.

Dankbarkeit während des Zähneputzens: Zähneputzen ist ein fester Bestandteil des Alltags. Eine Routine, die ohne viel Nachdenken auskommt. Genauso wie das Zähneputzen kann auch die Dankbarkeit zu einem festen Alltagsbestandteil werden. Liste während des Putzens gedanklich drei Dinge auf, für die du dankbar bist. Versuche, das mindestens eine Woche täglich durchzuziehen. Das Verknüpfen von Gewohnheiten hilft wie gesagt sehr, wenn man eine neue Sache etablieren will.

Minus mal minus ergibt plus! Negative Gedanken und Emotionen gehören zum Leben dazu. Es kann nicht immer alles gut sein – das ist ganz normal. Es ist extrem wichtig, negative Gefühle zuzulassen und sich diesen zu stellen. Dennoch ist es mindestens genauso wichtig, sich nicht davon übermannen zu lassen. Eine Übung, die dabei helfen kann, ist die folgende: Versuche ab jetzt, in negativen Situationen immer auch etwas Positives zu finden. Dabei geht es nicht darum, die negativen Geschehnisse oder Emotionen schönzureden, sondern einfach zu überlegen, welche positive Konsequenz man daraus ziehen kann. Dadurch beschäftigt man sich intensiv mit der Sache und verarbeitet sie auch automatisch besser.

„Danke sagen" in den Alltag integrieren: Im Laufe des Tages begegnen wir ganz vielen Situationen, in denen es angebracht ist, „Danke" zu sagen. Achte doch mal ganz bewusst darauf, wann dir jemand etwas Gutes tut, dir hilft oder dir eine Freude bereitet – und sage dann ganz bewusst Danke. Ich glaube, dass wir vieles für allzu selbstverständlich erachten. Vielleicht hat ein Auto extra für dich gehalten, um dich über die Straße zu lassen? Bedanke dich bei dem Fahrer mit einem freundlichen Lächeln. Dein Partner hat dir morgens wie immer eine Tasse Kaffee gemacht? Sag ihm oder ihr doch mal, wie sehr du das zu schätzen weißt. Diese kleinen Dinge sind und bleiben besonders. Meine Erfahrung zeigt, dass andere Menschen überrascht sind und einem viel freundlicher entgegenkommen, wenn man sie in solchen Situationen wertschätzt und das kundtut. Und diese Reaktionen spielen wiederum Freude und Glück zurück.

Affirmationen für Einsteiger: Das Gesetz der Anziehung besagt, dass wir Dinge zurückbekommen, die wir aussenden. Ich möchte das an dieser Stelle stark vereinfachen und für jeden zugänglich machen, ganz egal, ob man darauf vertraut oder nicht: Wenn wir jemanden auf der Straße anlächeln, bekommen wir

Eine Sache, die in Sekundenschnelle glücklich macht? Die überall zugänglich ist, nichts kostet und nicht versiegen kann? Dankbarkeit!

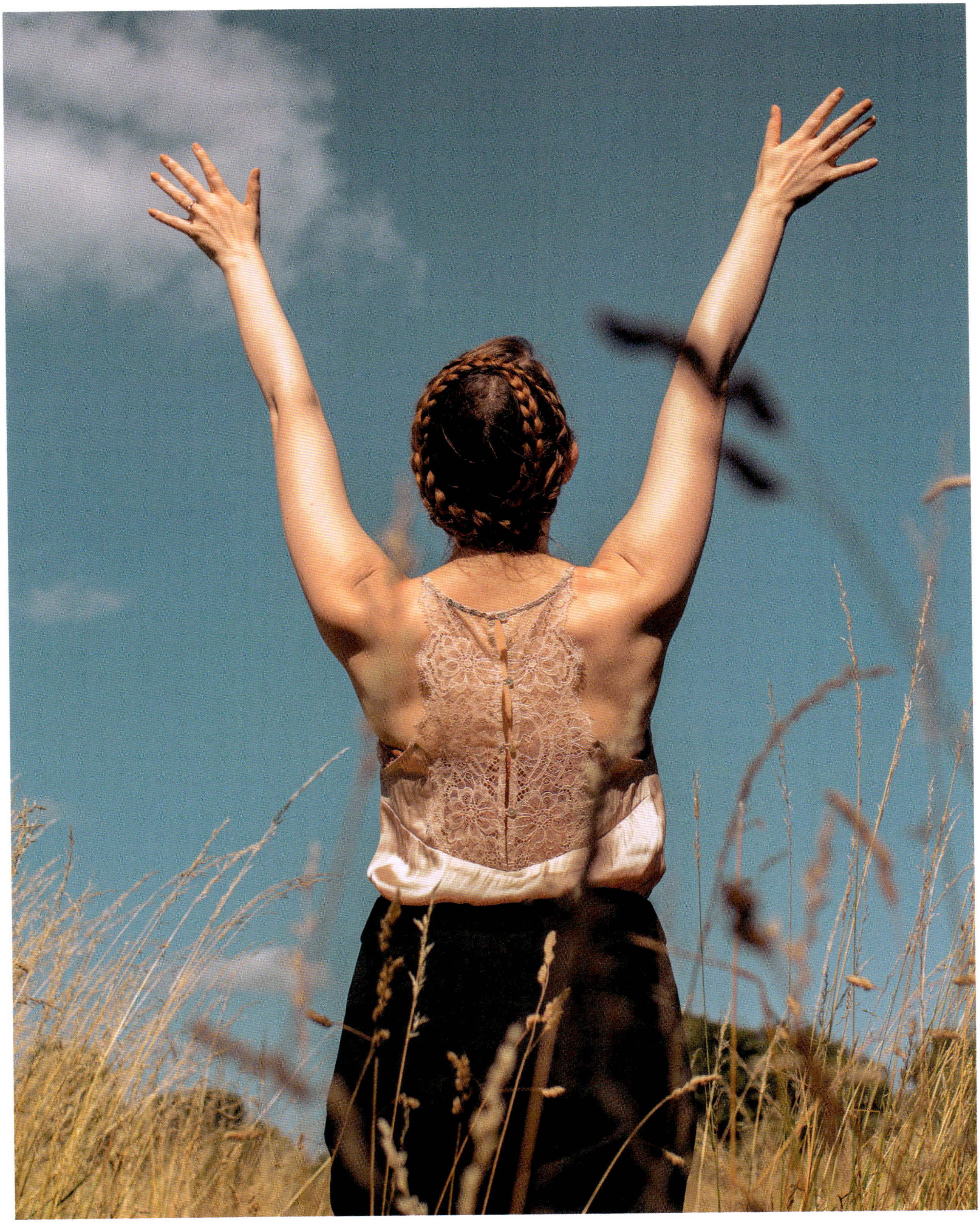

oft ein Lächeln zurück. Dieses Bild wollen wir verinnerlichen und nach dem gleichen Prinzip andere Dinge in unser Leben einladen. Wenn wir uns einer Sache gedanklich öffnen und sie uns bewusst vorstellen, machen wir bereits den ersten Schritt und sind automatisch viel empfänglicher dafür. Wir nehmen kleine Signale wahr, sind besser motiviert, darauf aufzubauen, und handeln proaktiver. Nach diesem Prinzip wollen wir mit Dankbarkeitsaffirmationen Positivität in unser Leben einladen:

- „Ich habe alles, was ich brauche, und dafür bin ich zutiefst dankbar."
- „Ich bin dankbar für meine gemütliche Wohnung."
- „Mein Leben ist schön und erfüllt mich jeden Tag mit Dankbarkeit."

Gerade wenn es uns anfangs sehr schwerfällt, all das umzusetzen: Affirmationen geben uns eine gute Anleitung und schubsen uns ganz sanft in die richtige Richtung.

DAS POWER-DUO: DANKBARKEIT UND ACHTSAMKEIT

Wie gehören Dankbarkeit und Achtsamkeit zusammen? Beide Begriffe beinhalten den Aspekt der bewussten Aufmerksamkeit für gewisse Dinge. Die Fähigkeit, unseren Fokus bewusst zu lenken. Wenn wir dankbar sind, beschäftigen wir uns in der Regel mit den positiven Aspekten unseres Lebens. Negative Ereignisse blenden wir nicht komplett aus und wir verändern sie auch nicht. Denn genau hier kommt die Dankbarkeitspraxis an ihre Grenzen.

Achtsamkeit hingegen verlangt von uns, unseren mentalen Zustand und unsere äußere Realität insgesamt zu betrachten, dabei aber nicht zu werten. Wir werden zum Beobachter unserer selbst, statt – wie bei der Dankbarkeit – eine positive Bewertung zu befördern.

Glücklich zu sein bedeutet nicht, frei von Sorge und Angst zu sein. Ein glücklicher Mensch lässt sich von Negativem jedoch nicht beirren. Er verlässt selbstbestimmt die Opferrolle, stellt sich schwierigen Momenten und macht sich mit der Situation vertraut – auch wenn sein Instinkt ihm befiehlt, einfach nur blind zu reagieren. Dankbarkeit öffnet unsere Augen für die schönen und wertvollen Dinge in unserem Leben. Wenn wir diese Form der Erfüllung erfahren und intensiv wahrnehmen, sehen wir auch leichter und lieber über kleine Unglücke hinweg. Achtsamkeit ist der sechste Sinn, der uns hilft, besser auf Unmut, Probleme und Ängste zu reagieren. Und gemeinsam bringen uns diese Praktiken ein bisschen näher hin zu einem glücklichen Selbst.

JOURNALING FÜR DEN ACHTSAMEN ALLTAG

Eine kreative Planergestaltung gehört schon seit mehr als acht Jahren zu meinem persönlichen Sonntagsritual. Ich habe mit einem dicken, schwarzen Filofax angefangen und eigene Einlagen gebastelt. Auch wenn ich mein restliches Leben nach und nach weitestgehend digitalisiert habe, ist meine Liebe für das analoge Planen geblieben. Aus meiner Passion für das Bullet Journaling wurde sogar ein eigenes Buch, und nach einigen Jahren war ich fast ein bisschen festgefahren in meinen Gewohnheiten. Ich dachte, dass ich bereits alles über das Thema Journaling gesagt – oder vielmehr geschrieben – habe. Deswegen war ich mir unsicher, wie viel Platz dieses Thema in diesem Buch einnehmen soll. Doch im Frühjahr 2020 wurde alles anders. Die Corona-Pandemie sorgte für globalen Stillstand und viele meiner Achtsamkeitsübungen fühlten sich plötzlich ganz anders und teilweise sogar deplatziert an.

Mein Bullet Journal passte nicht mehr zu meinem Leben: Ich hatte keine Termine, keine Aufträge, kaum To-dos. Nach einer kurzen Neuorientierung konnte ich jedoch wieder Trost im Journaling finden. Und dazu jede Menge neue Inspiration.

Ein Tagebuch oder Planer ist eine Zeitkapsel und in naher Zukunft, wenn hoffentlich wieder mehr Normalität eingekehrt ist, kann uns diese Kapsel helfen, noch dankbarer zu sein. Für einen normalen Alltag, einen Spaziergang mit Freunden, einen flüchtigen Kuss mit einem Unbekannten. Oder auch für ein Wochenende ganz allein zu Hause, auch wenn das gerade weniger als Hochgenuss erscheint.

Diese Zeit der Ausgangsbeschränkungen hat mich zu kreativen Formen des Schreibens zurückgebracht und auch meine monatliche

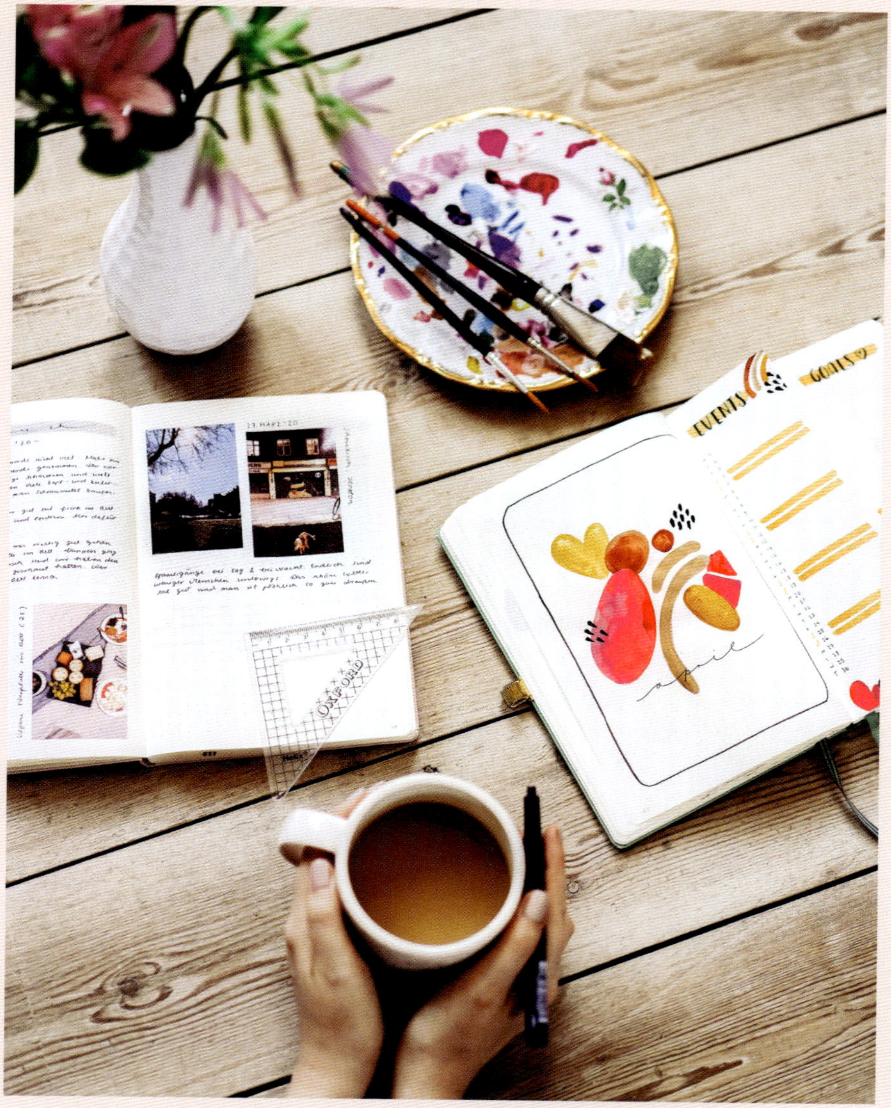
EVENTS
GOALS
OXFORD

Bullet-Journal-Routine hat sich dementsprechend verändert. Natürlich ist ein Tagebuch oder ein Planer nicht nur etwas für Krisenzeiten, sondern auch für besonders schöne Erlebnisse, Dankbarkeitslisten oder Alltägliches.

Journaling und Tagebuchschreiben sind tolle Möglichkeiten, Stress zu managen. Indem man sich täglich Zeit nimmt, ein paar Zeilen niederzuschreiben, kann man seine Gedanken und Emotionen besser reflektieren, verstehen und verarbeiten. Für mich funktioniert das am besten, wenn ich es fest in meine Routine integriere. Zum Beispiel immer morgens als erste Handlung am Schreibtisch oder am Abend, bevor ich den Laptop zuklappe. Ich habe mein Büchlein auf Reisen immer gerne dabei und nutze es auch einfach spontan, um Notizen zu machen oder Geistesblitze festzuhalten. Mir spendet es definitiv ein Gefühl von Sicherheit und Stabilität. Ein Gefühl, mein Leben im Griff zu haben, nichts zu vergessen und vorauszuplanen. Eine Gedankeninventur, die Raum für Neues schafft, denn die regelmäßige Auseinandersetzung mit unseren Gedanken und Einfällen kann uns dafür sensibilisieren, was uns guttut und was uns schadet. Das klassische Tagebuch ist für mich persönlich ein schöner Tagesabschluss und damit ein klassisches Abendritual. Der perfekte Moment, um Gefühle, Ideen und Eindrücke zu ordnen und den Kopf freizubekommen.

BULLET JOURNALING

Was ist das Besondere an einem Bullet Journal? Bullet Journaling ist eine Methode der persönlichen Organisation, die vom Designer Ryder Carroll entwickelt wurde. Das System vereint Zeitplanung, Erinnerungen, Aufgabenlisten, Brainstorming und anderes in einem Notizbuch. Der Name „Bullet Journal" lässt sich auf die abgekürzten Aufzählungspunkte zurückführen, die zum Protokollieren der Informationen verwendet werden. Diese Praxis ist Teil des „Rapid Loggings" (des schnellen Erfassens), eines weiteren Hauptbestandteils der Bullet-Journal-Methode. Ein „Bullet" oder Punkt steht für eine Aufgabe, ein Strich für Notizen und ein Kreis für wichtige Veranstaltungen. Dieser Schlüssel kann auch individuell verändert werden. Das System bietet einen Rahmen und eine Hilfestellung, um das eigene Leben zu planen und die Produktivität zu steigern. Der wichtigste Faktor ist jedoch die hohe Flexibilität und der kreative Freiraum, der alles zu 100 Prozent individualisierbar macht. Die schöne Gestaltung einzelner Seiten und Notizbücher ist ein großes Thema in den sozialen Medien, tatsächlich jedoch eher zweitrangig.

Meine aktuelle Situation hat viele neue (und in Vergessenheit geratene) Prioritäten in den

Fokus gerückt, und das merke ich auch beim täglichen Umgang mit meinem Bullet Journal. Produktivität, Organisation und Leistungssteigerung standen bei mir lange Zeit im Vordergrund. Für Entspannung und kreative Verwirklichung hatte ich andere Werkzeuge, die gut funktionierten. Der Wegfall der Geschäftigkeit änderte nicht nur meinen gesamten Tagesablauf, sondern auch die Kernaufgabe meines Planers: Für mich ist mein Bullet Journal heute ein Achtsamkeits- und Lifecoach im Taschenformat. Ich passe die jeweiligen Seiten meinen Bedürfnissen an. Mal konzentriere ich mich auf meine persönliche Entwicklung, andere Lebensphasen verlangen nach Selbstfürsorge und Pflege. Dann tobe ich mich mit Dankbarkeitslisten oder kreativeren Werkzeugen aus. Mein Bullet Journal kann einfach immer das sein, was ich gerade wirklich brauche. Meine Aufgabe dabei ist, das rechtzeitig zu erkennen und dynamisch umzusetzen. Eine Sache bleibt jedoch gleich: Die Lieblingsfunktion meines Bullet Journals ist der Gewohnheits- und Stimmungstracker. Gerade in schwierigen Phasen kann ich so wichtige Zusammenhänge feststellen und Muster erkennen. Und das Wichtigste: hoffentlich auch durchbrechen!

Du ordnest deine Gewohnheiten in einer Tabelle an und markierst dir im zeitlichen Verlauf mit einem Punkt oder einem anderen Symbol, ob du deiner Angewohnheit nachgegangen bist oder nicht. Dadurch ergibt sich ein Muster und du kannst Zusammenhänge zwischen verschiedenen Gewohnheiten erkennen. Wie beeinflusst dein Koffeinkonsum das Erreichen des Ziels „acht Stunden Schlaf" und viel mehr noch deine Stimmungskurve? Für viele Menschen ist es zudem eine große Motivation, eine erfolgreiche Kettung von Ereignissen nicht zu unterbrechen. Dein Gewohnheitstracker ist ein gutes Werkzeug, um deiner Stimmung auf den Zahn zu fühlen. Was löst sie aus, was verbessert sie und was ist deine Formel für Glück? Man kann diese Tracker in Wochenübersichten integrieren und sich auf wenige Gewohnheiten beschränken oder einen großen XXL-Tracker aufsetzen. Das ist individuell und kann immer wieder angepasst werden.

Für den Stimmungstracker gibt es viele unterschiedliche Möglichkeiten. Integriert in den Gewohnheitstracker, visualisiert er uns aufschlussreich, was bestimmte Tätigkeiten mit uns machen. Ob sie uns schaden oder guttun. Das ist sehr zielführend, jedoch habe ich vor allem in der letzten Zeit auch eine ganz neue und kreative Form der Verarbeitung dieser Daten kennen- und schätzen gelernt: Stimmungen können nicht nur als Kurve dargestellt werden, sondern auch als Farbe oder Form. So kann über den Monat hinweg eine wilde Blumenwiese entstehen, bei der die Höhe der Stiele Auskunft über den mentalen Zustand und die Gefühlslage gibt. Die Möglichkeiten sind endlos, du musst nur ein Motiv wählen. Der kreative Umgang mit so sensiblen Themen wie chronischen Krankheiten oder Stimmungsschwankungen hilft sehr, sich damit positiv gestimmt (oder neutral) auseinanderzusetzen.

MOOD TRACKER
glücklich
müde
aufgeregt
okay
1 2 3 4 5 6 7 8 9 10 11 12 13 14 15 16 17 18 19 20 21 22 23 24 25 26 27 28 29 30
MEDITATION
WORKOUT
8H SCHLAF
KEIN ALKOHOL
MDMDFSS
MDMDFSS
MON 18. MAI
TO-DO-LISTE ERSTELLEN
MEALPLAN ERSTELLEN
REINIGUNG
WEIßE WÄSCHE
DIE 19. MAI
SOCIAL MEDIA REDAKTIONSPLAN
INSTAGRAM FOTOS
EINKAUFEN
BULLET JOURNAL SETUP
KAFFEE AUFFÜLLEN
MIT 20. MAI
VIDEO SCHNEIDEN
THUMBNAIL ERSTELLEN
VIDEOBESCHREIBUNG
BESTAND TK?!
notizen
OXFORD

DAS DANKBARKEITSTAGEBUCH

Eine weitere Technik ist das Dankbarkeitstagebuch. Hier hält man täglich fest, wofür man dankbar ist. Das können ganz kleine Dinge sein oder natürlich auch richtige Meilensteine. Ich bin heute zum Beispiel dankbar dafür, dass es endlich aufgehört hat zu regnen und dass ich einen ganz lieben Brief erhalten habe. Diese Kleinigkeiten aufzuschreiben und immer mal wieder zu überfliegen, macht gute Laune und festigt eine positive Grundeinstellung zum Leben. Das Lesen dieser Listen hat außerdem eine affirmative Wirkung, wann immer es nicht so toll läuft. Doch wie setzt man das am besten im eigenen Planer um?

Das Wichtigste ist eine gewisse Hingabe, ein Pakt mit sich selbst. So ein Tagebuch funktioniert am besten, wenn es regelmäßig gefüllt wird. Der zeitliche Aufwand ist nicht groß, da man nur einen kurzen Satz oder ein paar kleine Worte täglich festhält – aber dranbleiben muss man schon. Auch wenn das nach wenig Arbeit klingt, fällt es vielen langfristig schwer. Vor allem am Anfang, weil Erfolge nicht unmittelbar sichtbar und allgemein schwer zu greifen sind. Deswegen ist es wichtig, klein anzufangen.

Nimm dir vor, jeden Tag ein bis drei Dinge niederzuschreiben, für die du an dem jeweiligen Tag dankbar bist. Dadurch lässt du den Tag Revue passieren und stärkst vor allem den Blick für das Positive. So wirst du im Alltag automatisch aufmerksamer und schenkst den kleinen schönen Dingen mehr Beachtung. Am besten machst du das immer zur gleichen Zeit, damit diese Gewohnheit zur Routine wird.

MORGENSEITEN

Morgenseiten sind eine tägliche Schreibgewohnheit, die als eine Art Schreibmeditation beziehungsweise als Form des intuitiven Schreibens verstanden werden kann. Dabei werden direkt morgens nach dem Aufstehen drei DIN-A4-Seiten handschriftlich beschrieben, ganz spontan, ohne sich vorher Gedanken über Thema und Stil zu machen. Es geht darum, den eigenen Bewusstseins- und Gedankenstrom aufs Papier zu bringen. Besonders hilfreich ist hier, dass man alle möglichen Gedanken loswerden kann, ohne ein Ziel zu verfolgen, und damit einen freien Kopf für den Tag bekommt. Man schreibt also an keinem Projekt, sondern einfach ganz frei der Nase nach. Das Ziel ist hier analog zur klassischen Meditation die Beruhigung der Gedanken und nicht die Fertigstellung eines Textes.

365 FRAGEN, 5 JAHRE

Groß denken ist ebenfalls erlaubt! Kannst du dir vorstellen, fünf Jahre lang täglich ein paar Gedanken zu notieren? Das ist quasi die Marathonvariante des Journalings. Das „Fünf-Jahres-Journal" steht unter dem Motto „365 Fragen. 5 Jahre. 1825 Antworten.". Man kann dafür sogar vorgefertigte Büchlein kaufen, die bereits ganz viele Fragestellungen und Anleitungen enthalten. So ist der Einstieg ganz einfach.

Für jeden Tag gibt es eine neue Frage oder eine neue Aufgabe, die man beantworten oder ausfüllen kann. Die Fragen sind ganz unterschiedlich („Was ist dein momentaner Lieblingssong?" oder „Wie glücklich bist du auf einer Skala von eins bis zehn?"). Nach 365 Tagen – beziehungsweise 366 bei Schaltjahren – fängt man wieder von vorn an, sodass man innerhalb von fünf Jahren die gleichen Fragen insgesamt jeweils fünfmal beantwortet hat. Die eigene Entwicklung ist extrem interessant und wir können viel über uns selbst lernen, wenn wir beobachten, wie sich unser Fokus nach und nach verändert. Ein solches Journal ist auch eine tolle, achtsame Geschenkidee. Du kannst jedes Blankobuch in dein persönliches Fünf-Jahres-Journal verwandeln. Wenn du einmal nicht weißt, über was du schreiben sollst, habe ich hier die passende Inspiration für dich. Natürlich kannst du diese Prompts auch für das klassische Tagebuchschreiben verwenden.

Deine Journaling Prompts

- Dein momentanes Lieblingszitat?
- Wenn du morgen umziehen könntest, wo würdest du gerne leben?
- Was hat dich heute zum Lächeln gebracht?
- Dein Tag in drei Worten!
- Was nimmst du dir für morgen vor?
- Wofür bist du heute dankbar?
- Ohne was kannst du nicht leben?
- Der letzte Traum, an den du dich erinnern kannst?
- Beschreibe dich (heute) mit zehn Worten.
- Wenn dein Körper sprechen könnte, würde er Folgendes sagen: ...
- Beschreibe deinen perfekten Tag!
- Ein guter Rat für dich selbst?

OHNE WORTE

Es muss nicht immer das Schreiben sein. Du hängst mal wieder am Telefon und wie von Geisterhand getrieben flitzt dein Stift über das Papier. Ganz unterbewusst entstehen Formen, die du so nicht intendiert hast. Es müssen nicht immer Worte sein. Gerade ein Blankobuch bietet genug Platz für Kreativität und jede Seite kann anders gefüllt werden. „Doodling" lässt sich mit Kritzeln übersetzen, was im Deutschen leicht negativ besetzt ist und etwas abwertend klingt. Dabei ist diese Kritzelei keine Konzentrationsfläche, sondern vielmehr ein proaktiver Tagtraum. Der Drang, während eines Gesprächs oder einer anderen Tätigkeit zu zeichnen, ist der tiefe Wunsch, sich auszudrücken, ausgelöst von einem unterdrückten Gefühl der Langeweile. Gedankenloses, zielloses Malen und Zeichnen kann sehr entspannend wirken, vor allem weil der reinigende Prozess im Vordergrund steht und nicht das Ergebnis.

Das Prinzip ist verwandt mit den Morgenseiten: Du zeichnest einfach drauflos und lässt dich überraschen. So knüpfst du nahtlos an deine

Kindheit an, als Zeichnen eine reine Tätigkeit der Freude war. Jedes Ergebnis war gut und wurde nicht negativ bewertet. Dieses Gefühl holst du dir jetzt zurück. Lege einfach los. Für diese Methode brauchst du auch keine besondere Routine. Ich selbst greife immer gern darauf zurück, wenn ich gerade keine Worte finde oder eine kreative Blockade spüre.
Probiere es einfach mal aus! Alles, was du brauchst, ist ein Stift und eine leere Seite in deinem Notizbuch oder ein Blatt Papier.

- **Starte** mit ein paar einfachen geometrischen Formen. Versuche, nicht so viel über deren Schönheit oder Komplexität nachzudenken.
- **Verwandele** einige der Formen in Gegenstände, Tiere oder Gesichter. Tobe dich aus und versuche, spielerisch zu bleiben. Das Ergebnis muss nicht kunstvoll sein.
- **Schaue** dir das Ergebnis an, wenn du fertig bist, und erforsche, ob es etwas in dir auslöst. Gibt es Dinge, die sich wiederholen? Verbindest du etwas damit? Löst die Zeichnung ein Gefühl in dir aus?

Eine Strichzeichnung ist genauso individuell und bedeutsam wie die eigene Handschrift. Streng genommen ist sie eine Art Vorstufe der Schrift, da wir alle als Kinder so angefangen haben und auch unsere Vorfahren sich bereits mit einfachen Scribbles verständigt und verewigt haben. Es überrascht also gar nicht, dass Meeting-Kritzeleien aussagekräftiger sind, als man zunächst annehmen mag.

DEINE GESCHICHTE

Die besten Geschichten schreibt das Leben … Das Schreiben eines Memorandums kann einen therapeutischen Effekt haben und positive Wärme mit melancholischer Nostalgie verbinden.

Diese Form des kreativen Schreibens kann sich mit dem eigenen Leben auseinandersetzen oder sich um die Geschichte der Familie oder eines Familienmitglieds drehen. Es ist eine Möglichkeit, um Ängste oder wichtige Ereignisse zu verarbeiten. Große Veränderungen und Meilensteine sind immer mit einer Prise Unbehagen verbunden. Das Niederschreiben einer solchen Geschichte schafft Kontinuität und emotionale Stabilität.

Der springende Punkt: Es ist deine Geschichte. Du kannst frei wählen, wo sie beginnt und wann sie endet. Was gesagt wird und was ungesagt bleibt. Das Ergebnis muss niemals veröffentlicht werden und auch die finale Form bleibt dir überlassen. Von lyrischen Elementen bis zum Essay: Deine Story muss in kein Schema gepresst werden.

Als Starthilfe kannst du dir ein altes Fotoalbum anschauen und die wichtigen Knotenpunkte in deinem Leben identifizieren. Schulabschlüsse, das Kennenlernen eines Partners oder der Tod eines lieben Menschen – dein Leben ist einzigartig und die Auseinandersetzung mit schweren und leichten Schlüsselmomenten kann deine persönliche Entwicklung ungemein bereichern.

Natürlich gibt es auch in der bunten Journaling-Welt Stolpersteine. Der eine oder andere kann sich eventuell mit dem analogen Charakter nicht anfreunden. Andere mögen Angst davor haben, dass ihr Tagebuch gelesen wird. Entwarnung! Auch wenn das Schreiben von Hand einige Vorteile hat, ist die Hauptsache, dass man sich Zeit für sich und die eigenen Emotionen nimmt. Ganz egal, ob man diese ins Smartphone tippt oder in einem geheimen Word-Dokument abspeichert: Von der Seele geschrieben ist von der Seele geschrieben. Genau das ist auch der springende Punkt für alle, die sich davor scheuen, ein Tagebuch mit sensiblen Daten aufzubewahren. Man muss die Aufzeichnungen nicht aufheben, man muss sich nicht zwangsläufig regelmäßig der Nostalgie hingeben. Dieser Prozess muss nicht romantisch sein. Therapeutische Aufzeichnungen dürfen geschreddert werden. Das zerstört zwar weder die Erinnerung noch unsere Dämonen, kann sich aber verdammt gut anfühlen.

BEWEGUNG
FÜR DIE SEELE

Meine Beziehung zum Thema Sport lässt sich gar nicht so einfach beschreiben. Achtsam war sie auf jeden Fall lange nicht! Ich war das, was man als unsportlich beschreiben würde, und trotzdem in so ziemlich jedem Sportverein. Abgesehen vom Schulsport war ich in allen Mannschaftssportarten, die ich probierte, richtig gut und liebte den Wettbewerb. Trotzdem verlangte mir das viel Disziplin und Übung ab. Als ich im Studentinnenalter Fitness als reines Hobby und Selbstoptimierungsmaßnahme entdeckte, fragte ich mich schnell, ob Bewegung auch mehr sein kann. Eine Maßnahme, um in Verbindung mit dem Körper zu kommen und ein Gleichgewicht herzustellen. Und damit war ich nicht allein!

Ganz egal, welchen Sport ich ausprobiert habe, alle haben einen gemeinsamen Nenner: Sie beeinflussen nicht nur meine Fitness und mein Körpergefühl, sondern auch meine mentale Gesundheit. Dieser Effekt wird besonders deutlich, wenn regelmäßige und ungezwungene Bewegung in meine Routinen einzieht. Yoga & Co. so routiniert, motiviert und selbstverständlich wie das tägliche Zähneputzen werden zu lassen, ist gar nicht so einfach. Lohnt sicher aber! Inzwischen sehe ich eine Sporteinheit als Date mit mir selbst und es ist eine Möglichkeit, in mich hineinzuhorchen. Was braucht mein Körper? Fühle ich mich verspannt? Dafür Platz im Kalender zu machen, ist ein Akt der Selbstliebe und hilft mir, wirklich dranzubleiben.

Interview mit Svenja

WAS YOGA MIT NEUROWISSEN-SCHAFTEN ZU TUN HAT

Svenja ist Yogalehrerin und promovierte Neurowissenschaftlerin. Wir haben uns bereits im Jahr 2006 kennengelernt, als ich auf eine WG-Anzeige antwortete und kurze Zeit später mit Sack und Pack in ihre Wohngemeinschaft in Tübingen einzog. Wir hatten eine wundervolle Zeit und ich war schon damals fasziniert von ihrer Forschung. Auch wenn sie die wissenschaftliche Laufbahn mittlerweile hinter sich gelassen hat, ist sie doch im Herzen immer auf der Suche nach neuen Antworten rund um Achtsamkeit, Wahrnehmung und Bewegungskontrolle. Neben ihrem Hauptjob im IT-Bereich gibt Svenja in ihrer Freizeit Yogakurse und ist aktiv auf Instagram mit dem Profil @yogawesermarsch. Dort teilt sie ihr Wissen rund um Yoga und Neurowissenschaften, und natürlich konnte ich nicht widerstehen und musste ihr ein paar Fragen stellen.

Wie bist du von den Neurowissenschaften zum Yoga gekommen? Wie lassen sich beide Gebiete vereinen?

Ehrlich gesagt, war das ein Zufall. Als ich 2013 meine Yogalehrerausbildung startete, war die Verbindung zwischen Yoga und Neurowissenschaften noch gar nicht in der Öffentlichkeit angekommen. Erst nach meiner Ausbildung und durch die weitere Beschäftigung mit Yoga wurde mir der Zusammenhang immer klarer. Ironischerweise habe ich gerade in dem Jahr zum Yoga (zurück-)gefunden, als ich die Universität nach meiner Doktorarbeit und Postdoc-Stelle verließ. Durch einen glücklichen Zufall fand ich eine Yogalehrerin und ein tolles Yogastudio, das mich sehr ansprach und mitriss. Dort habe ich nicht nur die körperliche Asana-Praxis vertieft, sondern vor allem mehr über die Yogaphilosophie gelernt, die dort sehr alltagsnah in die Yogastunden integriert wurde. Dadurch und auch, weil ich die positiven Effekte auf meinen Körper und Geist spürte, wollte ich mehr über das ganze System Yoga erfahren und es verstehen.

Hast du als Neurowissenschaftlerin eine andere Perspektive auf das Thema Achtsamkeit?
Vielleicht muss man auch sagen: Ich habe als Yogini eine andere Sicht auf die Neurowissenschaften erhalten. Bevor ich mit Yoga begann, war ich überzeugt davon, dass alles, was ich bin, durch mein Gehirn bestimmt wird. Durch das Yoga habe ich gelernt, dass Körper und Geist untrennbar sind. Die Vorgänge beider Bereiche werden natürlich im Gehirn verarbeitet, aber auch direkt im Körper sind viele Erfahrungen und Emotionen verankert. Wir können Körper und Geist also nicht voneinander trennen. Dieses Prinzip nennen wir „Embodiment" oder Verkörperung. Letztlich bedeutet es, dass unser Denken und Fühlen sich im Körper widerspiegelt und andersherum unser Körper beeinflusst, wie wir denken und fühlen.

Ein kleines, einfaches Experiment verdeutlicht das: Setze dich hin, runde deinen Rücken, lasse die Schultern nach vorne unten sinken. Der Atem wird in der Regel hier schon oft von allein flacher. Nach kurzer Zeit fühlst du, dass deine Stimmung gedrückter wird. Wenn du dich nun einmal aufrecht hinsetzt, die Schultern nach hinten unten sinken lässt, tief und gleichmäßig in Bauch und Brustraum atmest und möglicherweise auch noch die Mundwinkel nach oben ziehst, dann merkst du direkt, wie sich die Stimmung aufhellt. Dieser Zusammenhang ist in uns abgespeichert, tief verinnerlicht und spiegelt sich sogar in unserer Sprache wider, zum Beispiel in Wendungen wie „lass den Kopf nicht hängen", „aus dem Bauch heraus entscheiden", „mir ist ein Stein vom Herzen gefallen".
Wie wir diese Verkörperung lernen, hängt wahrscheinlich einerseits von unserer Gesellschaft ab, andererseits aber auch von den individuellen Erfahrungen, die wir im Leben machen. Die Yogapraxis hilft uns dabei, diese Zusammenhänge besser zu verstehen. Und wenn wir sie besser verstehen, können wir sie dann wiederum nutzen oder umlernen. Genau hier hat Yoga meine Sichtweise erweitert. Dass unser Gehirn ein Leben lang lernfähig bleibt

(Neuroplastizität), wusste ich bereits, und auch wie unser Gehirn lernt (bewusste Wahrnehmung, Wiederholung und Verknüpfung mit Emotionen sind vorteilhaft). Wie ich dies aber aktiv in meinem Leben einsetzen kann, wenn es darum geht, vielleicht meine eigenen Verhaltensweisen effektiv zu ändern, konnte ich mir nicht so recht vorstellen. Nicht zu Unrecht wird oft gesagt, dass unsere Yogamatte sozusagen der Sandkasten für unser Leben ist; hier können wir uns spielerisch ausprobieren, uns fordern und darauf reagieren. Yoga lehrt uns, uns aus einer dritten Perspektive selbst zu beobachten, ohne Bewertung. So lernen wir eine achtsamere Beziehung zu uns selbst. Zum Anderen lernen wir durch die Asana-Praxis unseren Körper besser kennen; wir lernen, ihn genauer wahrzunehmen und ihn gezielter zu steuern. Das hört sich oft sehr abstrakt an, aber wer regelmäßig Yoga übt, hat sicherlich schon mal den einen oder anderen Moment gehabt, in dem man plötzlich bemerkt, dass sich bestimmte Bereiche des Körpers anders anfühlten als sonst. Zum Beispiel als wären die Hände größer geworden nach langem Handstand-Üben. Die Repräsentation der Hände auf neuronaler Ebene auf der Hirnoberfläche vergrößert sich übrigens tatsächlich durch das Üben der feineren Ansteuerung.

Durch das Zusammenspiel von Achtsamkeit und ständigem Lernen, das heißt dem Erweitern unserer eigenen Körperwahrnehmung, verändert sich auch unsere Fähigkeit zu fühlen und dementsprechend zu handeln. Und dies bezieht sich nicht nur auf uns selbst, sondern auch auf andere. Denn aus neurowissenschaftlichen Studien wissen wir, dass wir, wenn wir mit anderen Menschen mitfühlen, diese Gefühle und Bewegungen mit unserem eigenen Körper spiegeln. Daher werden die Zellen, die speziell damit im Zusammenhang stehen, auch Spiegelneurone genannt. So hat Yoga eine sehr umfassende Wirkung auf unser eigenes Verhalten, Denken und unser Zusammenleben mit anderen.

Was ist deine persönliche Yogaphilosophie und wie sieht deine tägliche Praxis aus?
Durch Yoga habe ich gelernt, dass ich selbst verantwortlich dafür bin, wie es mir geht. Und ich habe gelernt, wie ich die Kraft meiner Gedanken und die Zusammenhänge zwischen Körper und Geist für mich nutzen kann. Drei Punkte sind da besonders wichtig.

Bewusste Körperhaltung und -wahrnehmung im Alltag: Je nachdem, wie ich meine Körperhaltung verändere, beeinflusse ich meine Emotionen damit. Und ich beeinflusse damit auch, wie andere mich wahrnehmen.

Meditation: Ich nehme mir täglich in meiner Morgenmeditation Zeit zu schauen, wie es mir geht und was mich beschäftigt. Das hört sich vielleicht trivial an, ist aber etwas, was wir oft im Alltag verdrängen, und dann wundern wir uns, warum es uns nicht gut geht. Das Meditieren – auch wenn es an manchen Tagen nur fünf Minuten sind – hilft mir, mich den Tag über besser zu fokussieren. Oft setze ich mir auch einen Leitgedanken für den Tag und nutze dann ganz bewusst die Gedankenkraft, um ihn zu verwirklichen.

Asana-Praxis: Wir alle wissen: Wenn wir körperlich eingeschränkt sind – zum Beispiel aufgrund einer Verletzung –, dann geht es uns auch oft mental nicht gut. Wir müssen unseren Körper gesund und mobil halten, damit wir unseren Alltag beschwerdefrei meistern können. Das ist meine hauptsächliche Motivation dafür, (fast) jeden Tag auf die Matte zu gehen. Meine Yogapraxis sieht jeden Tag etwas anders aus und ich höre in der Regel darauf, was mein Körper braucht. Manchmal ist dies eine sehr kraftvolle Praxis mit vielen Bauchmuskelübungen und Umkehrhaltungen, an anderen Tagen ist es einfach nur eine ruhige Yin-Yoga-Praxis. Die Asana-Praxis bedeutet für mich auch, mich zurückzuziehen, Zeit mit mir selbst zu verbringen, bewusst zu atmen, präsent zu sein und genau das anzunehmen, was in diesem Moment ist.

Welche Tipps hast du für alle, die Yoga gerne zu Hause ausüben wollen?

Um sich zu motivieren, ist es hilfreich, eine Routine zu finden und die Yogapraxis fest in den Alltag einzubauen. Das Wichtigste ist, dabei auf den Körper zu hören, was sich gut anfühlt, sich dabei zu beobachten, ohne zu werten, die Erwartungshaltung wegzunehmen und das Ego draußen zu lassen. Es ist sinnvoll, sich immer wieder mit kleinen Schritten herauszufordern und sich dabei in Geduld zu üben – vor allem anzunehmen, dass jeder Tag etwas anders ist und dass wir die Dunkelheit brauchen, um das Licht zu sehen.

Experiment
UNSER #SELFCARE-EXPERIMENT

Svenjas Worte machen mich nachdenklich und bestärken mich zugleich. Natürlich muss jeder selbst herausfinden, was für ihn funktioniert, aber die Erkenntnis, dass sich bestimmte Maßnahmen tatsächlich positiv auf unsere mentale und körperliche Gesundheit auswirken, motivieren mich umso mehr dranzubleiben. Ich werde oft gefragt, wie man es schafft, Selbstfürsorge langfristig in den eigenen Tagesablauf zu integrieren. Nun, wenn ich mir eine Wunschroutine ausdenke, stelle ich mir einfach vor, ich würde mir ein Rezept ausstellen: perfekt angepasst an meine Bedürfnisse und Probleme, voll heilender Kraft. Das gibt dem Ganzen mehr Bedeutung und Nachdruck, auch wenn ich mein „Rezept" nicht einfach in einer Apotheke einlösen kann. Um auch wirklich am Ball zu bleiben, beschränke ich mich auf das Wesentliche und fange klein an. An dieser Stelle verallgemeinere ich gerne: Wir alle haben Zeit für die durchschnittliche Netflix-Folge pro Tag, die mit, sagen wir mal, 40 Minuten zu Buche schlägt. Diese 40 Minuten investieren wir ab heute in uns selbst und testen das für eine Woche. Ein solches Selbstexperiment hilft, Erfolge zu sehen und Gewohnheiten einfach mal „anzuprobieren".

Um an dem Selbstexperiment teilzunehmen, braucht ihr nur 40 Minuten Zeit pro Tag, ein Journal, um eure Erfolge festzuhalten, und einen ruhigen Platz in eurer Wohnung. Wenn ihr eine weiche Yogamatte habt, ist das ideal – ansonsten könnt ihr auch ein Handtuch nehmen. Diese Challenge ist perfekt, um unterschiedliche Werkzeuge zu testen und sich selbst besser kennenzulernen.

#SELFCARE-EXPERIMENT

40 Minuten Selbstfürsorge klingt nach Anstrengung, nach Aufwand. Doch 40 Minuten verbringen wir regelmäßig mit anderen Tätigkeiten, ohne mit der Wimper zu zucken. Drei Folgen der neuen Lieblingsserie in einem Rutsch? Kein Problem! In den nächsten sieben Tagen wollen wir das Beste für uns aus diesen 40 Minuten rausholen und damit mehr Achtsamkeit in unseren Alltag einladen.

Erstelle einen Mealplan 10 Minuten	Achtsamer Spaziergang 20 Minuten	Bewusst nichts tun 10 Minuten
Stretching (via YouTube) 10 Minuten	Gesichtsmassage 5 Minuten	"Level 10 Life" erstellen 25 Minuten
Dankbarkeitsliste 5 Minuten	Hotspot aufräumen 10 Minuten	Yin Yoga (YouTube) 25 Minuten
Teemeditation 20 Minuten	Push-Nachrichten ausstellen 5 Minuten	Wellness-Dusche 15 Minuten
Freestyle Journaling 15 Minuten	Fokuswechsel-Übung Spülen 10 Minuten	Tanz-Workout (YouTube) 15 Minuten
"Not-to-do-Liste" erstellen 15 Minuten	Lüften & bewusst atmen 5 Minuten	Natur genießen 20 Minuten
Einfach still sein 5 Minuten	Vinyasa Flow (Yoga) 25 Minuten	Selfcare Routine erstellen 10 Minuten

#JTEBG @TEAANDTWIGS

| Bewegung für die Seele | Selfcare Basics | Genussmomente |

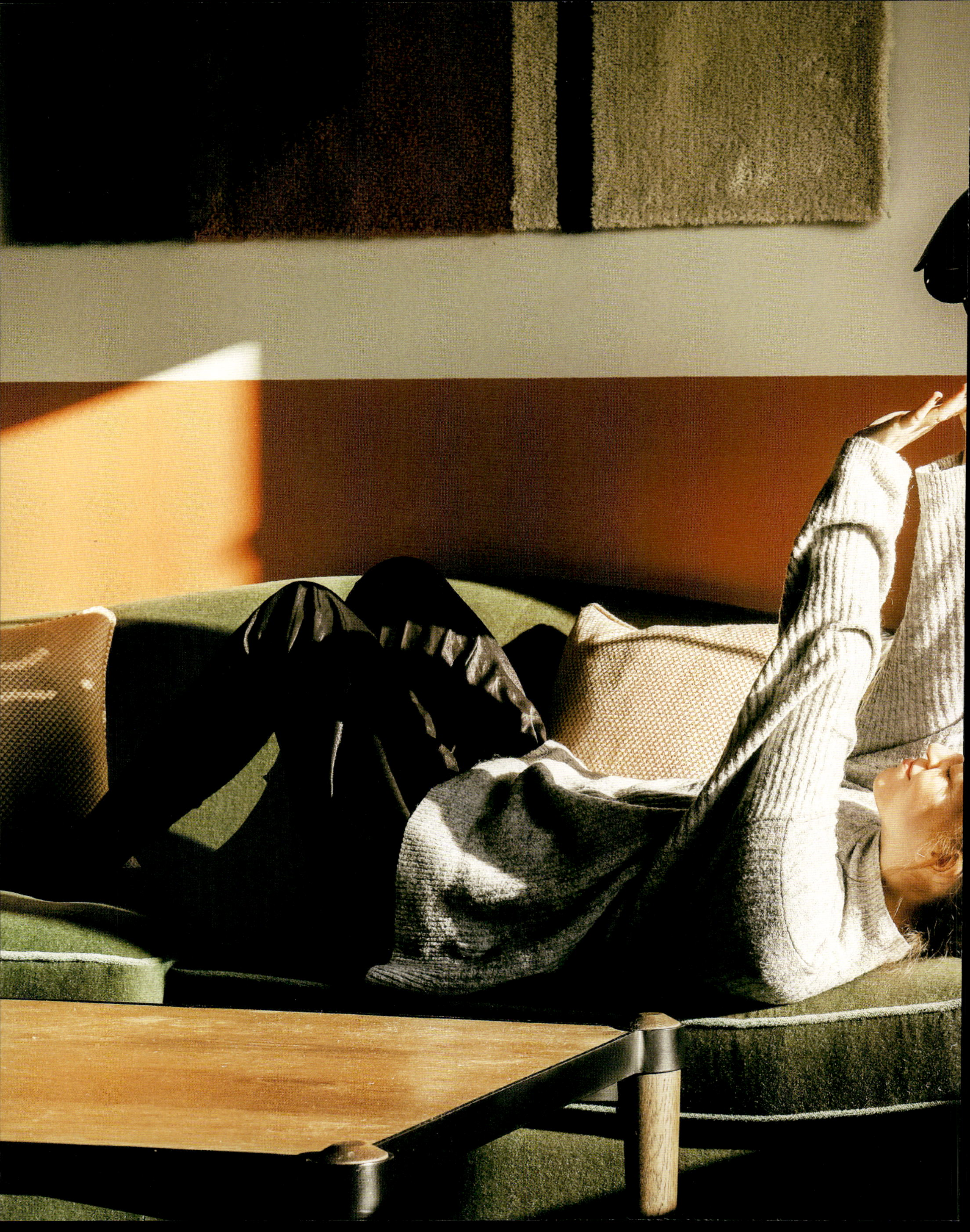

Kapitel sechs

DRUMHERUM

VON WOHNRÄUMEN UND -TRÄUMEN

Ein Dach über dem Kopf gehört zu unseren Grundbedürfnissen und ich bin jeden Tag dankbar für mein schönes Zuhause. Ein Privileg, das für viele von uns zur Selbstverständlichkeit geworden ist. Entspannung findet man am einfachsten in einer Umgebung, in der man sich wohl- und sicher zugleich fühlt. Schon immer habe ich mich zu den schönen Kleinigkeiten hingezogen gefühlt und die Gestaltung meines Wohnraumes musste nicht nur zweckgemäß, sondern auch ästhetisch sein. Natürlich ist das sehr subjektiv und außerdem mehr ein Prozess als ein statischer Zustand. Denn nicht nur Trends ändern sich, sondern auch der eigene Geschmack. Und das ist völlig in Ordnung. Nach meinem Auszug aus dem Elternhaus mit 19 habe ich erst einmal ganz unbewusst Besitz angehäuft. Das war definitiv eine Phase in meinem Leben, in der ich versucht habe, mich zu finden – auf dem Weg habe ich das eine oder andere Souvenir eingepackt. Jugendlicher Leichtsinn, der „mehr ist mehr" schreit. Ich hatte eine romantische Shabby-Chic-Phase, eine Leidenschaft für krumme Flohmarktmöbel und eine Vorliebe für skandinavische Schlichtheit. Wenn man die schönsten (und seien wir mal ehrlich: auch die nicht so schönen) Teile dieser Lebensabschnitte zusammen in einen Umzugswagen packt, kräftig durchschüttelt und schließlich in einer verwinkelten Altbauwohnung wieder aufbaut, kann nur eines rauskommen: Chaos. In meinem Fall war das leider kein charmanter Patchwork-Look, der viel über mich aussagt, sondern einfach nur zu viel.

Fast vier Jahre lebte ich in dieser Wohnung, doch so richtig zur Ruhe kommen konnte ich dort nicht. Drei Zimmer mit hohen Decken hatte ich ganz für mich allein. Die meiste Zeit nutzte ich nur zwei davon und das dritte wurde zur unbeliebten Rumpelkammer. Inzwischen weiß ich, dass ich nicht so viel Raum brauche. Als ich schließlich den Entschluss gefasst hatte, nach London zu ziehen, kam die zweite wichtige Entscheidung gleich ganz von selbst: Ich musste meinen Besitz drastisch verkleinern.

Zunächst entschied ich das mehr oder minder aus der Not heraus und weil ich nicht wusste, wie ich den Umzug sonst stemmen sollte. Mit jedem Teil, das einen neuen Besitzer fand, fühlte ich mich langsam ein bisschen leichter. Die liebevoll selbst gestrichene DIY-Kommode in Zitronengelb zog in ein gutes Zuhause ein, meine Familie freute sich über ein neues Regal für das Gartenhäuschen und meine erste selbst gebaute Küche fand glückliche Abnehmer. So dezimierte ich meinen gesamten Hausstand von drei vollgestellten Zimmern auf insgesamt zwölf Umzugskartons. Ich behielt nur wenige ausgewählte Möbelstücke, die mich bei der großen Reise begleiten durften.

Da stand ich nun in einer leeren Wohnung und blickte auf die wenigen materiellen Dinge und Habseligkeiten, die ich tatsächlich brauchte, um glücklich zu sein. Die initiale Ausmistaktion hatte bei mir nicht gleich das Ziel „Minimalismus" gehabt, sondern ich war eher über einen Umweg an dieses Thema herangekommen. Vor allem habe ich bemerkt, dass ich eine Maximalistin im Genesungsprozess bin und niemals ein „Postergirl" der Minimalismusbewegung sein würde. Das muss ich auch nicht, das muss niemand. Wenn man sich länger in einer bestimmten Situation befindet, fehlt oft die Motivation, etwas zu verändern. Neuanfänge, wie ein Umzug durch einen Jobwechsel oder sogar eine Trennung, fordern uns dann auf eine ganz besondere Weise heraus. Oft haben diese Vorgänge etwas Reinigendes, auch wenn sie mit viel Unbehagen einhergehen.

Natürlich möchte ich niemandem raten, unnötigerweise eine negative Situation oder einen Bruch im Leben herbeizuführen. Solltest du dich aber jemals an einer solchen Kreuzung wiederfinden und dich niedergeschlagen fühlen, sieh es als Neuanfang und nicht als Niederlage an. Trotzdem ziehe ich meinen Hut vor allen, die ihre eigenen vier Wände ohne dramatischen Wendepunkt auf Vordermann bringen, umgestalten und dort langfristig zufrieden sind. Uns zu erlauben, es uns schön zu machen, und sich damit auf etwas zu konzentrieren, das uns nicht „weiterbringt", ist gar nicht mal so einfach. Überstunden oder andere Investitionen in unsere berufliche Zukunft oder pure Selbstoptimierung gehören geradezu zum guten Ton. Wenn man von einer großen oder teuren Wohnung als Statussymbol absieht, ist Ausmisten, Einräumen und Putzen nicht gerade ein Hobby mit Prestigecharakter. Dabei ist es die Möglichkeit, etwas nur für uns zu tun – einfach weil es guttut.

WENIGER HABEN, MEHR SEIN

Doch was hat unser Wohnraum mit Achtsamkeit zu tun? Wie können wir das Prinzip Achtsamkeit auf Konsumgüter und andere Gegenstände übertragen? Das persönliche Glück ist eine geheimnisumwobene Formel, die jeder selbst entschlüsseln muss. Ziemlich sicher setzt sie sich jedoch aus den verschiedenen Kapiteln und Lebensbereichen zusammen, die in diesem Buch angesprochen werden. Die Gewichtung mag bei jedem unterschiedlich sein und kann sich auch über die Jahre hinweg stetig verändern. Wie stark dein Umfeld dich beeinflusst, weißt nur du. Ein achtsames Leben geht meist mit einer Rückbesinnung auf das Wesentliche einher. Frei nach dem Prinzip: Weniger haben, mehr sein. Minimalismus und gesunde Aufmerksamkeit passen so wunderbar zusammen, weil sie ähnliche Grundregeln befolgen. Der Fokus liegt auf dem Genießen eines speziellen Moments und nicht auf dessen Konservierung. Was bringen uns Erinnerungsstücke, wenn wir das eigentliche Ereignis gar nicht richtig wahrnehmen konnten? Deswegen konzentrieren wir uns auf das Leben im Hier und Jetzt. Eine minimalistische Herangehensweise kannst du auch nur auf einen bestimmten Teil deines Lebens anwenden, und für deine Passionen bleibst du Maximalist. Du machst die Regeln.

Generell hat das konsequente Ausmisten, Überdenken von Strukturen und Aufräumen mehr Klarheit in meinen Alltag gebracht. Ich möchte dabei trotzdem für eine gesunde Inkonsequenz plädieren, denn kleine Freuden und Leidenschaften sollten nicht wegrationalisiert werden. Weniger Besitz hat mein Glück maximiert und mein Leben einfacher gemacht. Gleichzeitig habe ich dadurch eine größere Wertschätzung für die verbliebenen Gegenstände aufgebaut. Trotzdem würde ich mich, wie gesagt, nicht als Vollblutminimalistin bezeichnen. Lange konnte ich mich nur schwer von Dingen trennen. Das hatte unterschiedliche Gründe. Negative Glaubenssätze, unsere Erziehung oder die Romantisierung verschiedener Gegenstände können dazu beitragen, dass wir an materiellen Dingen festhalten, obwohl sie uns gar nicht wirklich bereichern. Diese Erkenntnis hat mir persönlich sehr geholfen und es erst möglich gemacht loszulassen, den entstandenen Platz selbst einzunehmen und nicht wieder vollzustopfen.

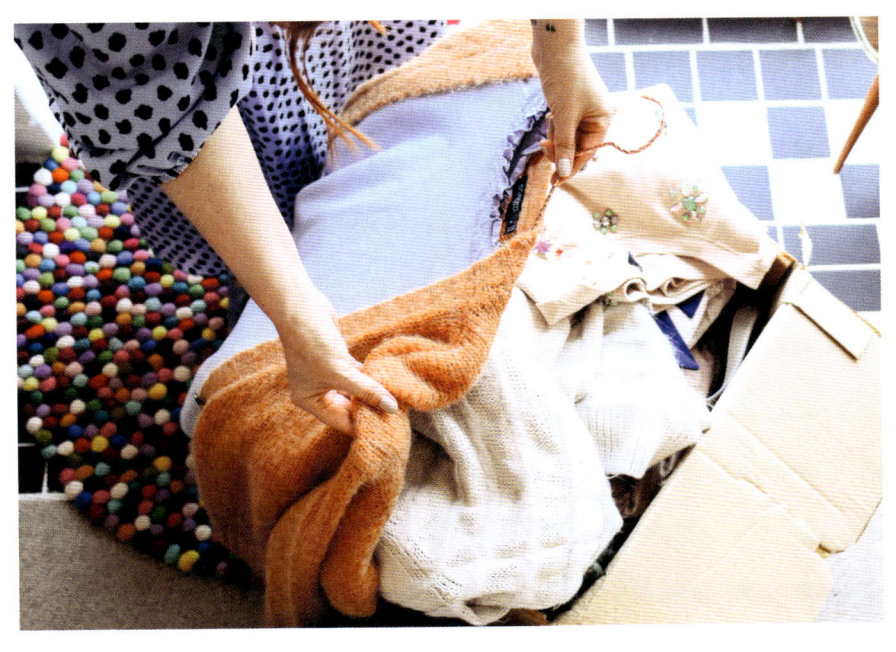

Manchmal brauchen wir bestimmte Dinge einfach nicht, um glücklich zu sein; vielmehr schenkt uns die Abstinenz von Unordnung und Gerümpel Ruhe und mehr Raum zum Durchatmen. Nach diesem Prinzip habe ich in den letzten Jahren weiter aussortiert und empfinde so in vielen Bereichen weniger Überforderung.

WAS MIR BEIM AUSSORTIEREN HILFT

Unser Londoner Apartment ist halb so groß wie meine alte Wohnung in Deutschland – und dafür auch doppelt so schnell aufgeräumt. Ich weiß inzwischen ganz genau, wo Dinge verstaut sind. Kopflose Suchaktionen gehören der Vergangenheit an. Dadurch spare ich Nerven, wertvolle Lebenszeit und langfristig auch Geld. Die für mich wichtigste Erkenntnis des Minimalismusprinzips ist das reduzierte Konsumverhalten. Neuzugänge werden gut durchdacht und ihr Einkauf nicht mehr spontan getätigt. Ich setze mich vorher intensiv mit dem Istzustand auseinander:

- Brauche ich das wirklich?
- Habe ich bereits etwas Ähnliches?
- Wo kann ich es verstauen? Ist in meiner Wohnung noch genug Platz?
- Muss ich mich von einer anderen Sache trennen, um Platz und Raum zu schaffen?

Danach beschäftige ich mich mit dem jeweiligen Produkt oder Gegenstand. Weniger zu konsumieren bedeutet auch, mehr Zeit in Neuzugänge zu investieren und verschiedene Bezugsquellen unter die Lupe zu nehmen. Für mich ist das Thema Minimalismus und Achtsamkeit eng mit Nachhaltigkeit verbunden, da ich nicht nur mir und meinem direkten Umfeld, sondern auch dem Planeten langfristig etwas Gutes tun möchte.

- Aus welchen Materialien besteht das Produkt? Gibt es bessere Alternativen, die beständiger sind?
- Wie oft werde ich das Produkt oder den Gegenstand verwenden?
- Kann ich den Gegenstand ausleihen, falls ich ihn nur selten brauche – auch um ihn vorher zu testen?
- Kann ich ihn aus zweiter Hand beziehen, um Ressourcen und Geld zu sparen?
- Entspricht der Gegenstand auch optisch meinem Stil und bereitet er mir Freude, wenn ich ihn anschaue?
- Was ist die zu erwartende Gebrauchsdauer des Produkts? Kann ich es später gegebenenfalls problemlos entsorgen?
- Kann ich den Gegenstand lokal und regional erwerben? Das ist immer besser als von weit her!

In den letzten Jahrzehnten haben wir uns zu einer intensiven Wegwerfgesellschaft entwickelt, angeheizt von Trends und Schnelllebigkeit. Der Hunger nach Statussymbolen und Bequemlichkeit muss erst wieder bewusst verlernt werden – gestillt werden kann er nämlich nicht. Ganz egal, ob man das Geld, den Platz oder auch einfach nur das spontane Verlangen nach etwas hat: Die meisten Dinge müssen einen langfristigen Sinn erfüllen. Vor allem wenn sie uns auf diesem Planeten überdauern. Convenience-Produkte, die schnelle, kostenfreie Lieferung, der Onlinekauf mit einem Klick: moderner Luxus, der uns faul macht und auf den ersten Blick kaum Nachteile zu haben scheint. Die „Zeit ist Geld"-Mentalität lässt uns glauben, damit alles richtig zu machen, dabei tun wir uns damit keinen Gefallen.

Falls du noch oft Impulskäufe tätigst oder die Bequemlichkeit von Blitzlieferungen in Anspruch nimmst, empfehle ich dir, zunächst in einem kleinen Lebensbereich dein Konsumverhalten umzukrempeln. Der Erfolg und die Klarheit im Kopf machen fast ein bisschen süchtig. Ich wette darauf, dass du die neue Philosophie bald noch mehr anwendest und dir einen Bereich nach dem anderen vorknöpfst.

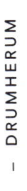

ACHTSAMES PUTZEN

Eine übersichtliche Wohnung, die nicht vollgestopft ist und in der alles einen Platz hat, lässt sich auch einfacher sauber halten. Hausarbeit und Putzen waren lange nicht wirklich meine liebsten Aufgaben. Ich habe beides als Zeitverschwendung und unangenehme Notwendigkeit gesehen. Doch in Wirklichkeit gibt es nichts Demotivierenderes, als nach einem anstrengenden Arbeitstag nach Hause ins heimische Chaos zu kommen. Strukturelle Unordnung macht eine schnelle und effektive Putzroutine unmöglich, denn wer erst über Kleiderberge steigen muss, kann dort nicht einfach kurz Staub saugen. Unordnung gibt es immer mal, aber zu viel Unruhe im Umfeld führt schnell zur mentalen Überforderung. Das Ganze entwickelt sich zu einem Teufelskreis, vor allem wenn man sich zusätzlich im Beruf oder auch privat schwertut und viel beschäftigt ist. Die Idee, dass Saubermachen auch eine reinigende Wirkung auf den Geist haben kann, ist in solchen Phasen ganz vergessen. Der japanische Zen-Buddhismus empfiehlt, Putzen und Hausarbeit zu ritualisieren und der Tätigkeit damit eine tiefere Bedeutung zu geben. Das ist ein Ansatz, der sehr gut funktionieren kann, wenn man sich auf den meditativen Charakter der Ordnungsliebe einlässt.

Tatsächlich ist die Ritualisierung auch eine empfehlenswerte Achtsamkeitspraxis für Vielbeschäftigte, denn sie schlagen so zwei Fliegen mit einer Klappe. Ganz unbewusst und ohne Multitasking. Die folgenden Tipps helfen mir, meine Wohnung langfristig sauber zu halten. Ganz nebenbei macht mir meine Putzroutine inzwischen sogar Freude und ich genieße die Zeit, die ich zu Hause verbringe, umso mehr. Man ist endlich bereit für spontanen Besuch oder unangemeldete Handwerker und fühlt sich richtig „erwachsen". Als hätte man sein Leben im Griff. Das schenkt mir viel Sicherheit, wenn es in anderen Lebensbereichen mal wieder nicht ganz glatt läuft.

TIPPS FÜR ACHTSAME ORDNUNGSLIEBE

Um das Räumen und Putzen in Zukunft als Achtsamkeitsübung durchzuführen, ist eine kleine Verlagerung der eigenen Einstellung wichtig. Als Erstes musst du dir bewusst Zeit für die Tätigkeit nehmen, ganz egal, wie viel du erübrigen kannst. Es gibt keine Mindestdauer und keine Medaille für besonders Fleißige. Du musst herausfinden, wie viel Zeit du brauchst und was sich in deinem Tagesablauf gut und machbar anfühlt. Für die geplante Zeitspanne beruhige ganz bewusst deinen inneren Dialog – halte ihn klein. Für die nächsten 30 Minuten sollst du Gedanken, Gefühlen und Tatsachen Beachtung schenken und nicht sofort jeder Idee nachgehen oder dich oder den Zustand deiner Wohnung beurteilen. Wenn es dir schwerfällt, negative Gedanken von dir zu weisen, kannst du dich zunächst auf einen Bereich deiner Wohnung konzentrieren, den du schön findest und deshalb gerne pflegst.

> **Tipp**
>
> *Sorge für eine gewisse Grundreinigung, bevor du deine eigene Putzroutine etablierst. Dafür kannst du dir Hilfe holen oder einen kleinen saisonalen Frühjahrsputz am Wochenende einplanen. Von null auf hundert ist immer schwierig; wenn die Wohnung jedoch einen gewissen Sauberkeitsstandard erfüllt oder zumindest aufgeräumt ist, gehen alltägliche Putzaufgaben so viel leichter von der Hand. Und nun geht's los …*

Keine negativen Selbstgespräche. Man verfällt schnell in alte Verhaltensmuster und schimpft mit sich selbst, wenn die Küche mal wieder nicht so toll aussieht. Achtsamer wäre jedoch, sich selbst mit Mitgefühl zu begegnen. Sei stolz darauf, dass du es anpackst.

Setze dir ein Ziel. Vielleicht hast du ein schönes Bild im Kopf, während du in der Wohnung werkelst: ein entspannter Feierabend auf der Couch, eine gemütliche Stunde mit einem tollen Buch im frisch bezogenen Bett oder auch wie sich dein Mitbewohner freut, wenn er in die saubere Wohnung kommt.

Eins nach dem anderen! Wenn du achtsam Ordnung schaffen möchtest, widme dich nur dieser einen Aufgabe und schalte alle Störfaktoren ab. Das heißt auch: kein Hörbuch oder Podcast, kein Multitasking und kein Telefon. Versuche, deine Gedanken zu beruhigen. Konzentriere dich auf die manuelle Tätigkeit deiner Hände.

Nimm dir nicht zu viel vor. Das kann schnell zu Überforderung und Frustration führen. (Kleine Botschaft für alle, die es zufällig gerade brauchen: Das gilt nicht nur fürs Aufräumen, sondern für fast alles im Leben!). Am besten suchst du dir eine bestimmte Aufgabe für den Anfang: zum Beispiel das Gewürzregal aussortieren und neu einräumen.

Identifiziere „Hotspots". Das sind Orte in deiner Wohnung, an denen sich Krimskrams wie von Zauberhand anhäuft. Betroffen sind oft Nachttische oder Ablageflächen in der Nähe der Haustür, mit ungeöffneter Post, Kassenbelegen, Schlüsseln und mehr. Versuche, hier regelmäßig aufzuräumen und einen festen Platz für Wiederholungsfunde zu finden, die häufig auftauchen.

Nutze die „Eine-Minute-Regel": Erledige Kleinigkeiten, die weniger als eine Minute in Anspruch nehmen, sofort. Das darf auch ganz unachtsam geschehen.

Arbeite mit Stoppuhr. Stelle dir einen Wecker und wirbele 15 Minuten durch deine Wohnung. Das ist kurzweilig und in wirklich jeden Alltag integrierbar. Du verzettelst dich weniger und der Timer kann für Motivation sorgen: In einer Viertelstunde lässt sich verdammt viel schaffen!

Verlasse keinen Raum mit leeren Händen. Wenn du dich von einem Zimmer in das nächste begibst, nimm immer Dinge mit, die liegen geblieben sind und zurück an ihren Platz müssen. Der Bademantel im Schlafzimmer kommt zurück ins Bad und das leere Wasserglas in die Küche.

Lege eine Zeitkapsel an. Es gibt bestimmte Erinnerungsstücke, die wir nicht als Dekoration aufstellen müssen. Aber wir wertschätzen sie und möchten sie gerne langfristig behalten. Finde dazu eine schöne Schachtel, die sich gut verstauen lässt. Wichtige Dinge kannst du hier aufbewahren. Miste jedoch regelmäßig aus und gehe weise mit dem streng limitierten Platz deiner Box um.

Vermeide unnötigen Papiermüll. Sortiere alte Dokumente und miste gewissenhaft aus. Digitalisiere, was du kannst, und bringe einen „Keine Werbung"-Aufkleber an deinem Briefkasten an. Investiere außerdem ausreichend

Zeit, um ein System für wichtige Dokumente zu entwickeln. Sie brauchen einen festen Platz, gleich wenn sie ankommen (Achtung, „Hotspot"-Gefahr!), und einen weiteren, wenn sie bearbeitet wurden.

Überdenke deine Aufbewahrungsmöglichkeiten. Nutzt du geschlossene Schränke und Behältnisse, um Dinge zu verstecken und wahllos unsichtbar zu machen, oder weisen sie tatsächlich eine konkrete Ordnung auf? Sortiere „Unsichtbares" besonders sorgfältig aus. Schaffe dir erst neue Aufbewahrungsmöglichkeiten an, wenn du weißt, wofür du sie wirklich brauchst.

Involviere Mitbewohner und Familienmitglieder in den Prozess. Wenn du nicht allein wohnst, solltest du auch nicht allein dafür verantwortlich sein, dass alles wohnlich bleibt. Wenn jeder weiß, wo was hingehört, und jeder feste Aufgaben hat, geht das Aufräumen in der Summe schneller und es bleibt länger ordentlich. Außerdem kann man sich in stressigen Lebensphasen gegenseitig auffangen und To-dos anpassen, wenn man offen kommuniziert.

Ich habe gemerkt, dass es einfacher ist, die Wohnung ordentlicher zu halten, wenn man zunächst den Tipp mit der Grundreinigung beherzigt. Wie gründlich, ist hier eigentlich egal, solange man konsequent bleibt. Wenn bestimmte Aufgaben immer wieder erledigt werden, haben wir auch mal Zeit, tiefer zu gehen, zu reinigen und auszusortieren. Das Projekt „Wohlfühlen zu Hause" ist ein Marathon und kein Sprint. So schafft man es langfristig, ein lebenswertes Umfeld zu kreieren, ohne täglich viel dafür tun zu müssen. Und die Verschnaufpausen zu Hause fühlen sich auch ganz anders an, wenn der Status quo von „chaotisch" auf „sauber und aufgeräumt" gesetzt wurde. Dann kann man sich auch mit gutem Gewissen der rein ästhetischen Gestaltung oder auch einfach dem Nichtstun widmen. Losgelöst von Minimalismus à la Pinterest und anderen dogmatischen Vorstellungen können wir unser eigenes Ideal erschaffen. Dekorative Objekte und Erinnerungsstücke können in dieser Umgebung endlich den Raum einnehmen, den sie verdienen, und uns eine Freude machen.

WIE AUFRÄUMEN ZUR ENTSPANNUNG WURDE

Üblicherweise sind wir Deutschen dafür bekannt, komplexe und oft lange Wörter zu kreieren, die sich nicht in andere Sprachen übertragen lassen. Manche ziehen dann als Germanismen in den jeweiligen Sprachgebrauch ein und versprühen ein internationales Flair. Andere haben schlichtweg einfach keine Übersetzung. Torschlusspanik, Weltschmerz, Fingerspitzengefühl, Zeitgeist, Zugzwang, Wanderlust – die Liste ist lang. Meine Achtsamkeitspraxis in den eigenen vier Wänden wird von einem englischen Ausdruck bestimmt, für den ich keine Übersetzung finden konnte. Vermutlich nimmt man als Auswanderer nach und nach Eigenarten und Traditionen an. „Puttering around" trifft meinen Zustand am besten, wenn ich nach einem langen Tag zu Hause eintreffe und mich auf den Feierabend vorbereite. Die Definition des Verbs „to putter around" ist „Zeit entspannt verbringen und kleine Arbeiten und Dinge erledigen, die nicht sehr wichtig sind". Es ist genau das, was ich mache, wenn meine Wohnung bereits einen guten Zustand hat, es aber ein paar Kleinigkeiten zu tun gibt, die keine mentale Stärke erfordern. Trotzdem oder gerade deshalb mache ich sie gerne, da sie mich entspannen und mir ein gutes Gefühl geben. Vermutlich würde es auch keinen großen Unterschied machen, wenn ich diese Dinge nicht erledigen würde und mich gleich auf die Couch fallen ließe. Dieser Prozess hilft mir, zu Hause anzukommen und mich mit meinem sicheren Ort zu verbinden.

Für mich ist mein „Puttering around" das perfekte Werkzeug, um die Gedanken zu beruhigen. Eine Art Übung, die mir Ruhe schenkt und tatsächlich eine klassische Meditation ersetzen kann. Umsetzbar ist diese Tätigkeit für mich aber wirklich nur dann, wenn bereits eine Grundordnung herrscht und ich nicht das Gefühl habe, Chaos beseitigen oder Schadensbegrenzung betreiben zu müssen. Wenn aber die Basis stimmt, lohnt es sich auch, mehr Energie in bestimmte Orte in der Wohnung zu stecken und eine kleine Oase zu erschaffen.

Wie schon gesagt: Dinge anzuhäufen und zu kaufen, gehört in unserer Gesellschaft zum guten Ton und kann gleichzeitig Suchtcharakter annehmen. Wir neigen dazu, eine unangenehme Leere füllen zu wollen. Mit Worten, Gegenständen, losen Bekanntschaften. Es fällt uns schwer loszulassen. Tief in uns drin lodert die Angst, sonst etwas zu verlieren, und das kann tausend verschiedene Gründe haben. Doch es sind nicht die Dinge, die uns am Leben halten. Dinge machen kein Bauchkribbeln. Sie lassen uns selten trauern oder etwas schmerzlich vermissen. Und wenn doch: Herzlichen Glückwunsch! Du umgibst dich mit dem, was du brauchst – und das ist genau richtig.

BEWUSST EINRICHTEN UND INSPIRATION FINDEN

Die Wohnung ist ein Spiegel der Persönlichkeit. Eine Möglichkeit, den eigenen Charakter nach außen zu kehren, begehbar zu machen. Gefühle zu visualisieren, die in einem wohnen. Fast alle kennen wir in unserem persönlichen Umfeld einen Menschen, der ein ganz besonderes Händchen fürs Einrichten und Dekorieren hat. Möbel, Farbkombinationen, Bilder an der Wand – ein Besuch bei diesem Menschen ist ein bisschen wie ein Gang ins Museum. Nicht, weil alles so unnahbar, teuer und verstaubt scheint, sondern weil es zum Staunen einlädt. Alles passt irgendwie zusammen, ist wohlgewählt, ohne zwanghaft zu wirken, und man hat keine Ahnung, wo dieser Mensch all das auftreiben konnte. Geheime Spenden, Lottogewinn, Familienerbstücke? In der Regel ist das Gegenteil der Fall. Das Bett ist von Ikea, die Kommode vom Sperrmüll und die wunderschönen Keramikteller ein Mitbringsel aus dem letzten Spanienurlaub. So wie bei uns auch – nur ist das Ergebnis trotzdem erfrischend anders.

Wie kreiert man eigentlich so eine authentische, stimmige Wohnlandschaft? Ich glaube, das Geheimnis ist der Mut zum eigenen Stil. Die Fähigkeit, das eigene Empfinden für Ästhetik in Einrichtung oder Mode zu übersetzen. Indem sie Dinge mit Bedacht auswählen und natürlich Spaß am Thema Interieur haben. Während ich das schreibe, denke ich an eine ganz besondere Person, die genau diese Fähigkeit besitzt und mit der ich sogar schon einmal eine Wohnung teilen durfte.

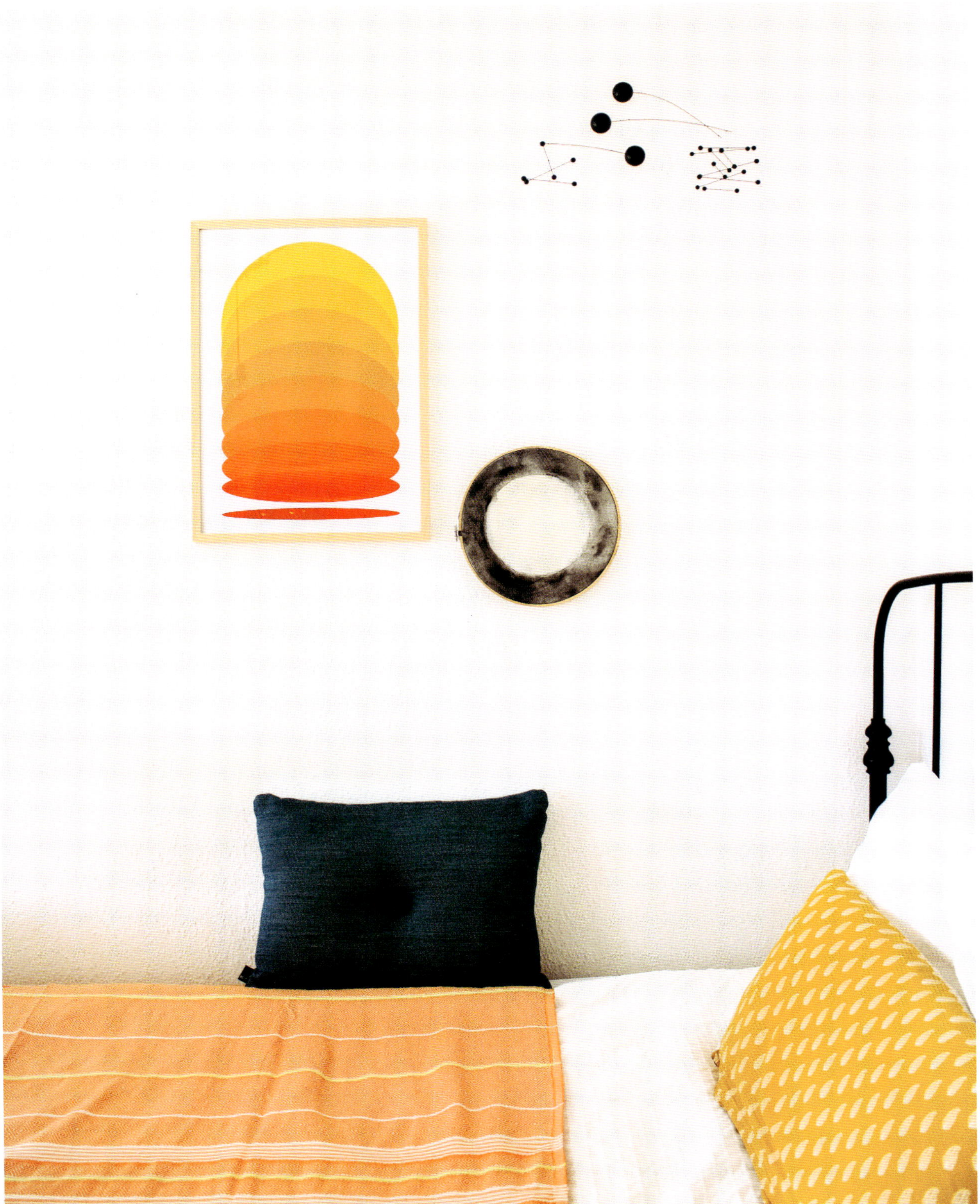

Interview mit Isabella

WIE MAN DAS „GEWISSE ETWAS" IN DIE EIGENEN VIER WÄNDE BRINGT

Wenn ich an einen einzigartigen Einrichtungsstil denke, bin ich in Gedanken sofort bei meiner Freundin Isabella (@isobello). Sie arbeitet als Kreativkonzepterin und wohnt seit fünf Jahren in einer Einzimmerwohnung in Stuttgart. Wir sind bereits mehr als fünfmal zusammen umgezogen und ihr momentanes Zuhause ist auch mein Hafen, wenn ich mal in der Stadt bin. Immer wenn ich dort bin, will ich am liebsten alles einpacken oder ganz viele Fotos machen. Ihre Wohnung hat das „gewisse Etwas", doch wie macht Isabella das?

Was inspiriert dich auf der Suche nach Möbeln und Dekor für deine Bleibe?

Erkundungstouren! Für Farbkonzepte sind die Natur oder ein Spaziergang durch die Stadt tolle Inspirationsquellen, aber auch ein Museumsbesuch kann dafür super sein. Einrichtungstechnisch blicke ich gerne nach Dänemark, Belgien und Spanien. Kopenhagen, Antwerpen und Barcelona haben mich auf meinen Reisen nachhaltig beeindruckt. Natürlich kann man auch virtuell wunderbar reisen: Ich bin zum Beispiel großer Pinterest- und Instagram-Fan, wenn es um Einrichtungsinspiration geht.

Wie findet man den eigenen Stil und wie übersetzt man das in die richtigen Wohnelemente?

Hierfür ist es wichtig, dass man Lust hat, sich auf die Suche nach dem eigenen Geschmack zu machen. Ich hab schon so viele Wohnungen gesehen, die objektiv gut eingerichtet waren, aber leider wenig Persönlichkeit hatten. Die eigenen vier Wände sind eine tolle Leinwand, um eine ganz eigene Geschichte zu erzählen. Und ich liebe es, diese Geschichten bei anderen herauszulesen.

Was bedeutet „zu Hause wohlfühlen" für dich und was hat das mit Achtsamkeit zu tun?

Mich zu Hause wohlzufühlen bedeutet mir sehr viel, denn ich wohne wahnsinnig gerne. Wahrscheinlich, weil ich es „für mich" mache. Weil mein Zuhause der Ort ist, den ich genau so gestalte, wie es mir passt. Und auch wenn ich Besuch liebe, würde ich genau so wohnen, wenn niemand es sähe. Weil es mein ist. Mein kleiner Rückzugsort – mal Rettungsinsel, mal Versteck, mal Ruhepol und manchmal auch Klub, wenn ich mit dem Weinglas in der Hand im Pyjama durch die Wohnung tanze. Achtsamkeit halte ich dagegen nicht für eine orts- oder gar materialgebundene Praktik. Aber im besten Fall ist das eigene Zuhause ein Ort, an dem man alles fallen lassen kann – von der Jeanshose bis hin zu Gedankenspiralen. Das hilft dabei, im Hier und Jetzt zu leben, achtsam zu sein.

Nimm uns mit: drei Lieblingsteile in deiner Wohnung?

Hier muss ich meinen Perserteppich nennen, der ein Geschenk meiner Tante war und unbewusst, aber glücklicherweise den Startpunkt für das Farbkonzept im Raum bildete. Das Zweite: fast immer frische Blumen auf dem Tisch. Das Dritte ist der Silkscreen Print „Beinsteiner Tor" von Christoph Niemann. Zum einen, weil ich seine Arbeit liebe, zum anderen, weil das Bild einen Ort in meiner Heimatstadt Waiblingen zeigt.

KREIERE DEINEN ORT DER RUHE

Achtsamkeit großflächig und uneingeschränkt in den Wohnraum zu bringen, ist gar nicht so einfach. Vor allem wenn man keine Freude am Putzen, Aufräumen oder Einrichten hat. Die folgende Inspiration ist für alle gedacht, die klein anfangen wollen. Oder die sich in einer Situation befinden, in der sie nicht alles eigenmächtig entscheiden oder beeinflussen können. Ich denke da an diverse Wohngemeinschaften, Zwischenmieter oder vielleicht sogar an das Jugendzimmer zurück. Vor allem wenn man nicht unglaublich viel Platz zur Verfügung hat und strukturell wenig ändern kann: Die folgende Idee ist für jeden adaptierbar.

Seit einigen Jahren gehört ein kleiner Altar zu den liebsten Details in meiner Wohnung. Das Wort ist sehr religiös konnotiert, allerdings beziehe ich mich hier nur auf die traditionelle formale Umsetzung eines Altars. Alles, was du brauchst, ist ein bisschen Platz. Es reicht eine leere Stelle in einem Regal, auf deinem Nachttisch oder vielleicht sogar ein eigenes Beistelltischchen. Dein Altar soll dich inspirieren, erden und dir Ruhe schenken. Fülle ihn mit Dingen, die du gerne anschaust und anfasst. Dein Auge soll hier angenehm ruhen können, denn damit sendest du deinem Unterbewusstsein ein Signal: „Hier ist mein Platz, hier darf ich ich sein und mich entspannen."

Dennoch ist dieser Platz nicht nur für die schönen Dinge gedacht. Wirklich bedeutungsvoll wird er erst, wenn du ihn mit Stücken füllst, die dir wichtig sind. Informiere dich über die verschiedenen Symbole und Kulturen und hinterfrage deine eigene Intention bei der Auswahl der Elemente.

Die Basis für deinen Altar:
- Ein kleines Podest, zum Beispiel eine dekorative Schachtel oder ein Buch
- Rustikal und schön ist eine Holzscheibe darauf, auf der man die Lieblingsstücke arrangieren kann.
- Alternativ ein dekorativer Teller oder ein Tablett

Schöne Kleinigkeiten, die du für deine Achtsamkeitsoase nutzen kannst:
- Kristalle und Edelsteine, von denen du dich angezogen fühlst
- Räucherstäbchen oder eine Duftlampe
- Eine Vase mit frischen oder getrockneten Blumen und Zweigen
- Eine Kerze
- Erinnerungsstücke wie Fotos mit schönem Rahmen oder andere ausgewählte Memorabilien wie Postkarten oder ein besonderer Brief
- Andere Dinge mit emotionalem Wert für dich

Am besten machst du es dir richtig schön, wenn du den Altar das erste Mal aufbaust. Kerzenschein, Lieblingsmusik und ein warmes Getränk sind meine Favoriten, wenn es gemütlich werden soll. Versuche, eine Intention zu setzen: Was soll diese kleine Oase in dein Leben bringen? Soll sie ein Ort der Ruhe, der Inspiration oder des Reflektierens werden? Versuche, gedanklich bei deinen Zielen und Träumen zu bleiben, während du die Gegenstände anordnest. Nimm dir Zeit und wähle einen Moment, an dem du ganz ungestört bist. Du kannst später zu festen Zeiten zu deinem Altar zurückkehren oder dir immer dann Erholung und Ruhe suchen, wenn Körper und Geist danach verlangen.

> **Tipp**
>
> *Du kannst die Wohnung lüften oder mit einem Salbeistick ausräuchern, bevor du beginnst. Das ist ein sehr reinigendes Ritual und verscheucht negative Energien. Für mich hat es etwas sehr Feierliches, was den darauf folgenden Handlungen noch mehr Gewicht gibt. Probiere es einfach mal aus!*

Deinen Ort der Ruhe kannst du unterschiedlich nutzen. Vielleicht ist er in Zukunft der Ausgangspunkt für deine Meditationspraxis oder du läutest hier täglich deinen Feierabend ein. Das Anzünden der Kerze kann „Zeit für dich" bedeuten oder ein Signal zum Durchatmen sein. Je nachdem, wie du deinen Altar nutzen möchtest, platzierst du ihn auch. Am besten suchst du dir eine Stelle in der Wohnung aus, die nicht nur zufällig noch leer steht, sondern du wählst den Ort mit Bedacht. Wo brauchst du etwas mehr gesunde Aufmerksamkeit? Und noch viel wichtiger: Wo kannst du sie genießen? Direkt neben dem Schreibtisch oder im Arbeitszimmer ist sicher nicht der richtige Ort, und auch in wuseligen Gemeinschaftsräumen findest du vermutlich nicht regelmäßig genug Zeit und Muße für deine Achtsamkeitspraxis.

Mein kleiner Altar steht im Wohnzimmer neben dem Sofa, wo ich auch mein Meditationskissen verstaut habe. Wenn mir danach ist, mache ich es mir davor auf dem Boden gemütlich, platziere das Kissen und mache ein paar Atemübungen. An anderen Tagen schaue ich einfach nur aus dem Fenster, beobachte die Wolken oder höre den Vögeln zu. Manchmal ziehe ich eine Tages- oder Inspirationskarte oder betrachte die Farben meines Lieblingskristalls im Sonnenschein. Wie spirituell du diese Idee umsetzt, bleibt dir überlassen.

Nach der ersten Euphorie und dem Aufbau des Altars kommt manchmal die Ernüchterung im Alltag. Die Oase verkommt in stressigen Zeiten schnell zum dekorativen Staubfänger. Das kann mal passieren und ist auch völlig in Ordnung, jedoch sollte es nicht zur Regel werden. Um deinem Ort mit genügend Wertschätzung zu begegnen, kannst du dich auch hier an einen saisonalen Ansatz halten. Entweder analog zu den meteorologischen Jahreszeiten Frühling, Sommer, Herbst und Winter oder zu deinen persönlichen Hoch- und Tiefphasen.

Ich selbst verändere dazu meinen Altar immer entsprechend und setze neue Intentionen. Ich nehme jeden Gegenstand in die Hand, reinige ihn und überlege mir, ob er noch seinen Zweck erfüllt. Wenn er das nicht tut, bedanke ich mich bei ihm und finde einen neuen Platz für ihn. So passe ich nicht nur das äußerliche Erscheinungsbild meines Altars an, sondern auch seine tatsächliche Ausrichtung und den Nutzen. Viel Inspiration finde ich dazu in der Natur und in der Welt der Kristalle. Eine geometrische Anordnung von Gegenständen schafft Ordnung und bündelt Energie. Das Legen geometrischer Formen (zum Beispiel in Form eines „Crystal Grids") hat etwas sehr Meditatives und hilft Unentschlossenen bei der Gestaltung und Anordnung verschiedener Objekte. Neben spirituellen Aspekten finde ich hier besonders schön, dass man sich dabei auf die natürliche Struktur der Kristalle bezieht: Wenn man ganz tief reinzoomen könnte, sähe man die Atome, Ionen oder Moleküle in ihrer regelmäßigen Gitterstruktur. Mit bloßem Auge sind die Steine aber oft ganz unregelmäßige, unebene Objekte mit faszinierender Oberfläche und Haptik.

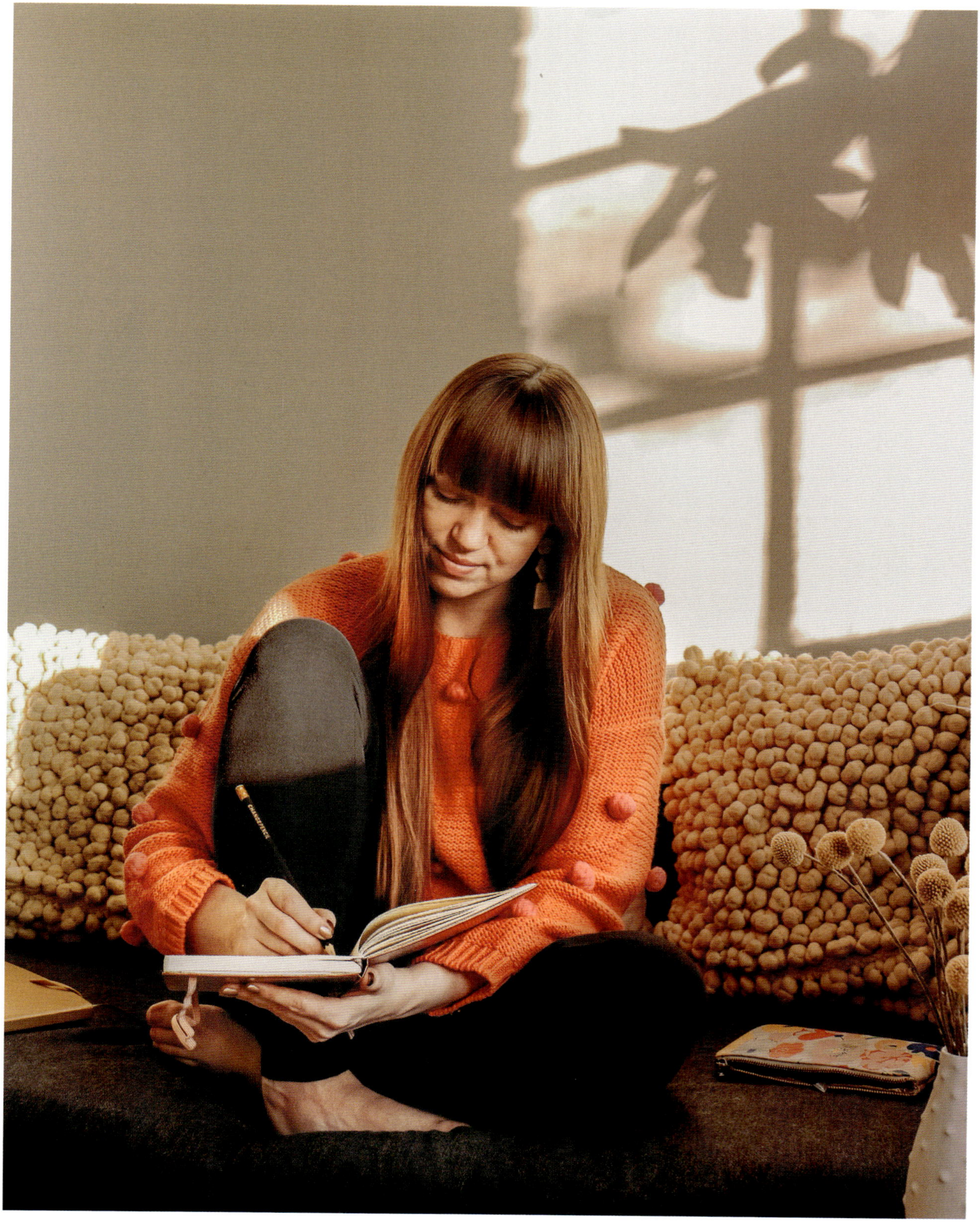

„Zu Hause" ist ein Gefühl.

Ein Ort voller Erinnerungen

und Träume.

GRÜN MACHT GLÜCKLICH

Ganz egal ob steriler Minimalismus mit klaren Strukturen und Farbkonzept oder detailverliebter Retro-Chic: Gegenstände bringen nur bis zu einem gewissen Grad Leben in die Bude. Pflanzen hingegen haben eine ganz besondere Energie und können Räume in grüne Oasen verwandeln. Das urbane Großstadtleben ermöglicht nicht jedem den Traum von einem eigenen Garten oder Balkon, und so erfreuen sich Zimmerpflanzen wachsender Beliebtheit. Dieser Trend macht sich auch auf Social Media bemerkbar – es gibt inzwischen unzählige Hashtags und Accounts, die sich der Pflege und Vermehrung von Pflanzen in den eigenen vier Wänden widmen. Neben den optischen Pluspunkten können Pflanzen auch unser Wohlbefinden und nicht zuletzt unsere Lebensqualität nachhaltig verbessern.

Unsere Generation verbringt sehr viel Zeit in geschlossenen Räumen. Je nach Beruf können so bis zu 90 Prozent der Lebenszeit drinnen ablaufen. Das löst sicherlich nicht nur in mir gemischte Gefühle aus. Zunächst versucht man sich vielleicht auf die positiven Nebenwirkungen des modernen Stubenhockerdaseins zu konzentrieren: Ein Leben in Bürogebäuden und kuscheligen Wohnungen klingt zumindest sicher und damit geschützt vor Umweltverschmutzung und anderen schädlichen Außeneinwirkungen. Leider ist das nur bedingt der Fall, denn scharfe Putzmittel, Heizsysteme und andere Produkte sorgen für die ständige Präsenz toxischer Stoffe in unserem Umfeld. Ein Teil dieser Schadstoffe kann tatsächlich von Hauspflanzen absorbiert werden, sodass unsere Luft damit ein bisschen reiner wird und wir endlich wieder mit gutem Gefühl durchatmen können. Die folgenden grünen Favoriten bereiten mir täglich Freude.

Besonders pflegeleicht und für Anfänger geeignet: der klassische Kaktus. Mehr als 2500 Kakteenarten können natürlich für eine gewisse Überforderung sorgen; die gute Nachricht ist jedoch, dass darunter bestimmt einer ist, der zu deinem Einrichtungsstil passt. Ab zehn Grad Celsius fühlen sie sich wohl, am liebsten an einem sonnigen Plätzchen. Pluspunkt: Man muss sie nicht allzu oft gießen.

Für Aufmerksame und Trendbewusste: Die Forellenbegonie (Begonia maculata) gehört zu meinen absoluten Lieblingen und durfte nach dem Besuch eines schicken Pflanzen-Pop-up-Stores bei mir einziehen. Ganz schnell merkte ich jedoch, dass man bei der wunderschönen Pflanze mit den weißen Punkten auf jegliche Blattveränderungen achten muss, um Pflegefehler zu vermeiden. Kein direktes Sonnenlicht, kein Zug und keine Staunässe – die tropische Pflanze ist wählerisch.

Pflanze mit Eigenleben: Die Gebetspflanze (Maranta leuconeura) sieht nicht nur toll aus, sondern bewegt sich auch deutlich sichtbar und ruckartig. Manchmal sitze ich auf dem Sofa und warte förmlich darauf, dass sich die Blätter aufrichten. Dafür verantwortlich ist eine verdickte Stelle im unteren Teil des Blattes. Hier befinden sich Gelenkpolster, die die Blätter während des Tagesverlaufes ausrichten. Spezialisierte Zellen kontrollieren die Bewegung. Faszinierend!

Wenn du dich für eine Pflanze entscheidest, gehe nicht nur nach dem Aussehen. Am besten suchst du sie passend zu deinem Lebensraum aus, um ideale Bedingungen zu schaffen. Standort, Lichtquellen und Luftfeuchtigkeit beeinflussen nicht nur unser Wohlbefinden, sondern auch das unserer grünen Freunde. Die Entscheidung für eine Pflanze bringt eine neue Verantwortung mit sich. Diese Verpflichtung lässt die Wertschätzung für unseren Lebensraum wachsen, vor allem weil sie ganz bewusst und freiwillig geschieht. Pflanzen trainieren so unseren „Empathiemuskel". Es tut gut, sich um etwas zu kümmern und etwas wachsen zu sehen. Vielleicht sogar die Abhängigkeit zu spüren. Das kann uns helfen, eigene Sorgen für wenige Minuten zu vergessen, und kitzelt außerdem positive Eigenschaften aus uns heraus. Trotzdem ist die Verantwortung nicht so hoch, dass wir schnell überfordert sind – immerhin sind Pflanzen keine Haustiere und erfordern auch keinen großen finanziellen Einsatz. Genau deshalb sind Zimmerpflanzen großzügige Wegbegleiter und Lehrer, die uns helfen, unsere Räume mit Bedacht zu gestalten und auf Wohnlichkeit hin zu überprüfen. Du hast einen Raum, der gänzlich ungeeignet für jegliche lebende Pflanze ist? Dann solltest du darüber nachdenken, ob du selbst dort glücklich sein kannst und welche Schritte nötig sind, um Balance und Lebensqualität in ein besseres Gleichgewicht zu bringen. Auch für dich!

MEDITATIVE PFLANZENPFLEGE

Pflanzen vereinen alle vier Elemente in sich. Sie säubern die Luft, wachsen in der Erde, das feurige Licht schenkt ihnen Leben und natürlich brauchen sie Wasser. Unser Umfeld fühlt sich durch Pflanzen weniger stagnierend an, sondern wie ein kleines, in sich geschlossenes Ökosystem. Inklusive Veränderungen, neuen Trieben und, ja, Tod. Doch wie verhilft uns ein grüner Daumen zu mehr Achtsamkeit und Selbstliebe im Alltag?

Nachdem wir die passenden Pflanzen für uns und unsere Wohnung ausgewählt haben, informieren wir uns natürlich auch über ihre Bedürfnisse. Die Pflege sehe ich als Teil meiner eigenen Selbstfürsorgeroutine und nicht als lästige Hausarbeit. Deswegen verankere ich das Gießen und Kümmern in einem meiner eigenen, bereits bestehenden Rituale, mit dem Ziel, mich stärker geerdet zu fühlen.

Bewässere deine Pflanzen immer zum gleichen Zeitpunkt. Am besten vereinst du das mit einem Morgenritual, damit die Pflanzen genug Zeit haben, das Wasser während der Sonnenstunden aufzunehmen. Ich war lange Zeit ein gewohnheitsbedingter „Abendgießer", das ist aber wenig sinnvoll. Wenn wir uns nämlich an die Schulzeit zurückerinnern: Die Fotosynthese ist ein physiologischer Prozess zur Erzeugung energiereicher Biomoleküle und funktioniert darum nur mithilfe von Licht. Das macht sich natürlich weniger gut als Part einer Abendroutine.

Inzwischen habe ich ein sehr gemütliches Sonntagmorgenritual entwickelt: Ich brühe mir einen ersten Kaffee auf und fülle ihn in meine Lieblingstasse. Das benutzte Kaffeepulver breite ich auf meiner Silikonbackmatte aus und lasse es im Sonnenschein trocknen. (Dafür finden wir später noch eine neue Verwendung.) Während ich meine Pflanzen gieße, reflektiere ich in Gedanken die vergangene Woche. Je nach Stimmung setze ich eine Intention für den Wochenstart. Ich versuche, dabei auf eine gesunde Balance zu achten. Wenn eine Woche sehr stressig war, versuche ich, den Fokus auf Erholung und Ruhe zu setzen. Es gibt selten den „perfekten Tag" oder die „perfekte Woche". Erfahrungsgemäß kommt Stress in Schüben und unser Leben unterteilt sich mehr oder minder in jahreszeitenähnliche Perioden. Mir bewusst zu machen, ob ich gerade in einer dynamischen oder eher statischen Phase stecke, hilft mir sehr dabei, ein wenig gegenzusteuern. Wer im Job richtig Gas gibt, braucht vermutlich kein neues, abenteuerliches Hobby, sondern etwas Entschleunigung. Während des Gießens entferne ich außerdem gelbe oder vertrocknete Blätter und überprüfe die Erde auf Staunässe oder Schimmelbildung. Pflanzen mit herrschaftlichen, großen Blättern entstaube ich und im Sommer nehme ich gerne

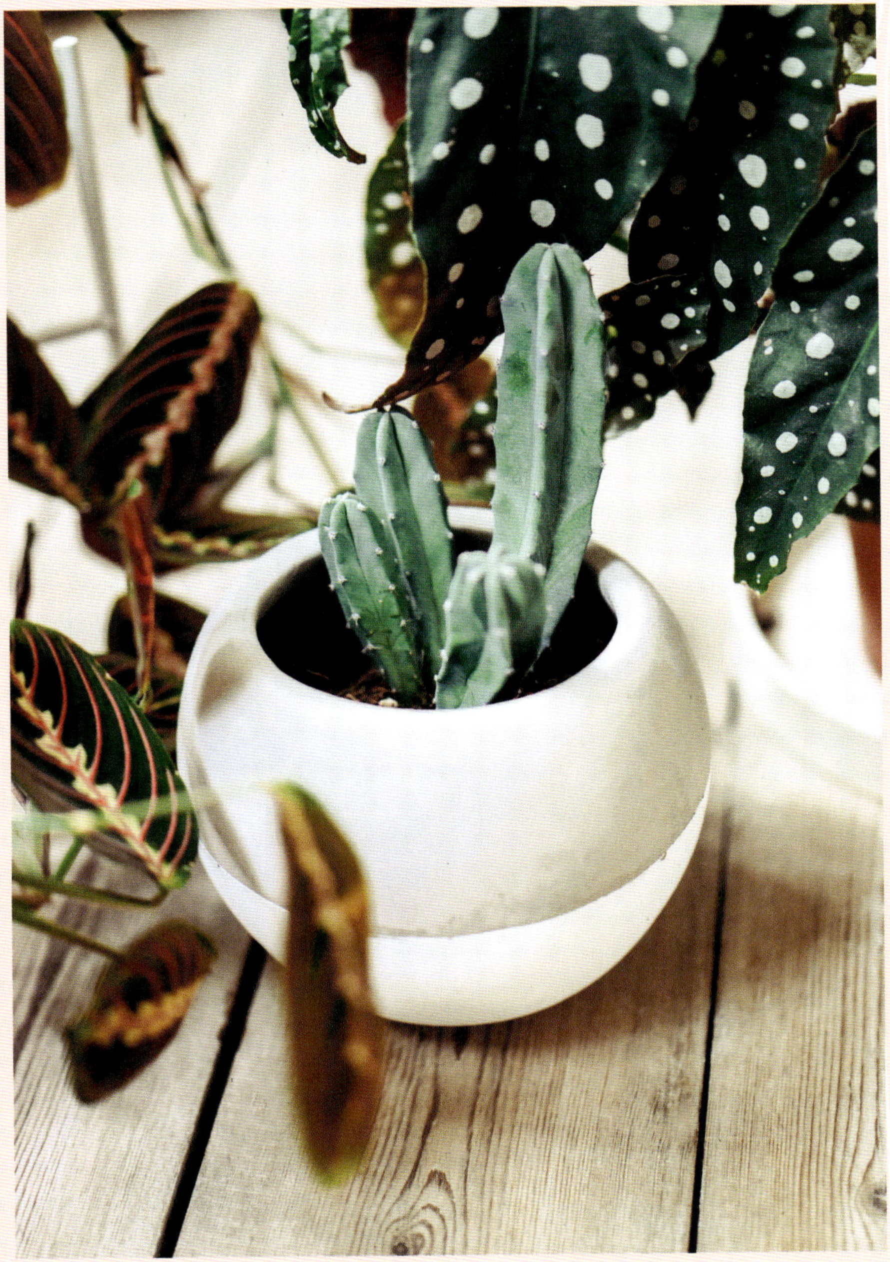

Ableger von hochschießenden Pflanzen. Inspiriert davon, denke ich gerne darüber nach, was mein Leben gerade mehr braucht: Was möchte oder muss ich zurechtstutzen und wo wünsche ich mir eine Verlängerung? Wachse ich über mich hinaus?

Ich mag es, bei alldem einfach ganz ruhig bei mir selbst zu sein und die Stille zu genießen. Ich kann so ganz unverfänglich meinen Gedanken nachhängen. All diese Reflexionen wären vermutlich auch wunderbar in einem Tagebucheintrag aufgehoben, aber so bleibt die Übung sehr leicht umsetzbar und die Hürde, sie wirklich durchzuziehen, ist gering. Einfach weil wir körperlich nur einer sehr einfachen Tätigkeit nachgehen, die sowieso gemacht werden muss: dem Gießen.

In regelmäßigen Abständen braucht die Erde einen kleinen Nährstoffkick – je nach Jahreszeit, Pflanze und Substrat unterschiedlich oft. Der getrocknete Kaffeesatz ist eine günstige und natürliche Alternative. Kaffee ist reich an Phosphor, Kalium und Stickstoff. Das Pulver ist leicht sauer und senkt damit den pH-Wert der Erde. So eignet es sich für Pflanzen, die einen eher sauren Boden mögen. Überdüngen mit Kaffeesatz ist fast nicht möglich, allerdings sollte das Auffrischen der Erde nicht wahllos erfolgen. Für Zimmerpflanzen mische ich Kaffee meist mit der Erde durch und am liebsten findet es auf meinem Balkon Verwendung. Meine Hortensien und Pfingstrosen mögen Kaffee nämlich mindestens genauso gerne wie ich.

Tipp

Für mehr Nachhaltigkeit kannst du Wasser auffangen, um dieses zur Bewässerung deiner Zimmer- oder Balkonpflanzen zu nutzen. Wenn du zum Beispiel auf das warme Wasser unter der Dusche wartest, kannst du den ersten kalten Schwall mit einem Eimer auffangen. Auch das Wasser meiner abendlichen Wärmflasche findet Verwendung. Wenn ich Gemüse oder Obst wasche, versuche ich, das Wasser zu sammeln. Doch Achtung: Solltest du sehr empfindliche Pflanzen haben, musst du mit Pestiziden und anderen Giften in diesem Wasser aufpassen – aber was deinen Pflanzen schadet, schadet dir noch mehr. Vielleicht kannst du solches Obst oder Gemüse durch weniger behandeltes ersetzen. Dir und der Umwelt zuliebe!

EIN RAUM FÜR RUHE

Der Schlüssel zur Schaffung einer Achtsamkeitspraxis zu Hause besteht darin, einen Raum zu kreieren, in dem deine ständige Geschäftigkeit aufhört. Wo du ganz bewusst anhalten und deinen Geist in den Körper zurückkehren lassen kannst. Nur so kannst du dich voll und ganz auf alles konzentrieren, was im jeweiligen Moment geschieht. Diese Art von Aufmerksamkeit zeichnet sich vor allem dadurch aus, dass du unbelastet von Gedanken an die Vergangenheit oder die Zukunft bist. Du musst nichts planen und dich idealerweise nicht sorgen. Nachdem du ausgemistet, umgeräumt, geputzt und dekoriert hast, folgt ein weiterer wichtiger Schritt: die totale Stille und das absolute Nichtstun. Genau das ist etwas, das unsere Generation nach und nach verlernt hat. Für viele mag es sich sogar falsch anfühlen. Einfach nur ruhig dasitzen, ein- und ausatmen und vor allem innerlich zu schweigen: Der Alltag verzögert sich für einen Moment. Das scheint uns nicht voranzubringen und widerstrebt unserer Gier nach Produktivität und Leistung. Dabei ist es ein sehr wichtiger Punkt auf der Tagesordnung, denn er erlaubt uns, Spannungen und Sorgen abzubauen, ohne aktiv daran zu arbeiten. Mir fällt es schwer, eine Anleitung zum Nichtstun zu liefern. Zum einen, weil ich mich selbst damit schwertue, und zum anderen, weil es eine sehr kurze Anleitung wäre, die vermutlich trotzdem meist nicht zum gewünschten Erfolg führt.

Ich habe die Erfahrung gemacht, dass es mir sehr schwerfällt, meinen Geist in einem unordentlichen Raum zu beruhigen. Deswegen sollte man sich die richtigen Rahmenbedingungen schaffen. Durch die aktive Gestaltung unseres Wohnraumes und die Optimierung von Faktoren wie Sauberkeit und Ordnung beseitigen wir Störfaktoren, die uns langfristig vom Innehalten abhalten würden. Die Fähigkeit, allein das Nichtstun zu genießen, kommt dann mit ein bisschen Übung von selbst. Auch dadurch wieder entsteht eine gewisse Balance – in Form einer Abfolge passiver und aktiver Handlungen, die sich gegenseitig ergänzen.

Unter dem Dach „Wohlbefinden zu Hause" vereine ich drei grundlegende Bereiche:
- **das Aussehen meines Wohnraums inklusive Dekorationen und Mobiliar,**
- **den Besitz, den ich zu Hause ansammle,**
- **die Routinen und Gewohnheiten, die den Haushalt bestimmen und ihn lebenswert machen.**

Genau diese Bereiche müssen sich in einem harmonischen Dreiklang befinden, damit wir uns richtig wohlfühlen können. Um dies wahr werden zu lassen, habe ich das folgende Selbstexperiment konzipiert, bei dem du gern mitmachen kannst. Alles, was du brauchst, sind ein bis zwei Stunden Zeit jeden Tag – exakt sieben Tage lang.

Experiment
„WENIGER IST MEHR"-CHALLENGE

Was ich an meinen Experimenten so liebe, ist der genau festgelegte Zeitraum. Das ist motivierend, kurzweilig und kann helfen, das Vorhaben tatsächlich durchzuziehen. Für die kommende Woche nehme ich mir vor, mich nach und nach von mehr materiellen Dingen zu trennen. Am ersten Tag von einer Sache, am zweiten Tag von zweien und so weiter. So sollten insgesamt mindestens 28 Dinge gesammelt werden, die dann verantwortungsvoll entsorgt oder weitergegeben werden. Meine Gefühle und Gedanken habe ich wie immer in Tagebuchform festgehalten. Macht gerne mit und teilt eure Gedanken mit dem Hashtag #JTEBG!

TAG 1: Nur eine Sache aussortieren? Ich weiß gar nicht, wo ich anfangen soll. Ich kann mich kaum entscheiden, lege dann aber schließlich einen alten Pulli in die Kiste, die ich bald zum Mädchenflohmarkt schicken will.

TAG 2: Ab in die Küche! Ich habe eine „Schublade des Schreckens", die kaum zugeht und in der sich ganz viel Küchenzubehör befindet. Zwei ausgemusterte (und doppelt vorhandene) Kochlöffel wandern in den Spendentopf.

TAG 3: Heute ist der Balkon dran! Hier fällt es mir besonders leicht – drei ohnehin kaputte Töpfe werden verantwortungsvoll entsorgt und es sieht gleich viel ordentlicher aus.

TAG 4: Das erste Mal habe ich fast ein bisschen Angst, etwas wegzutun, das ich eigentlich noch brauche. Dann schaue ich unter unser Sofa, den einzigen Stauraum in unserer Schuhschachtel. Was ich finde? Eine Heißklebepistole (habe ich doppelt) und ein paar andere längst vergessene, unnötige Dinge. Perfekt!

TAG 5: Meine Unterwäscheschublade geht nicht mehr zu, und so mache ich das zu meiner heutigen Challenge. Fünf Teile habe ich fast schneller zusammen, als mir lieb ist.

TAG 6: Mit guter Musik wirbele ich durch die Wohnung und packe an jeder Stelle ein ungeliebtes Stück ein: von der Vase bis zum Hundetipi (das der blinde Hund nicht mehr findet) … Beherzt mache ich ein paar Fotos für eBay & Co. Ich bin überzeugt, dass das eine oder andere Teil ein besseres Leben verdient.

TAG 7: Für den letzten Tag nehme ich mir nochmals den Kleiderschrank vor. Was man da so alles findet! Die sieben Teile habe ich schneller zusammen, als ich gucken kann. Inzwischen bin ich Profi im Loslassen und behalte wirklich nur, was mir Freude macht.

Und du? Versuche dich an der Ausmist-Challenge und mache dein Leben in sieben Tagen etwas simpler und aufgeräumter!

DIE WENIGER IST MEHR
challenge

TAG 1 → 1 Teil
TAG 2 → 2 Teile
TAG 3 → 3 Teile
TAG 4 → 4 Teile
TAG 5 → 5 Teile
TAG 6 → 6 Teile
TAG 7 → 7 Teile

LOSLASSEN UND GLÜCKLICH WERDEN
#JTEBG

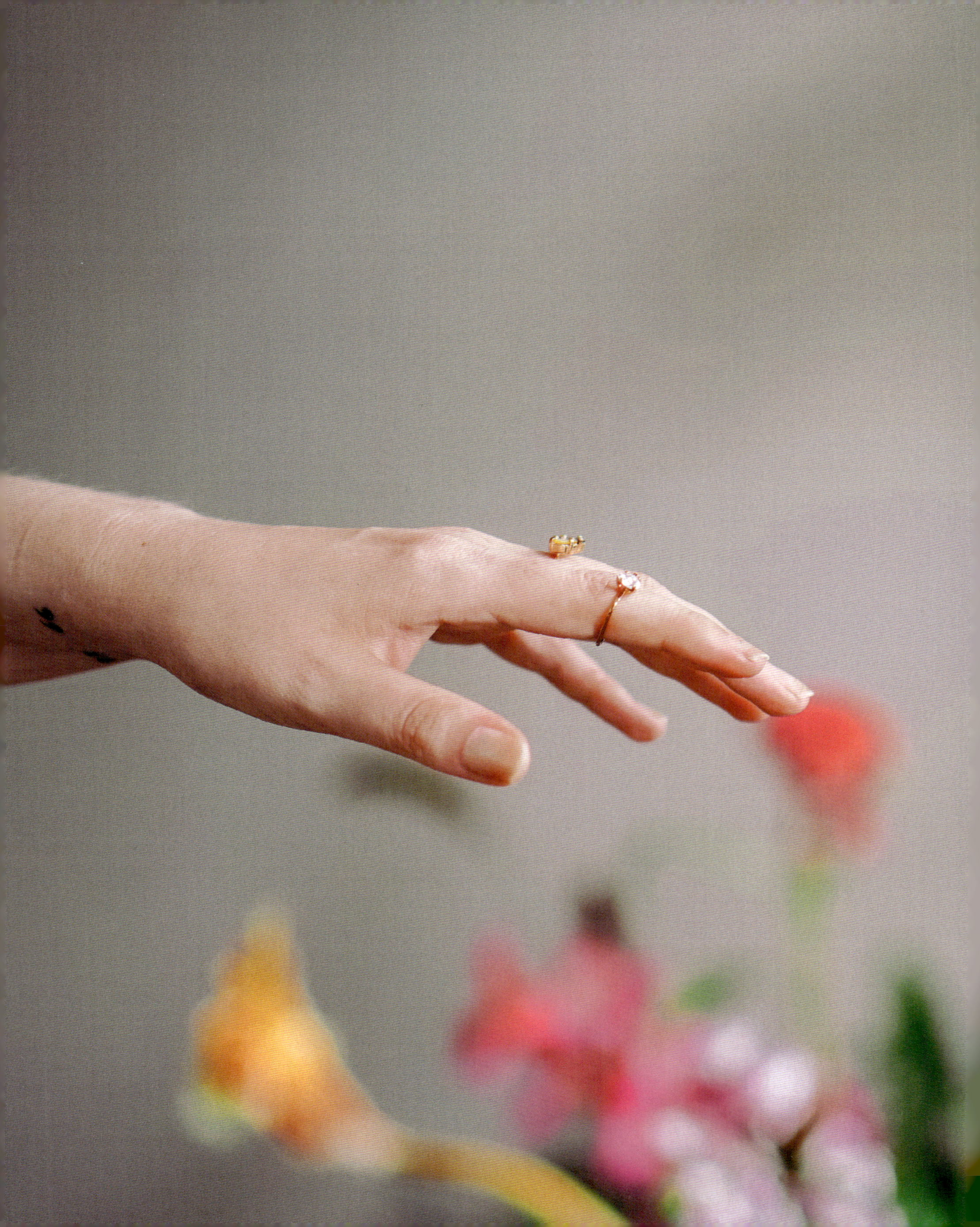

Kapitel sieben

NAH AM HERZEN

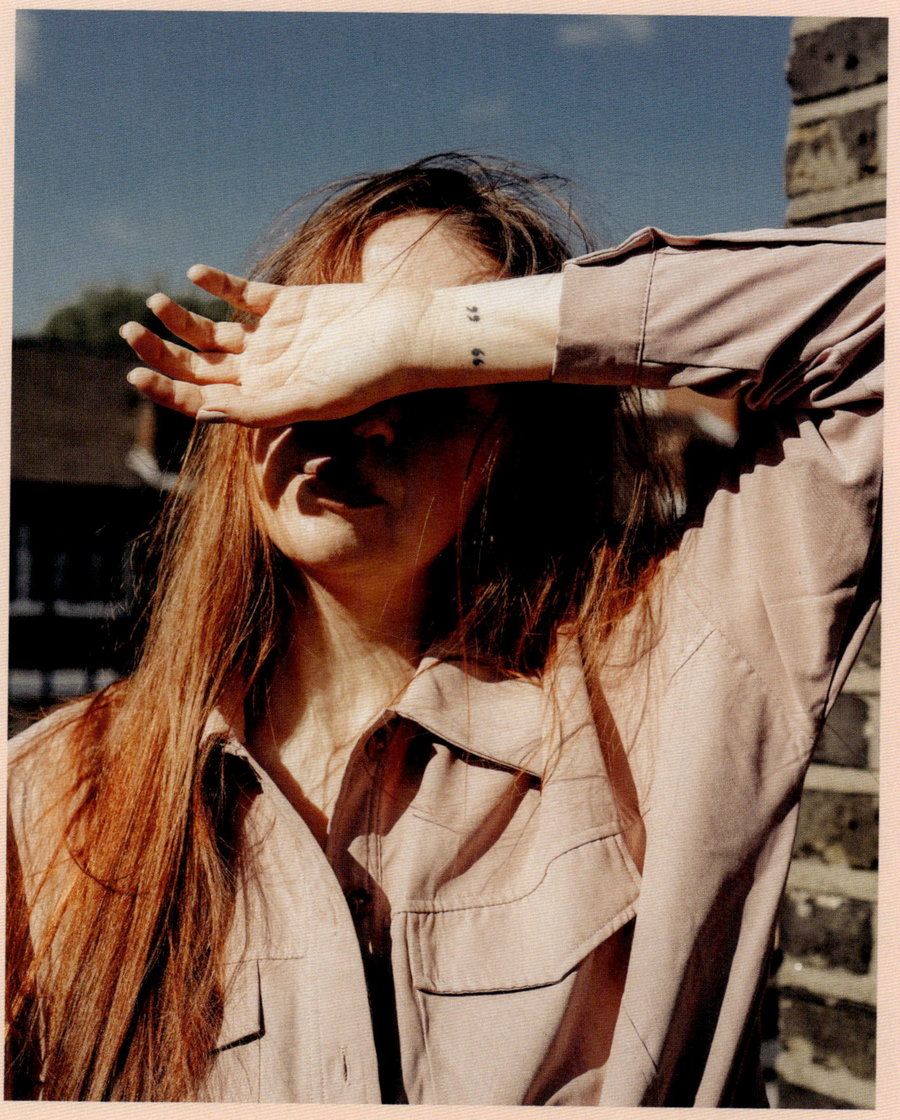

MANCHMAL KOMMT ES ANDERS

Achtsamkeit ist nicht gleich Achtsamkeit. Der Schaumbadmythos hat mir vor allem eines beigebracht: Achtsamkeitspraxis ist ein Privileg. Eine Sache, die zwischen Notwendigkeit und Luxus schwankt. Wenn in deinem Leben alles nach Plan verläuft und du gesund bist, Geld im Portemonnaie hast und jeden Tag ganz selbstverständlich die Wohnungstür aufschließt: Glückwunsch – Jackpot! Es liegt in deiner Hand, du bestimmst, was du daraus machst.

Doch was macht man eigentlich mit all den Tipps und Ideen, wenn gerade alles in Schieflage ist? Wenn etwas außer Kontrolle geraten ist, das dein Leben einschneidend verändert und einschränkt? Chronische Krankheiten, der Verlust eines geliebten Menschen, ein Schichtarbeitssystem, das normale Routinen unmöglich macht? Wie entkommt man dieser nagenden Angst, die Kontrolle zu verlieren?

Wir Menschen sind unheimlich anpassungsfähig. Achtsamkeit ist kein „One size fits all"-Konzept à la „Was nicht passt, wird eben passend gemacht". Das größte Geschenk, das du dir machen kannst, ist eine gesunde Erwartungshaltung, die deinen Grenzen und Fähigkeiten entspricht. Ohne sich dafür zu entschuldigen. Wir Menschen vergleichen uns gerne miteinander und haben inzwischen einen vermeintlich intimen Einblick in die Routinen unserer Mitmenschen. Doch wie real ist das?

Inspiriert dich der Sinnfluencer auf Instagram mit seiner Sport- und Meditationsroutine? Oder frustriert dich, was du siehst, weil es für dich nicht machbar ist? Akzeptanz ist der erste Schritt zu einem gelungenen Selbstfürsorgeprogramm. Schwere Lebenssituationen verlangen uns viel Kraft ab – Kraft, die andere vielleicht in Hobbys und Hashtag-Selfcare stecken. Und auch hier gilt der bereits mehrfach erwähnte Glaubenssatz, den ich mir täglich vorsage: Gut ist gut genug. Du bist gut genug.

Das Gefühl, eine Situation unter Kontrolle zu haben und tatsächlich die Fäden zu ziehen, sind zwei unterschiedliche Paar Schuhe. Wir müssen lernen, mit diesem kribbeligen Angstgefühl umzugehen, das uns wach liegen lässt und quält. Wir müssen Unsicherheit ganz bewusst zulassen, um Raum zum Leben zu haben. Für alle, die sich übermäßig sorgen, kann ich die folgenden Fragen empfehlen.

Wenn dir ein Gedanke in den Kopf kommt, der Ängste in dir auslöst, frage dich:
- **Kannst du etwas daran ändern?**
- **Falls ja: Mach das. Am besten sofort.**
- **Falls nein: Lass den Gedanken los, denn du kannst nichts ändern.**

Mir wurde einmal gesagt, dass ich unter einer „Unsicherheitsallergie" leide. Diese Übung gehört daher seit geraumer Zeit zu meinem tagtäglichen Gedankeninventar. Natürlich hilft sie mir nicht immer, meine Emotionen und Gedanken zu beruhigen, jedoch ist dieses Fragespiel inzwischen ein deutliches Signal für mein Gehirn. Die Sorge wird dadurch als fragwürdig gekennzeichnet und ich nehme sie nicht mehr als alleinige Wahrheit hin. Ich erlaube mir ganz bewusst, sie anzuzweifeln und weiterzumachen.

Routinen sollen unser Leben vereinfachen und besser machen. Deswegen ist es wichtig, dass du tief in dich hineinhorchst und ergründest, was du wirklich brauchst. Gerade bei körperlichen Bedürfnissen wie Schmerzen oder mentalen Krankheiten: Was benötigst du, um gut zu funktionieren, was liebst du? Was kann dein Leben schöner machen?

Viele Menschen müssen aus unterschiedlichsten Gründen mit ihren Kräften oder Ressourcen haushalten. Da bleibt die luxuriöse Komponente der Achtsamkeitspraxis oft auf der Strecke. Was für uns alle gilt, ist jedoch eines: Wir haben nur diesen einen Moment. Wir können nicht in die Vergangenheit reisen oder in die Zukunft schauen. Ganz egal, wie viel wir haben oder wer wir sind. Vergiss für einen Moment alles, was du in diesem Buch über Routinen und gute Gewohnheiten gelesen und gelernt hast. Wenn du jeden Tag nur eine einzige Sache machen könntest, um dich besser zu fühlen, was wäre das? Eine Kuschelrunde mit dem Hund auf dem Sofa? Länger schlafen oder vielleicht einfach mal so richtig laut weinen? Ohne Scham und ohne Schuldgefühle? Genau das ist es manchmal einfach, und zwar nur das. Das zu akzeptieren, ist ein wichtiger Schritt, um Enttäuschungen vorzubeugen, und genauso ergründest du auch, was dir wirklich fehlt: mehr Wärme, mehr Entspannung oder ein Ventil, um dich von überkochenden Emotionen zu befreien.

ACHTSAMKEIT IST FÜR ALLE DA

Jede Situation und jedes Leben ist einzigartig. Auch meine Achtsamkeitsreise begann an einem gesundheitlichen und mentalen Tiefpunkt. Die Selbstfürsorgewerkzeuge und die dazu passende Intention haben sich seitdem mehrmals geändert und sich auch mal um fast 180 Grad gedreht. Ich hoffte auf Blitzheilung, einen imaginären Vorspulknopf oder eine Pille, die mich vergessen lässt. Heute weiß ich, dass dieser Wunsch mich nicht weiterbringt. Inzwischen habe ich gelernt, unangenehme Momente genauso geschehen zu lassen wie schöne. Mich und meinen Körper dabei zu beobachten, möglichst wenig zu werten. Ich versuche, mich dann nicht mehr wegzuwünschen und kleinzumachen. Gleichzeitig habe ich erkannt, dass gesunde Aufmerksamkeit am besten präventiv wirkt, um Gesundheit und allgemeines Wohlbefinden zu verbessern. Als schnell gezücktes Notfallpflaster kommt sie nie zum gewünschten Resultat, und genau da fängt oft die Enttäuschung an. Routinen möchten auch in schönen und leichten Lebensphasen weitergeführt werden; dann fangen sie uns umso besser auf, wenn mal wieder etwas schiefläuft. Wir fangen dann nicht bei null an, sondern profitieren von der Macht der Gewohnheit. Das ist der doppelte Boden der Achtsamkeit, das unsichtbare Sicherheitsnetz.

Die folgenden Selfcare-Ideen sind besonders toll für alle, die nicht viel Kraft oder Zeit haben:

- **Hol** dir den Morgen zurück. Wache zehn Minuten vor allen anderen in deinem Haushalt auf und genieße die Ruhe. Gönn dir für einen Moment, gar nichts zu tun.
- **Suche** einen Verbündeten (zum Beispiel Online- oder Offline-Freunde) und überrascht euch regelmäßig mit einer „Durchatmen!"-Erinnerung als Textnachricht. Wenn du die Nachricht aufmachst, nimmst du ganz bewusst den tiefsten Atemzug des Tages. Probiere es jetzt mal aus, ganz tief bis in den Bauch. Wie fühlst du dich?
- **Denk** dran: Ein warmes Getränk kann so viel mehr sein als ein Koffeinkick. Angelehnt an die Teemeditation (siehe Seite 147 und 148), kannst du den Akt des Trinkens zu einer Achtsamkeitsübung machen. Auch wenn du im Bett liegst oder nur fünf Minuten Zeit hast. Mach es dir schön, mit einer Lieblingstasse, einer Kerze, dem offenen Fenster … Nimm jeden Schluck ganz bewusst wahr und versuche, in dem Moment keine anderen Ablenkungen zuzulassen.
- **Streck** dich einmal ganz genüsslich, im Liegen oder Stehen. Dabei kannst du ganz tief ein- und ausatmen. Bedanke dich im Stillen bei deinem Körper. Dafür, dass er funktioniert und dich am Leben hält.
- **Creme** dir jeden Abend die Hände ein, bevor du ins Bett gehst. Reflektiere dabei für 30 Sekunden, was deine Hände heute alles erlebt haben. Das ist ein kleiner Luxusmoment, der guttut und (fast) nichts kostet.

BEZIEHUNGSSACHE

Die Dänen haben es uns vorgemacht: Zusammen ist man weniger allein. Geteiltes Leid ist halbes Leid. Gemeinsam sind wir stark. In diesen Sprüchen steckt viel Wahrheit und auch ein Stück gesellschaftliches Trauma. Allein glücklich zu sein, scheint für viele kein ausreichendes Lebenskonzept zu sein. Menschen werden oft als unvollkommen dargestellt, wenn sie über 30 der großen Liebe hinterherjagen oder – noch viel „schlimmer" – es nicht tun. Das gilt vor allem für Frauen. Da heißt es schnell: „Was stimmt eigentlich nicht mit dir?"

Vorneweg: Vermutlich haben diese Menschen das Wichtigste schon gefunden – sich selbst. Oder sie sind eben auf der Suche danach, und das in einem weniger angestaubten, unkonventionellen Kontext. Vielleicht leben diese Menschen einfach ihr Leben und was und wen sie lieben, geht niemanden etwas an.

So, nachdem ich mir das vom Herzen geschrieben habe, möchte ich mich nun trotzdem den Bindungen widmen, die unsere Existenz bereichern können. Und weil Liebe und Partnerschaft für jeden etwas anderes bedeuten, konzentriere ich mich auf das Thema Freundschaften. Den Fokus möchte ich hier ganz bewusst auf das Positive lenken: auf die Wahlfamilie, die man auch Freunde nennt, und wie man sie findet. Ein gefestigtes soziales Umfeld macht uns nachweislich glücklicher und gesünder. Es gibt uns Halt an schwierigen Tagen und wirkt wie ein sinnbildlicher Hafen, in den wir tagtäglich einlaufen können. Ganz egal, mit welcher Ladung. Und auch, wenn wir uns bei romantischen Beziehungen nicht immer einig werden: Gute Freunde sind der gemeinsame Nenner, den wir alle brauchen. Doch wie navigiert man in diesem Fahrwasser? Wo findet man Freundschaften und wie hält man sie am Leben?

Habt ihr schon einmal von den „blauen Zonen" dieser Welt gehört? Das sind Regionen, in denen Menschen nachweislich länger leben und glücklicher sind. Diese Orte bringen meist eine beachtliche Anzahl an 100-Jährigen hervor und teilen einige interessante Lebensstilmerkmale. Dazu gehören das italienische Dorf Seulo und die japanische Insel Okinawa. Diese Orte sind damit ein sehr attraktives Forschungsgebiet für Wissenschaftler, die sich auf die Ernährungsweisen und Gewohnheiten der Bewohner stürzen. Ein Aspekt, der in diesem Zusammenhang oft unterschätzt wird, jedoch in allen blauen Zonen anzutreffen ist, ist die Wichtigkeit von Familie und sozialer Gemeinschaft.

Die Okinawaner haben dafür sogar ein eigenes Wort: Moai – ein Substantiv, das sinngemäß als „Gruppe lebenslanger Freunde" übersetzt werden kann oder konkreter als „Gemeinschaft, die zusammenkommt, um sich gegenseitig in verschiedenen sozialen, finanziellen, gesundheitlichen oder spirituellen Angelegenheiten zu unterstützen". Der Hauptgewinn in der imaginären Freundelotterie, sozusagen. Wenn wir uns den eigentlichen Ursprung dieser Gruppenbildung anschauen, wurde gar nicht mal so viel dem Zufall überlassen. Traditionell wurden fünf Kinder zu einer Moai-Gruppe zusammengeschlossen, um sich gegenseitig zu helfen. „Die zweite Familie", die teilweise über 90 Jahre zusammenhielt.

Die Moai-Gemeinschaften fungieren als Sicherheitsnetz und helfen, wann immer das Schicksal zuschlägt. Diese Gewissheit reduziert den Stress der Okinawaner und ganz nebenbei multipliziert sie auch deren Glück. Angeblich um genau 15 Prozent pro Freund.

Was wir davon lernen können? Ich glaube nicht, dass wir auf eine möglichst hohe Anzahl an Freunden hinarbeiten müssen. Meine eigene Erfahrung lehrt mich, dass die Geburtstagswünsche mit dem Älterwerden abnehmen, die Karten aber herzlicher und intimer werden. (Vielleicht liegt das auch daran, dass man irgendwann das Geburtsdatum aus Facebook löscht.) Ich habe mindestens zwei Moai, die mich seit ungefähr 14 Jahren begleiten. Sie waren beide auf ganz wundersame Weise in meinem natürlichen Dunstkreis und so richtig „klick gemacht" hat es dann ganz fortschrittlich übers Internet. Wenn du auch einen Moai in deinem Leben hast: Schick ihm oder ihr ein Foto von der Definition des Begriffs und lass diese Person wissen, was sie dir wirklich bedeutet. Erwachsensein entzaubert Freundschaften manchmal, man lebt nebeneinanderher, sieht sich viel zu selten. Oder der Klassiker: Man zieht um. Das muss die Verbindung zueinander aber nicht mindern. Und deswegen kann man das große M-Wort schon mal in den Ring werfen (vor allem, weil es der andere vermutlich gar nicht kennt). Das ist wie ein unvorhergesehenes „Ich liebe dich", nur anders verpackt. Andere Menschen glücklich zu machen, multipliziert das eigene Glück. Faktor unbekannt – aber hoch ist er mit Sicherheit.

VOM SUCHEN UND FINDEN

Mein introvertiertes Ich tut sich nicht leicht dabei, neue Freunde zu finden. Schon gar nicht als Erwachsene, in einem fremden Land und ohne Bürojob. Irgendwie komme ich selten in diese typischen Situationen, die Freundschaften ganz natürlich erlaubt und entstehen lässt. Ich teile mir meine momentane Heimatstadt mit ungefähr 8,9 Millionen Menschen, und doch macht jeder sein eigenes Ding. Da muss es doch jemanden geben, der auch einen platonischen „Partner in crime" sucht, oder?

Auf der Suche nach neuen freundschaftlichen Verbindungen habe ich bemerkt, dass ähnliche unausgesprochene Regeln gelten wie in der Liebe oder im Großstadt-Dating: Man ist min-

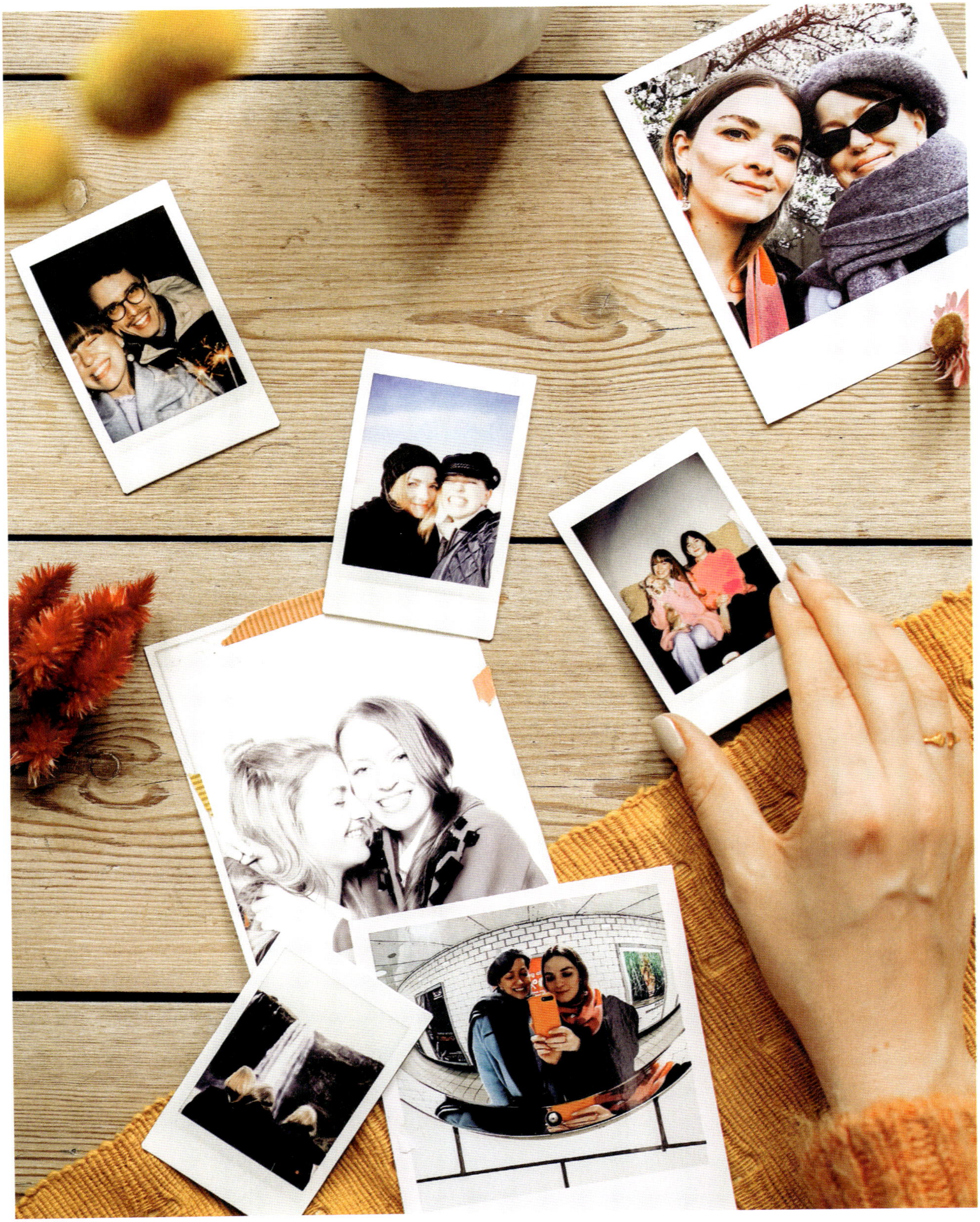

destens genauso verletzlich und es ist wichtig, achtsam mit den eigenen Gefühlen umzugehen. Ich hatte oft Angst davor, dass meine aufrichtige, aktive Suche nach neuen Freundschaften als verzweifelt wahrgenommen wird. Als Nicht-mehr-Neuankömmling in einer Weltmetropole, in der jedes Gegenüber nur eine Option zu sein scheint. Ob sich die Leute nur für dich interessieren, wenn du interessant oder erfolgreich bist? Das waren Gedanken, die mir oft durch den Kopf gingen und mich an mein frühes Liebesleben erinnerten.

Meine Weisheiten für achtsames „Friend Dating":

Bau auf den Gemeinsamkeiten auf. Fang bloß nicht bei den Problemen an. Man will sich ja erst einmal beschnuppern und in einer Freundschaft muss auch nicht alles stimmen. Vielleicht ist das eben dein Sport- und Freizeitfreund und nicht dein Moai. Beides hat seinen Platz im Leben.

Erkenne klassische Dating-Phänomene. Das gilt auch im Umgang mit neuen platonischen Bekanntschaften: Ghosting, Benching, Mosting – oder all das, was du beim Schauen romantischer Komödien gelernt hast. Bei Freundschaften habe ich eine Regel: keine Spielereien, kein Drama. Was nicht passt, wird auch nicht passend gemacht. Das bin ich mir selbst wert, ich brauche keine ständige Unsicherheit und auch kein dauerndes Dechiffrieren zwischenmenschlicher Subtexte.

Vergiss das Stigma des Onlinedatings. Das gilt auch für den freundschaftlichen Bereich. Es sollte längst verschwunden sein. Wir machen heutzutage alles online. Wieso betrachtet die Gesellschaft dann eine wundersame Zufallsbegegnung von Mensch zu Mensch, bei der es gleich Zoom macht, als einzig annehmbares Szenario? Online fällt es uns oft viel leichter, Menschen mit gleichen Interessen zu finden oder die tatsächliche Erwartungshaltung abzuklopfen. Wer bei einer Freunde-App angemeldet ist, weiß, worauf er sich einlässt!

Selbstliebe hat oberste Priorität. Immer wenn ich mich ganz bewusst meinen sozialen Beziehungen zuwende und versuche, neue Leute in meinen engen Kreis aufzunehmen, werde ich verletzlicher. Das verlangt mir einiges ab. Darum muss ich mein Selbstfürsorgeprogramm entsprechend anpassen und vor allem auch Prioritäten setzen.

Tipp

Sei mutig! Besonders bei diesem Thema muss man sich mächtig aus seiner Komfortzone herauswagen, um belohnt zu werden. Doch es zahlt sich aus. Als achtsamer Mensch ist man ein besonders wertvoller Freund, weil man offen kommuniziert und die Emotionen und Bedürfnisse seines Gegenübers ganz bewusst wahrnimmt.

ABSCHIED NEHMEN

Wann unser Herz besonders schmerzt? Wenn wir Abschied nehmen müssen. Wenn wir einen geliebten Menschen verlieren, trauert unsere Seele und der Körper zieht mit. Das ist ein Schmerz, der durch Mark und Bein geht, bis wir schließlich langsam irgendwann wieder Frieden finden. Das Thema Tod wurde in der Gesellschaft, in der ich aufgewachsen bin, tabuisiert und an einen ganz dunklen Ort weggesperrt. Für mich war es lange Zeit etwas sehr Unwirkliches, Beängstigendes, ja fast Mystisches. Als Kind hat es mich neugierig gemacht auf das, was „danach kommt", und als junge Erwachsene extrem beunruhigt. Als der Tod mich dann das erste Mal eingeholt hat, wusste ich gar nicht, wie man trauert oder die dazugehörigen Gefühle verarbeitet. Und vor allem: wie man andere bei diesem schmerzvollen Prozess begleitet. Ich erinnere mich ganz genau daran, wie ich meine erste Beerdigung (und einige weitere) nur damit verbracht habe, nicht zu weinen. Oder sagen wir eher: mit dem Versuch, nicht zu weinen. Da war ein Gefühl von klebriger Scham, Unwissenheit und völliger Verwirrung, die mich bis heute in solchen Situationen heimsucht.

Emotionen zuzulassen, ist gar nicht mal so einfach, vor allem mit Publikum und bei einer Vielzahl gesellschaftlicher Konventionen. Wenn ich meine Achtsamkeitsbrille aufsetze, denke ich vor allem an eines: Emotionen muss man ganz bewusst zulassen. Wir müssen anerkennen, was die Situation mit uns macht und was wir an der Person vermissen, die uns verlassen hat. Auch die negativen Gefühle sollen einen berechtigten Platz finden. Der Tod romantisiert oft, was war, weil es eben nicht mehr ist. Gibt es Regeln für „richtige" Trauer? Oder dafür, wie man sich an jemanden erinnern darf?

Interview mit Carina
WARUM ES GUT IST, ÜBER DEN TOD ZU SPRECHEN

Darüber habe ich mit meiner Freundin Carina Stöwe gesprochen, die mit ihrem Podcast „Am Ende interessiert es jede*n" wichtige Aufklärungsarbeit leistet. Mit diesem Podcast widmet sie sich ihrer Mission, durch einen ungefilterten Austausch über das Tabuthema Tod mehr Verbindung und Empathie in der Gesellschaft zu erwirken. Die gebürtige Mainzerin fand nach einem knapp zweijährigen Road Trip durch Süd- und Nordamerika ihre Wahlheimat in Hamburg. In der Stadt, in der ihr Vater viele Jahre zuvor aufgewachsen war und in deren Nähe er sich 2005 das Leben genommen hatte. So einschneidend sein Tod und die Verarbeitung dieses Verlusts war, so sehr ist Carina heute bewusst, wie essenziell die Kommunikation über schmerzhafte Erfahrungen wie diese ist und welch großes persönliches und kollektives Wachstumspotenzial im offenen Diskurs über den Tod liegt. Durch ihren Einsatz für zeitgemäße Trauer- und Krisenbewältigung arbeitet sie daran, einen gesellschaftlichen „blinden Fleck" zu beseitigen.

Das Thema Tod wird in unserer Gesellschaft ungern thematisiert. Woran liegt das?
Wir tendieren dazu, Themen zu meiden, die uns Angst machen. Angst ist eine Emotion, die in den meisten Fällen mit der Unkenntnis einhergeht, was als Nächstes passiert. Dieses diffuse Gefühl verursacht Unsicherheit, die uns wiederum in Angst gefangen nimmt – davor, dass uns unser Partner oder unsere Partnerin wegen einer anderen Person verlässt, dass wir unseren Job aufgrund einer Wirtschaftskrise verlieren, dass wir nicht wissen, ob die

Spinne, die gerade noch so ruhig in der Ecke saß, uns vielleicht gleich anspringt, beißt und wir durch die Folgen des Spinnenbisses verfrüht das Zeitliche segnen. Wie bei der Angst vor dem Tod meiden wir konfrontierende Situationen und Gespräche mit und über unsere Angstauslöser. Das führt dazu, dass unsere Ängste immer größer und undurchsichtiger werden. Wie beim Tod ist es auch bei anderen Ängsten selten möglich, etwas vorherzusehen (eine Trennung), zu planen (eine Wirtschaftskrise) oder zu vermeiden (eine etwaige Spinnenattacke, wobei der Tod wohl sicherer ist als jene). Wir haben Angst, über den Tod und insbesondere über den Sterbeprozess zu sprechen – als würden wir allein durch unsere Sprache das Ungewollte heraufbeschwören. Dabei ist das Sprechen über diese schmerz- und angstbehafteten Themen genau das, was uns helfen würde, besser mit ihnen umzugehen. Kaum etwas kann uns mehr Angst machen und ist gleichzeitig so heilsam, als sich einem anderen Menschen zu öffnen, seine Ängste zu teilen und sich verletzlich zu zeigen.

Im Grunde ist die Angst vor dem Tod auch die Angst vor unserer eigenen Verletzlichkeit. Die Angst davor, wie fragil unser Leben doch eigentlich ist, wie sterblich wir doch sind – und nicht nur wir, sondern auch und insbesondere die Menschen, die wir lieben. Vor deren Ableben haben wir häufig noch viel mehr Angst als vor unserem eigenen. Während wir in Bezug auf uns vor allem Angst davor haben, nicht genug Leben in unserem Leben erfahren zu haben oder einen schmerzvollen Tod erleiden zu müssen, haben wir in Bezug auf geliebte Menschen Angst vor dem Verlustschmerz.

Abschied nehmen fällt immer schwer. Hast du Tipps für Menschen, die gar nicht wissen, wie sie zurück in ihr vorheriges Leben finden können?

Kein Abschieds- und Trauerprozess gleicht dem anderen. So individuell, wie wir Menschen sind, sind auch unsere Wege, mit solch intensiven Erfahrungen wie einem Verlust umzugehen. Was hilft, ist, sich einzugestehen, dass wir – entgegen den Vorschriften unserer Leistungsgesellschaft – auch einfach mal eine ganze Weile „kaputt" sein dürfen. Wir müssen nicht innerhalb von zwei Wochen, zwei Monaten oder zwei Jahren (oder länger) wieder funktionieren. Es hilft, sich einzugestehen, dass wir keine Kontrolle über den Lauf der Dinge haben. Es hilft, im Angesicht des Todes Demut vor dem Leben zu lernen.

Was ebenfalls hilft, ist, sich winzige Alltagsroutinen zu bauen, an denen man sich entlanghangeln kann. Ohne übertriebenen Perfektionismus. Winzige Routinen, die man nach und nach langsam ausbauen kann, lassen Stabilität wiederfinden. Inmitten des Chaos ein wenig Struktur anzutreffen, wie kleine Inseln im Alltag, die dabei helfen, sich über Wasser zu halten, wenn man vor Schmerz zu ertrinken droht. Übungen in Achtsamkeit und Meditation, wie sie in diesem Buch beschrieben werden, sind sehr wertvoll, um Mikroroutinen für sich zu etablieren und gleichzeitig einen Zugang zu allen Gefühlen zu bekommen, die unter der Trauer verborgen liegen, und ihnen den gerade jetzt so notwendigen Raum zu geben. Den Tod eines Menschen zu verarbeiten, braucht Zeit. Nimm sie dir.

Was können Angehörige tun, um Trauernde zu unterstützen?

Niemand kann einem Trauernden auch nur ein Gramm Trauer abnehmen. Das ist sowohl für die Trauernden als auch für das Umfeld eine wichtige und schmerzhafte Erkenntnis. Da uns in unserer Kindheit und Jugend selten beigebracht wird, wie wir mit dem Tod umgehen können, haben wir kaum die Möglichkeit gehabt, uns ein gewisses Maß an Trauerkompetenz anzueignen. Es kann hilfreich sein, sich diesen Umstand erst einmal bewusst zu machen und milde mit sich zu sein. Sei es in der akuten Verlustsituation, in der man kaum weiß, wie einem geschieht, weil die schiere Größe des Schmerzes kaum auszuhalten ist, oder als Familienmitglied, das nun mindestens genauso ratlos ist, was nun zu tun oder zu lassen ist. Ehrlichkeit ist der sinnvollste Weg. Ein ehrliches „Ich weiß nicht, was ich sagen soll" ist besser als jede tröstende Standardformulierung. Kein Wort kann den Verlust wiedergutmachen. Auch wir als Angehörige oder Freunde müssen lernen, damit umzugehen, wenn ein Mensch, den wir lieben, leidet und wir ihm nicht helfen können. Durch den Trauerprozess geht jeder allein. Was wir tun können, ist, da zu sein. Mitzuatmen, mitzuweinen, mitzuschweigen. Ein Essen zu kochen, mit dem Hund rauszugehen, sich ein paar Stunden um die Kinder zu kümmern. Konkret formulierte Unterstützung wie „Ich komme morgen Abend bei dir vorbei, okay?" ist besser als offene Angebote wie „Du kannst dich jederzeit melden!".

Sei eine kleine Insel im Ozean der Trauer. Aber übernimm auch du dich nicht. Es kann vorkommen, dass wir versuchen, durch übermäßige

Unterstützung und Fürsorge möglichst hilfreich zu sein, was jedoch ins Gegenteil umschlagen kann. Das Wichtige ist: Nimm es nicht persönlich, wenn deine Hilfe nicht angenommen wird, und vergiss nicht, sanft zu dir zu sein. Auch du befindest dich in einem Trauerprozess: um die trauernde Person, die nicht mehr die Person ist und sein wird, die sie einmal war.

Gibt es Bräuche anderer Religionen oder Gemeinschaften, die dich den Tod mit anderen Augen haben sehen lassen?
Im Islam ruft der Muezzin, der mehrmals täglich zum Gebet auffordert, auch die Namen von Personen aus, die in unmittelbarer Nähe der Moschee gewohnt haben und an diesem Tag verstorben sind. Da Verstorbene im Islam innerhalb von 24 Stunden beigesetzt werden müssen (in Deutschland gelten weniger strikte Regeln), ist der Ausruf auch dazu da, alle Bekannten zeitnah zu informieren, denn die Teilnahme an der Trauerzeremonie ist sehr wichtig. Für mich ist diese Verkündung eine sehr schöne Tradition. Sie zollt nicht nur den Verstorbenen Respekt, sondern auch dem Leben an sich. Die Erinnerung an die, die von uns gegangen sind, ist auch eine Ermahnung an uns, uns mit der Endlichkeit unseres Daseins auseinanderzusetzen. Der Tod wird dadurch auch als natürlicher Teil des Lebens gehandhabt, statt ihn in Form von Todesanzeigen auf die letzten Seiten der Zeitung zu verbannen. Dieses Bewusstsein ist eine Chance für das Praktizieren von Mitgefühl den Hinterbliebenen gegenüber, aber insbesondere auch eine Übung in Achtsamkeit und Selbstreflexion angesichts des eigenen Todes.

Was sind deine wichtigsten Erkenntnisse aus fast 50 Interviews über den Tod?
Eine Erkenntnis zog sich durch alle Gespräche, die ich führen durfte: Menschen, die sich zuvor noch nicht kannten – also in diesem Fall ich und mein Gegenüber im Interview –, haben durch den offenen Austausch über den Tod innerhalb kürzester Zeit einen Raum für echte Nähe, Verletzlichkeit und Mitgefühl erschaffen. Diese Erfahrung hat mir deutlich bewiesen, wie wichtig es ist, über schwere und schmerzhafte Themen zu sprechen. Hinter der Angst vor diesen Themen wartet etwas, das wir uns alle wünschen: wahre Verbindung.

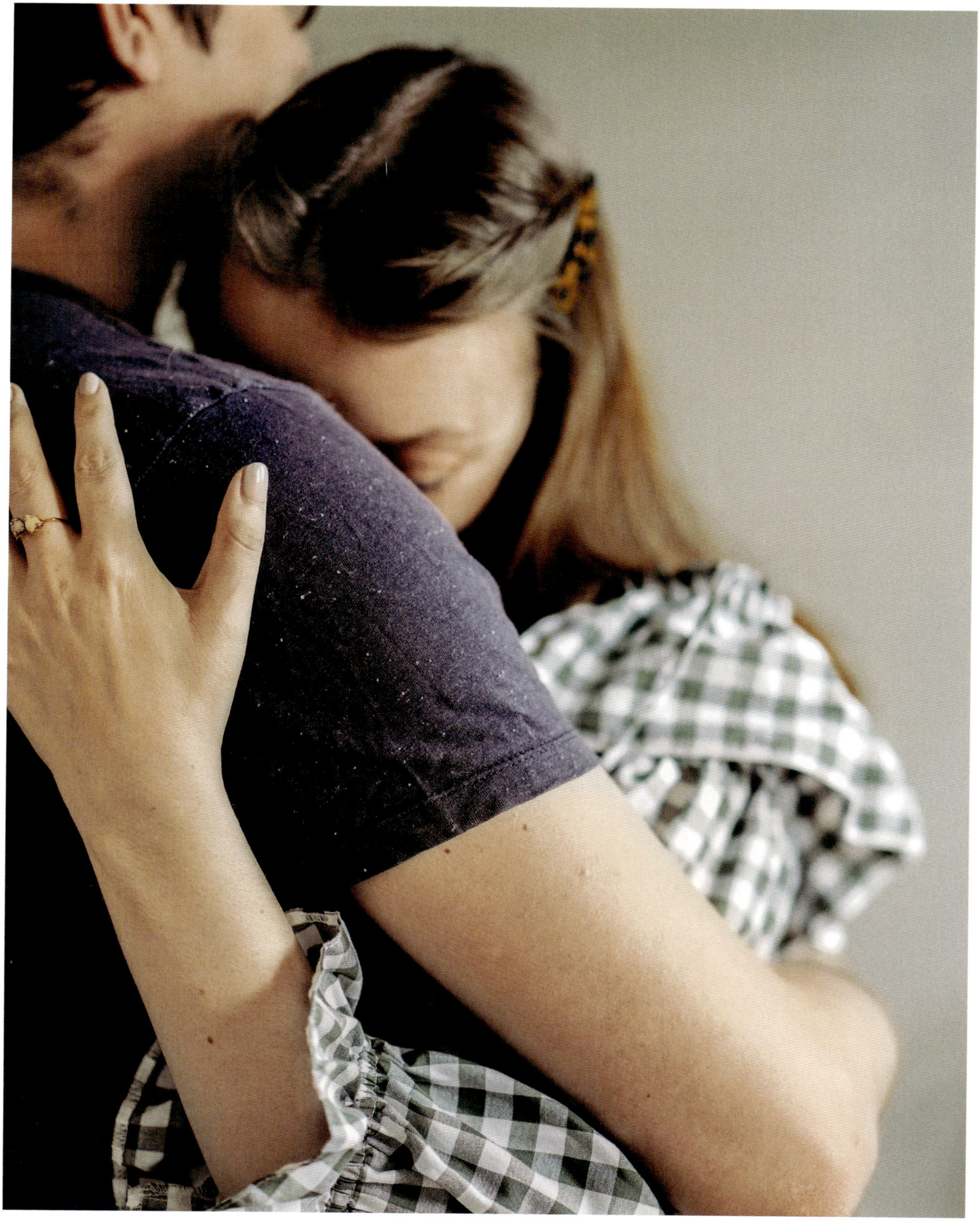

Durch diese Verwundbarkeit

kreieren wir wahre Verbindung

zu unserem Gegenüber.

Die Chance auf wahres Mitgefühl.

Das, wovon wir in dieser Welt

so dringend mehr benötigen.

LAUT, LAUTER, WELTSCHMERZ

Welt·schmerz (Substantiv, maskulin [der]). „Die seelische Grundstimmung prägender Schmerz, Traurigkeit, Leiden an der Welt und ihrer Unzulänglichkeit im Hinblick auf eigene Wünsche, Erwartungen" – das sagt zumindest das Duden-Bedeutungswörterbuch.

Fremdenhass, Klimakrise, soziale Ungerechtigkeit. Das ist Normalität, auch in Deutschland. Immer wieder gibt es schlechte Neuigkeiten. Das entspricht den Erwartungen und gehört zum Standardprogramm unserer Nachrichtenlandschaft. Der daraus resultierende Weltschmerz macht melancholisch und ohnmächtig. Doch lähmt er auch?

Wenn ich mir die Herkunft des Begriffs anschaue, finde ich jedoch auch einen schönen Ansatz. Der Schriftsteller Jean Paul begründete den bis heute stark verbreiteten Germanismus bereits im 18. Jahrhundert und schöpfte immer wieder kreative Kraft aus seinem Leiden. Das ist der gleiche Jean Paul, der uns die Wörter „Schmutzfink", „Gänsefüßchen" und „Angsthase" beschert hat. Können wir es ihm gleichtun und tiefe Traurigkeit als Katalysator nutzen? Und was ist eigentlich mit der besonderen Fähigkeit, in jeder schlimmen Sache auch etwas Gutes zu finden? Kann man Weltschmerz mit Aktivismus kurieren?

Denn genau hier grenze ich das Grundgefühl Angst von der eher trauernden Weltschmerzstimmung ab. Angst ist aggressiver, wird schneller in körperliche Symptome umgewandelt und lässt sich nur schwer in positive Energie umwandeln. Trotzdem gehen diese beiden Begriffe oft Hand in Hand. Wovor ich Angst

PLEASE BELIEVE THESE DAYS WILL PASS
PLEASE BELIEVE THESE DAYS WILL PASS
PLEASE BELIEVE THESE DAYS WILL PASS
STOP
20

habe? Anrufe mit unterdrückter Nummer, meine Familie zu verlieren und Mikrotargeting. Mein Weltschmerznerv wird hingegen eher vom Brexit und der aktuellen Pandemie gereizt. Vor allem in diesem speziellen Fall wird der Weltschmerz manchmal ganz schnell zu einer konkreten Angst, wenn das Virus näher kommt.

Ganz egal, wovor du im Speziellen Angst hast oder was eine vorherrschende Trauer in dir auslöst, das Problem ist oft ein anderes. Eine sich langsam aufbäumende gesellschaftliche Paranoia und medial unterstützte Angstmacherei, die oft auf Generalisierungen und Falschmeldungen beruht. Weltschmerz ist keine Verschwörungstheorie, er ist immer da, nur mal mehr und mal weniger präsent. Auch die Angst ist eine sehr persönliche Emotion, die sich nicht rational steuern lässt. Gerade deshalb kann meine Angst ein völlig neutrales Gefühl in dir auslösen, oder eben auch eine melancholische Grundstimmung, die nicht unbedingt bedrohlich wirkt. Angst ist subjektiv und intim, sie geht unter die Haut. Deswegen möchte ich an dieser Stelle ein paar Techniken vorstellen, dir mir bei der Bewältigung meiner Ängste helfen. Immer dann, wenn ich an meine kognitiven Grenzen komme und eines dieser Gefühle nicht einfach „zerdenken" kann, ersetze ich sie durch eine andere Empfindung, die mir in die Karten spielt. Das muss eine richtige Trumpfkarte sein, die die initiale Angst aussticht und meinen ethischen Werten entspricht oder meine Gesamtsituation deutlich besser macht. Oder die einfach nur schön ist. Bei Eltern ist genau das der Fall, wenn sie ihre eigenen Ängste vergessen und über sich hinauswachsen, um ihren Kindern Leid oder ein negatives Erlebnis zu ersparen. Die eigene Tochter in Sicherheit zu wissen oder den Sohn in die Arme zu schließen, beflügelt ungemein.

Doch was tut man, wenn man die Angst oder den Weltschmerz nicht abhängen kann? Wenn es um ein Problem geht, das wir nicht einfach so übersehen und zugleich nicht selbst anpacken können? Dann gib deiner Angst oder Melancholie einen Namen, macht es euch bequem. Sprich mit ihr, schreib ihr einen Brief. Durch die Personalisierung bekommt der Dialog etwas Intimes und Vertrautes. Vielleicht sogar etwas Komisches. Die Angst und Melancholie in uns bekommen so ein eigenes Gesicht und sind damit auch nicht mehr wirklich ein Teil von uns. Dadurch trifft man sich auf Augenhöhe und wird nicht mehr ständig überrascht und untergebuttert. Manchmal scherze ich mit meiner Angst, die ich übrigens Konrad getauft habe (die Überschneidung mit echten Konrads aus meinem Umfeld ist rein zufällig). Nach und nach erlaube ich mir, sie nicht mehr so ernst zu nehmen, bis ich schließlich doch was gegen sie tun kann.

Zum Glück wird oft auch unsere aktive Seite gefordert. Als ich kürzlich ein Audio-Interview mit der Psychologin und Emotionsexpertin Verena Kast hörte, fiel bei mir der Groschen. Ganz frei zitiert: „Ich schreibe und rede. Und so tue ich, was ich kann." – In ihrem Fall bedeutet das, die Ängste und den Schmerz mit anderen zu besprechen. Einfach mutig sein, auch wenn es mal unangenehm wird. Darin finde ich mich wieder und greife mit neuer Motivation zur Tastatur. Kampfgeist hat viele Gesichter. Jeder hat andere Stärken und positiver Aktivismus befreit uns in erster Linie von einem systematischen Fehler: der Ohnmacht.

Ein Problem kommt selten allein: Weltschmerz setzt sich bei mir oft aus einem bunten Strauß an negativen Nachrichten, fatalen Katastrophen und vielen kleinen Ängsten zusammen. Das Resultat ist eine akute Blitzlähmung und pure Überforderung. In solchen Situationen habe ich es mir zur Aufgabe gemacht, ein bestimmtes Thema zu identifizieren, in das ich mich stürzen kann. Hier widme ich mich zunächst den tatsächlichen Fakten. Was kann ich ganz emotionslos über das Thema lernen? Was ist neben jeder Sensationalisierung wissenswert? Darauf baue ich auf und knüpfe am letzten Punkt an: Wir müssen darüber reden. Darüber nachdenken und es zum Teil unserer persönlichen Mission machen. Angetrieben von Positivität und Optimismus, nicht von blanker Ohnmacht.

Die schlechte Nachricht: Weltschmerz ist nicht heilbar. Er kann nicht wegignoriert werden, weil er sich dann langsam durch uns durchfrisst, bis er wieder an der Oberfläche angekommen ist. Auch die meisten Ängste werden wir nicht ohne Konfrontation los. Was Weltschmerz und die meisten Ängste definitiv gemeinsam haben? Die Sehnsucht nach Sicherheit.

Wie uns Achtsamkeit dabei helfen kann? Diese Form der bewussten Aufmerksamkeit lehrt uns Stück für Stück, wie wir unseren Blickwinkel selbstbestimmt verändern können. Damit wir trotz all dem Leid frei sind und handeln können. Wir lernen, unsere Emotionen und Gedanken zu reflektieren. Da ist so viel mehr als Angst. So entdecken wir den Willen, etwas zu verändern, und schmieden unseren ganz persönlichen Plan, Schritt für Schritt.

PLATZ NEHMEN, KRISENSITZUNG

Während ich an diesem Buch schreibe und über Entschleunigung und die heimische Komfortzone nachdenke, schleicht sich die Corona-Krise an. Tückisch, leise. Und dann ist sie mit einem lauten Knall einfach da: eine Pandemie, die einen globalen Notstand auslöst und wirklich alle betroffen macht. Plötzlich sitzt die gesamte Menschheit bildlich in einem Boot, und doch ist jedes Schicksal so einzigartig und unterschiedlich, wie es nur sein kann. Was erschreckend schnell immer wichtiger wird? Haben oder nicht haben, das Dach über dem Kopf, das Privileg eines stabilen Gesundheitssystems im eigenen Land. Da ist die Hilflosig-

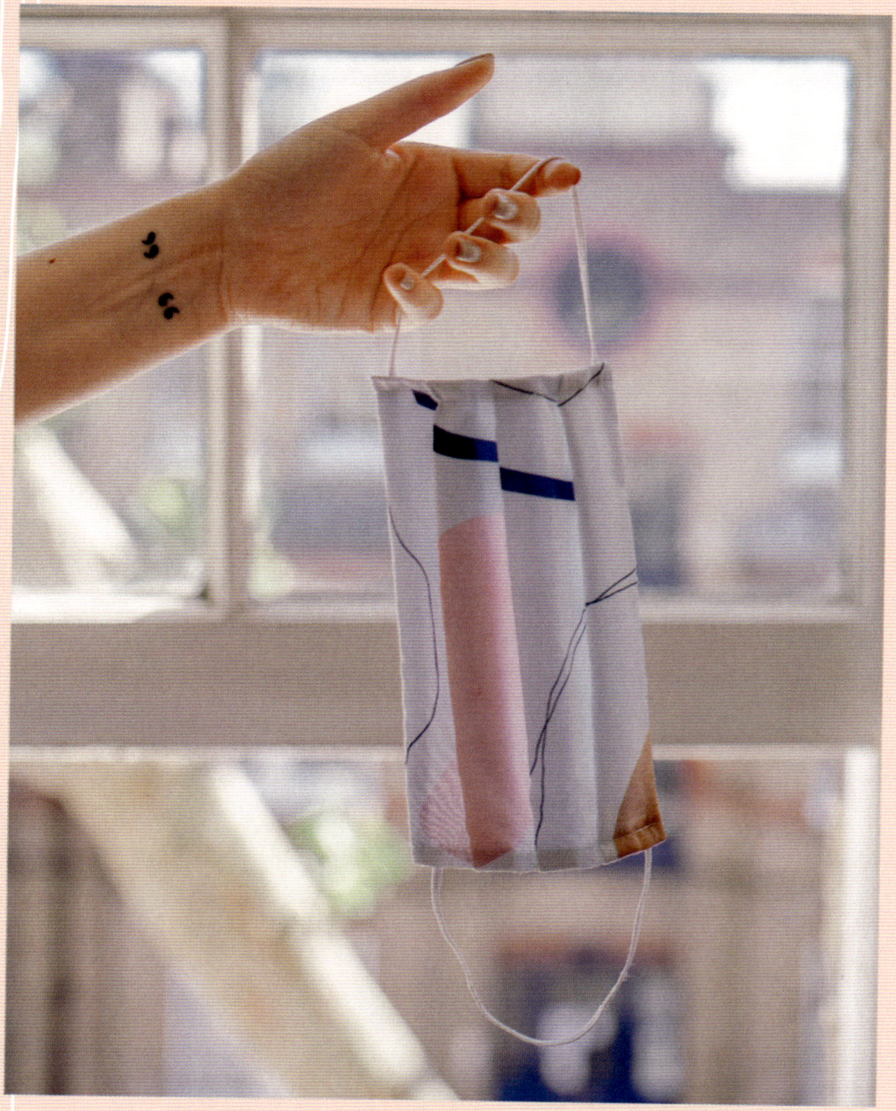

keit, die Panik, und natürlich meldet sich auch wieder Konrad oder sogar die Weltschmerzohnmacht zu Wort. Ohne zu wissen, wo wir gerade stehen, wenn du dieses Buch in den Händen hältst, entpuppt sich die Krise auch jetzt schon als Achtsamkeitsübung für alle, die nicht ums Überleben kämpfen. Eine Rückkehr zum Wesentlichen, zum Alleinsein. Und sie bringt eine alte Erkenntnis mit sich (die du ziemlich sicher nicht mehr hören kannst): Routinen tragen uns durch die schweren Tage.

Natürlich fällt auf, was besonders fehlt: eine globale, kollektive Trauer, die all das vermisst, was sonst selbstverständlich ist – und mehr. Doch was können wir aus dieser historischen Situation lernen und zur neuen Norm machen? Kann man dieses Wissen auch auf persönliche Krisen anwenden, die in Zukunft auf uns warten? Auf den folgenden Seiten versuche ich mich an ein paar Antworten unter Vorbehalt, denn während ich diese Worte tippe, stecke ich noch mittendrin.

KEINE NACHRICHTEN, KEINE PROBLEME?

Schon seit geraumer Zeit gibt es eine Bewegung im Achtsamkeitskosmos, die sich kritisch mit dem Konsum klassischer Nachrichtenmedien auseinandersetzt. Kein Twitter Feed, keine Tageszeitung, keine Tagesschau – angetrieben von der Zunahme von Fake News und der Negativität und Sensationssucht der Nachrichtenlandschaft. Der Medienwelt wird vorgeworfen, eine stereotypengestützte Pseudoumwelt zu befeuern. Als einziger Ausweg mit Sofortwirkung gilt der persönliche Ausstieg. Ich finde in dieser Theorie wahre Ansätze, die mich sehr nachdenklich machen – und doch möchte ich nicht auf eine regelmäßige Dosis Information verzichten. Geht das alles also auch achtsam? Die folgenden Erkenntnisse haben mir geholfen, mein Verhalten etwas bewusster zu gestalten:

Die Obsessionsfalle. Obsession ist meine absolute Spezialität – in großen Krisen und bei privaten Problemchen. Ich neige dazu, alles über das entsprechende Thema in mich aufzusaugen, zu googeln, mich im Kreise zu drehen. Wenn die Suche nach neuen Informationen den Alltag stark beeinflusst, ist es Zeit, Grenzen zu setzen. Selbstdisziplin ist gefragt!

Auf die Quelle kommt es an. Hinterfrage jeden Link, den du anklickst – wo kommt er her, wer hat ihn geteilt? Ganz egal, um welches Problem oder um welche Nachricht es sich dreht: Leg dir ein vertrauensvolles Stammrepertoire an Quellen zu, die du in sinnvollen Abständen abrufst. Halte dich an diese Anbieter. Das spart Zeit und unnötige Sorgen.

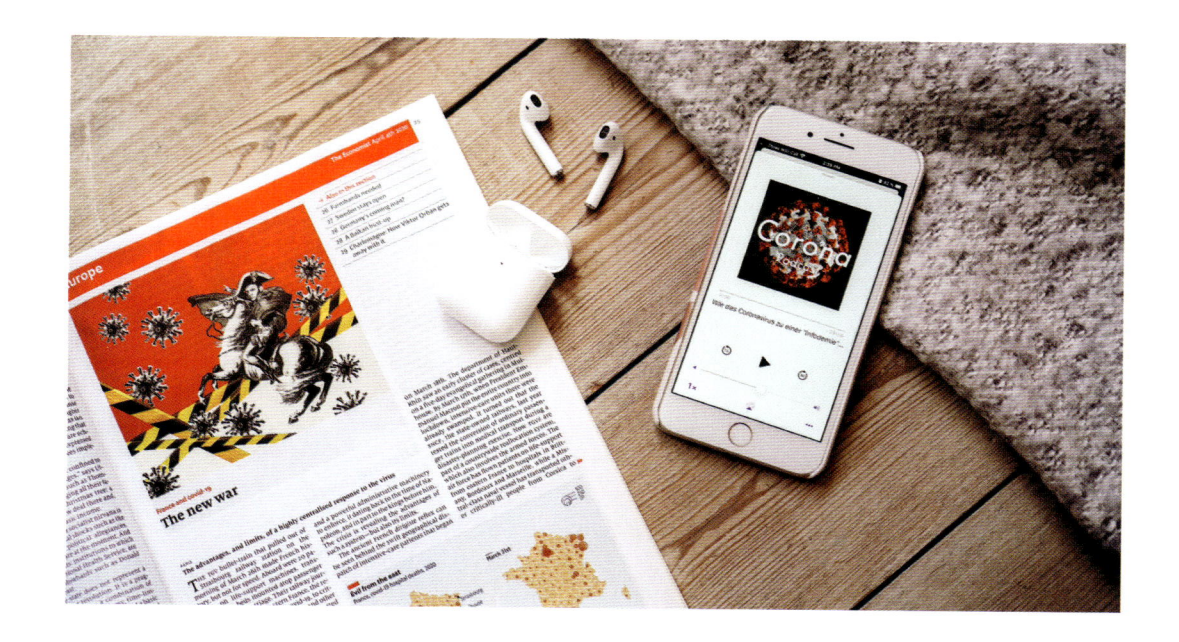

Der richtige Zeitpunkt. Wann kannst du das Konsumieren von Nachrichten sinnvoll in deiner Routine unterbringen? Zu Beginn der exponentiellen Ausbreitung des Coronavirus bin ich auf eine Website gestoßen, die immer exakt um 0 Uhr mit allen neuen Fallzahlen aktualisiert wurde. Ich entwickelte regelrecht den Zwang, so lange aufzubleiben und die Seite abzurufen. Dafür habe ich sogar meine gesamte Abendroutine über den Haufen geworfen. Das Ergebnis? Schlafstörungen, eine Panikattacke und ein angeschlagener Zirkadianrhythmus. Mach das nicht nach! Suche dir eine Zeit aus, in der du dich sicher fühlst. Begrenze die Informationsaufnahme zeitlich, damit du danach mit einer anderen Aufgabe weitermachen kannst. Meine Nachrichtendosis ist inzwischen mittags untergebracht, das gibt mir genug Raum, Dinge zu verarbeiten oder notfalls Kontakt zu einer Vertrauensperson aufzunehmen, wenn mich etwas zu sehr belastet.

Happy News. Natürlich muss ich den Nachrichtengegnern einen Punkt zusprechen: Die ständige Negativität der Schlagzeilen führt zu einem erhöhten Stresslevel. Deswegen brauchen wir ein Gegengewicht: gute Nachrichten! Inzwischen gibt es dazu sogar eigene Newsletter und Publikationen, die sich den rein positiven Meldungen dieser Welt widmen. Ansonsten hast du es selbst in der Hand. Kuratiere deinen Instagram Feed sorgfältig und konsumiere jedes Medium ganz bewusst. Entfolge negativen Profilen und such dir ein paar Themen, die dir garantiert ein Lächeln aufs Gesicht zaubern.

WAS KRAFT SPENDET

Nach sechs Wochen physischer Distanzierung oder auch „Social Distancing" (was für ein demotivierender Ausdruck!) und Lockdown in London habe ich meinen Lesern eine Frage gestellt: Was schenkt euch in der Krise Hoffnung? Welche Gewohnheiten, Routinen, Menschen oder Erinnerungen halten euren Alltag am Laufen und was schenkt euch Kraft? Was ihr dazu gesagt habt, hat mir ein Lächeln aufs Gesichts gezaubert. Deswegen teile ich die Antworten heute mit euch:

- Zu wissen, dass ich mir selbst genug bin
- Das morgendliche Kaffeeritual
- Dinge lesen, schauen, spielen, die ich schon kenne und die mir dadurch Sicherheit geben
- Mein Studium, das jetzt online weiterläuft und meinen Alltag strukturiert
- Stricken als Alltagsmeditation: Man sieht, wie das Projekt wächst, ist kreativ und kommt zur Ruhe
- Mit meinen Kindern bleibt gar nicht viel Zeit zum Bangen. Wenn doch mal Zeit ist: ein heißes Getränk genießen!
- Haustiere
- So viel Zeit wie möglich in der Natur verbringen, allein und mit Hörbuch im Ohr
- Täglich Yoga mit Freunden über Skype
- Mein Glaube
- Ein Dankbarkeitstagebuch führen
- Sonnenuntergangsspaziergänge
- Telefonate mit Freunden und meine Gefühle ganz bewusst reflektieren
- Mein Garten
- Die Erkenntnis, dass alles vergänglich ist – so auch die Krise
- So viel Zeit und Ruhe für mich wie schon lange nicht mehr – ich versuche, das zu genießen!
- Die Erfahrung, dass es oft erst schlechter werden muss, bevor es langfristig besser werden kann
- Gutes Essen! Neue Rezepte ausprobieren und dabei so richtig kreativ werden …

Ist es anmaßend, in einer Krise glücklich zu sein? Neben all dem Leid lenken viele Menschen endlich den Fokus auf die kleinen Alltagsdinge, die ihnen Freude bereiten. Dinge, die wir sonst übersehen oder nebenbei machen. Wir erleben das erste Mal seit Langem, was uns im Wesentlichen erfüllt. Wir entdecken ein neues (altes?) Ich: das, was übrig bleibt, wenn man die Außenwahrnehmung oder die Stellenbeschreibung von unserer Identität entfernt. Das, was bleibt, wenn *wir* plötzlich der Mittelpunkt unseres Alltags sind. Außerdem beobachte ich eine neue Menschlichkeit. Die ehrliche Sehnsucht nach Nähe und Kontakt, eine neue Bewunderung und Dankbarkeit für systemrelevante Berufe. Und tief in mir keimt die Hoffnung, dass wir daraus lernen werden und diese Gefühle und Forderungen mit in eine neue Welt tragen, wenn alles überstanden ist. Denn wirklich Angst habe ich vor einer kollektiven Amnesie, die uns all dieses Gute wieder wegnimmt.

Meine wichtigste Erkenntnis aus dieser Zeit ist, dass jede Krise auch eine Chance ist. Und ja, dass man trotzdem glücklich sein darf. Dabei haben mir die folgenden kreativen Techniken besonders geholfen.

Mein Krisentagebuch

Schon in den ersten Wochen dieser besonderen Zeit wurde mir klar, dass ich das festhalten muss. Ich schnappte mir ein leeres Blankobuch und schrieb meine Gefühle nieder. Außerdem konstruierte ich einen Zeitstrahl, der meine Schlüsselerlebnisse zusammenfassen sollte. Mein kleiner Fotodrucker lief heiß und spuckte einen Moment nach dem anderen aus: mein letzter Arbeitstag im Studio, das letzte Dinner mit meinem Partner mit den besten Trüffelnudeln, das letzte bisschen Leichtigkeit. Ich klebte die Erinnerungen ein und hielt in wenigen Worten fest, warum sie mir wichtig sind. Irgendwann fing ich an zu erkennen, was ich mir für „danach" wünsche. Ich denke, dieses Tagebuch wird mir irgendwann sehr wichtig sein und auf dem Weg dorthin sehe ich es als Stütze und Selbsttherapie, die mich an den Dingen arbeiten lässt, die ich gerade am dringendsten benötige.

Scrapbooking für die Seele

Ein Scrapbook ist eine Art Fotoalbum, das man besonders kreativ verziert und beklebt. Hier finden nicht nur Bilder, sondern auch andere Erinnerungen wie Zeitungsartikel, Kinokarten oder Zugtickets Platz. Ich habe vor drei Jahren mit einem solchen Buch angefangen, bin aber im letzten Jahr nicht dazu gekommen. Das ermöglicht mir jetzt ein paar süße Stunden der Realitätsflucht in der Krise. In Erinnerungen schwelgen, dankbar sein und Pläne schmieden: Das Sortieren der Bilder löst ein sehr positives Gefühl in mir aus, von dem ich lange zehre.

ROUTINIERT SORGENFREI

Die erste große Hürde bei der Krisenbewältigung? Einen neuen Rhythmus finden. Eine Art Metronom, das das Leben ganz selbstverständlich durchtaktet und uns den Kopf für andere Dinge frei macht. Diese neue Routine kann Elemente deines normalen Tagesablaufs beinhalten, um deinem Körper und Geist Normalität zu signalisieren. Natürlich muss man auch an der einen oder anderen Stelle Abstriche machen, weil unsere Situation aktuell eben eine andere ist. Meine neue Routine schreibe ich mir am liebsten auf und ich achte dabei auf eine klare Abgrenzung von Arbeitszeit und „Me-Time". Natürlich schaffe ich es selten, mich zu 100 Prozent an meine Idealvorstellung zu halten. Aber wenn ich um 15 Uhr desorientiert im Pyjama zur Kaffeemaschine hinke, kann ich mich auf diese Weise immerhin ganz zielgerichtet erinnern, was ich um 16 Uhr machen wollte. Ich steige dann einfach in die Routine ein und versuche nicht, alles hektisch aufzuholen.

Es gibt Menschen, die in einer Krise ungeahnte Energien freisetzen. Falls das auch für dich gilt: Such dir ein Projekt! Das kann ein Balkongarten sein, den du versorgst, oder das Ziel, der beste Sauerteigbäcker der Stadt zu werden. Es kann sinnvoll sein oder reiner Zeitvertreib. Hauptsache, es ermöglicht dir jeden Tag ein paar sorgenfreie Stunden.

SÜSSER MÜSSIGGANG

Eine Welle der Motivation geht um den Planeten und so entstehen zahlreiche tolle Projekte, die oft übers Internet geteilt werden. Doch was ist, wenn man darauf keine Lust hat? Wenn du Angst hast und deine Energie schon mittags erschöpft ist? Ich habe für mich beschlossen, dass die Krise vor allem eines von mir fordert: zu überleben. Das ist nicht die Zeit, um über sich hinauszuwachsen. Man muss sich in so einer Situation endlich ganz ausdrücklich erlauben, auch mal nichts zu tun und die eigenen Bedürfnisse unter die Lupe zu nehmen. Was ist Selbstfürsorge für mich – in genau diesem Moment?

Es fällt mir schwer, dieses Thema abzuschließen, denn diese Krise ist noch lange nicht zu Ende. Wichtig ist für mich jedoch eines: weitermachen und immer mal wieder ganz bewusst innehalten. Wir müssen den Ernst der Lage anerkennen und uns den Raum geben zu heilen. Aber auch eine Prise Normalität hilft mir, zu funktionieren und neue Hoffnung zu schöpfen – immer wieder.

WAS ZU SAGEN BLEIBT

Das persönliche Glück zu finden, ist gar nicht so einfach. Noch viel schwieriger ist es, daran festzuhalten. Ganz egal, ob wir uns in einer persönlichen Krise oder in unserem normalen Alltag befinden. Mein Appell an dich (und letztendlich auch an mich) ist: Du und ich, wir sind selbst verantwortlich für unser Wohlbefinden und für unsere Gedanken. Die Welt, in der wir leben, ist sehr subjektiv und nichts, was wir einfach so hinnehmen müssten. Kleine Entscheidungen haben eine große Wirkung, vor allem wenn sie lebensbejahend sind. <u>Wenn ich Glück nochmals neu definieren darf, würde ich gerne die Zufallskomponente streichen.</u> Vielleicht müssen wir uns, nachdem wir uns nun so lange mit dem Achtsamkeitsbegriff beschäftigt haben, auch ein wenig von dem Wort „Glück" entfernen – oder zumindest von der damit fest verbundenen Interpretation in unserem Sprachgebrauch. Passende Inspiration finde ich im Begriff „Eudaimonie", der aus der antiken Philosophie stammt und uns heute nicht mehr so häufig unterkommt. Übersetzt wird er jedoch spannenderweise oft mit „Glück" oder vielmehr noch: „Glückseligkeit". Forscher sind sich unsicher, ob es wirklich das trifft, was die antiken Philosophen damit ausdrücken wollten. Ihre Lösung ist ähnlich, wie wir es schon vom schwedischen Ausdruck „lagom" kennen: Sie lassen das Wort unübersetzt.

In philosophischen Texten bezeichnet „Eudaimonie" eine besonders gelungene Lebensführung nach den Prinzipien der jeweiligen philosophischen Schule mit der daraus resultierenden ausgeglichenen emotionalen Gestimmtheit. Vor allem zu Zeiten von Aristoteles war dies das höchste Ziel, das von der breiten Masse geteilt wurde. Das individuelle Glück sollte dabei nicht von anderen abhängig gemacht werden, sondern man sollte es in sich selbst finden, indem man – einfacher gesagt als getan – die richtigen Entscheidungen trifft. Außerdem sollte man sich von einer gefestigten inneren Seelenruhe leiten lassen, durch die schwierige Lebenslagen ein bisschen einfacher wurden. Ohne tiefer in den philosophischen Streit um Moral und Glückseligkeit (oder die Frage „Kant oder Aristoteles?") einzusteigen, möchte ich den für mich springenden Punkt nochmals unterstreichen: Glück entsteht in einem selbst. Es gibt vermutlich nichts, was unsere Lebensqualität auf täglicher Ebene so immens verbessern kann, wie dieses schwer definierbare Gefühl der Selbstgenügsamkeit. Dieser Zustand, der uns irgendwie vollkommen macht. „Rundum glücklich" – ein Ausdruck, der nicht von ungefähr kommt.

ACHTSAMKEIT, EIN ZAUBERMANTEL

Entfernen wir uns zum Abschluss nochmals von der Theorie und kommen zurück zur Praxis. Ob meine innere Kritikerin und mein kreischendes Hochstaplersyndrom verstummt sind, während ich die Essenz meiner Arbeit der letzten Monate zusammengefasst habe? Die klare Antwort ist: Nein, sie sind noch hier. Aber sie stören mich weniger. Sie frustrieren mich nicht mehr, sie machen mich nicht mehr wütend. Weil sie keine Macht mehr über mich haben. Und deshalb lade ich sie zum Verweilen ein – dann verschwinden sie von ganz allein. Mein wohl größter Selbstversuch bisher war die Arbeit an diesem Buch. Ein ständiger innerer Dialog über das Thema Achtsamkeit, der in jeden Lebensbereich abfärbt. In meine Routinen, meine Arbeit, meine Beziehungen und sogar in den Umgang mit der größten historischen Krise, die ich bisher erlebt habe. Wenn man das Thema lebt und atmet, setzt es sich irgendwann fest. Bis man schließlich gar nicht mehr so viel darüber nachdenken muss. Die einzige akzeptierte Form des Autopiloten, der eine Fall, in dem er uns guttut, weil er uns gut und sicher lenkt.

Bewusste Aufmerksamkeit wirkt wie ein Zaubermantel, den man jederzeit umlegen kann. Und vielleicht wird dieser Zaubermantel irgendwann ein essenzieller Teil von uns, den man gar nicht mehr ablegen mag. Er macht uns oder unsere Probleme zwar nicht unsichtbar, setzt sie aber in ein anderes Licht. Diese Lebensweise besinnt sich auf die Momente, die in der Summe unseren Alltag formen. Was Achtsamkeit nicht kann, ist, unsere Vergangenheit zu ändern oder unsere Zukunft vorherzubestimmen. Aber das muss sie ja auch nicht. Wenn wir dem Leben einen neuen, pulsierenden Rhythmus geben, ist das kleine Glück zum Greifen nah. Jeden Tag ein bisschen mehr, jeden Tag ein bisschen glücklicher. Und wenn man dann nach 27 375 Tagen (oder ein paar mehr oder weniger, wer weiß das schon?) auf den eigenen Weg zurückblickt, sieht man so viel mehr als 20 große Meilensteine …

DANKSAGUNG

Die Arbeit an diesem Buch hat mir in einer sehr außergewöhnlichen Zeit viel Halt gegeben. Strukturlose Tage hatten plötzlich ein Ziel und mangelnde Motivation wurde zu Inspiration. Die Pandemie hat nicht nur meine Auffassung von Achtsamkeit geschärft, sondern auch mein Bedürfnis nach Gemeinschaft verstärkt. Und genau diese ganz besondere Form der Verbindung teile ich mit meinen Lesern und Zuschauern, die dieses Buch möglich gemacht haben. Ich hoffe, ihr findet euch darin wieder.

Vielen Dank an das Team vom Südwest Verlag und Sarah Gast, die mich bei diesem Herzensprojekt intensiv begleitet hat. Ein ganz besonderer Dank gilt Sandra Albert für die wunderschöne Gestaltung, die alle meine Erwartungen übertroffen hat, und Dr. Doortje Cramer-Scharnagl für die angenehme Zusammenarbeit und den letzten Schliff. Ein großes Dankeschön gilt auch Katharina Schrott und Nadine Thiel und allen, die an der Herstellung und Distribution des Buches beteiligt sind.

Besonders schön war für mich, dass ich gemeinsam mit Svenja Borchers, Isabella Meyer und Carina Stöwe über Achtsamkeit und das Leben philosophieren durfte und einen Teil davon in diesem Buch festhalten konnte. Ich schätze eure Expertise und Arbeit sehr!

Philipp, wir sind die letzten Monate noch näher zusammengerückt. So eng (oder manchmal auch so weit entfernt), wie es in unserer Londoner Schuhschachtel eben geht. Du warst und bist der beste Testleser, Berater, Fotoassistent, Kritiker und Freund.

Vielen Dank an meine Lieblingsmenschen, Familie und Freunde, die mich stets unterstützen und hinter mir stehen: Mama und Papa, Silvia und Stefan, Ilinca, Katharina, Kim, Carolin, Louisa, Hannah (auch wenn du das nie lesen wirst).

ÜBER DIE AUTORIN

Jasmin Arensmeier ist selbstständige Autorin und Bloggerin mit ihrem Blog teaandtwigs.de, bei dem sich alles um die Themen Lifestyle, Achtsamkeit und Design dreht. Seit 2015 lebt und arbeitet die deutsche Freiberuflerin in London und strukturiert ihren Alltag als Kreative selbst mit dem Bullet Journal. Der erfolgreiche Blog wird von einem YouTube-Kanal flankiert, der mehr als 81000 reguläre Abonnenten erreicht.

Impressum

1. Auflage 2020
© 2020 by Südwest Verlag, einem Unternehmen der Verlagsgruppe
Random House GmbH, Neumarkter Straße 28, 81673 München

Die Verwertung der Texte und Bilder, auch auszugsweise, ist ohne Zustimmung des Verlags urheberrechtswidrig und strafbar. Dies gilt auch für Vervielfältigungen, Übersetzungen, Mikroverfilmung und für die Verarbeitung mit elektronischen Systemen.

Sollte diese Publikation Links auf Webseiten Dritter enthalten, so übernehmen wir für deren Inhalte keine Haftung, da wir uns diese nicht zu eigen machen, sondern lediglich auf deren Stand zum Zeitpunkt der Erstveröffentlichung verweisen.

Hinweis

Die Ratschläge/Informationen in diesem Buch sind von Autorin und Verlag sorgfältig erwogen und geprüft, dennoch kann eine Garantie nicht übernommen werden. Eine Haftung der Autorin bzw. des Verlags und seiner Beauftragten für Personen-, Sach- und Vermögensschäden ist ausgeschlossen.

Bilder: Jasmin Arensmeier, außer Seite 34 und 198: Carolin Hausen, Seite 191 und 193: Isabella Meyer
Projektleitung: Sarah Gast
Lektorat: Dr. Doortje Cramer-Scharnagl, Edewecht
Korrektorat: Susanne Schneider, München
Umschlaggestaltung: OH, JA!, München, www.oh-ja.com
Innenlayout: Sandra Albert, Hamburg
Herstellung: Elke Cramer
Satz: Nadine Thiel, kreativsatz, Baldham
Reproduktion: Mohn Media Mohndruck GmbH, Gütersloh
Druck und Bindung: DZS Grafik d.o.o., Ljubljana

Printed in Slovenia

Verlagsgruppe Random House FSC® N001967

ISBN 978-3-517-09930-9
www.suedwest-verlag.de

MEHR INSPIRATION UND KREATIVITÄT

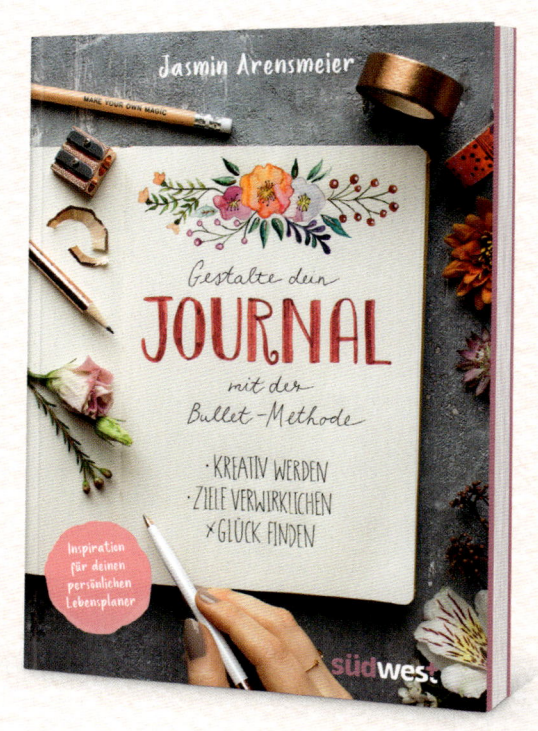

192 Seiten | ISBN 978-3-517-09684-1

Werde kreativ und gestalte deinen Kalender selbst. Dieses Buch zeigt mit inspirierenden Bildern, wie man ein zauberhaftes Journal aufsetzt und seinen eigenen Stil findet, welche Themenseiten interessant sind und welche Gestaltungsmöglichkeiten einen wunderschönen, persönlichen Begleiter entstehen lassen.

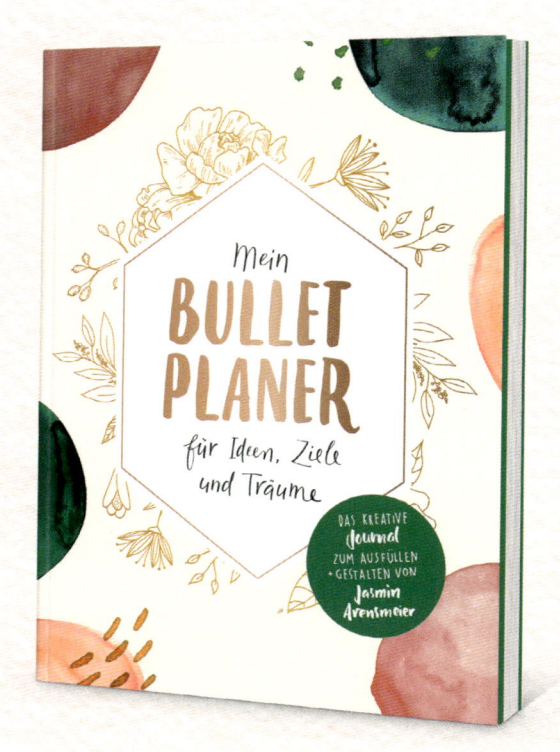

192 Seiten | ISBN 978-3-517-09776-3

Wer nicht mit einem Blanko-Buch komplett bei null anfangen möchte, startet mit diesem liebevoll gestalteten Eintragbuch. Vorgefertigte Seiten mit Wochenkalender und To-do-Liste zum Ausfüllen halten Ideen, Ziele und Träume fest. Dazu gibt es eine bunte Vielfalt an Themenseiten für die eigene Gestaltung und individuelle Bedürfnisse.

Mehr unter www.suedwest-verlag.de

südwest